解惑集

中国经济专题答疑录

林毅夫 著

北京大学出版社
PEKING UNIVERSITY PRESS

图书在版编目（CIP）数据

解惑集：中国经济专题答疑录 / 林毅夫著 . — 北京：北京大学出版社，2022.4
（林毅夫讲习录）
ISBN 978-7-301-32947-4

Ⅰ. ①解… Ⅱ. ①林… Ⅲ. ①中国经济—经济发展—问题解答 Ⅳ. ① F124-44

中国版本图书馆 CIP 数据核字（2022）第 046986 号

书　　　名	解惑集：中国经济专题答疑录
	JIEHUOJI: ZHONGGUO JINGJI ZHUANTI DAYILU
著作责任者	林毅夫　著
责 任 编 辑	张　燕
标 准 书 号	ISBN 978-7-301-32947-4
出 版 发 行	北京大学出版社
地　　　址	北京市海淀区成府路 205 号 100871
网　　　址	http://www.pup.cn
微信公众号	北京大学经管书苑 (pupembook)
电 子 信 箱	em@pup.cn
电　　　话	邮购部 010-62752015　发行部 010-62750672　编辑部 010-62752926
印 刷 者	北京中科印刷有限公司
经 销 者	新华书店
	787mm × 1092mm　　16 开本　　19.75 印张　　328 千字
	2022 年 4 月第 1 版　2022 年 4 月第 1 次印刷
定　　　价	66.00 元

未经许可，不得以任何方式复制或抄袭本书之部分或全部内容。
版权所有，侵权必究
举报电话：010-62752024　电子信箱：fd@pup.pku.edu.cn
图书如有印装质量问题，请与出版部联系，电话：010-62756370

学问之道，讲其所未明，习其所未熟。

序
PREFACE

自1996年我在北京大学给本科生开设"中国经济专题"课程至今，除2008年至2012年到世界银行华盛顿总部任职未能开课外，已经讲授了二十余年。这门课甚受同学欢迎，上课地点安排在北大理科教学楼最大的教室，五百多人的座位，经常会有六七百位同学来听讲，其中不少是冒着严寒酷暑骑自行车一个多小时赶来听课的外校学生，同学们求知的热情让我深为感动！

这门课讲授的内容围绕中国的兴衰，这是世界近、现代史中最为重要的课题之一。课上讨论的每个专题，都有许多国内外著名学者的研究，每位学者各有各的观点，听起来都很有说服力。对于中国的兴衰，我有一个自己提出的一以贯之的理论体系，对各个成败事件的解释难免和许多盛行的观点有所抵牾。同学们普遍好学，对各种竞争性学说、观点多有涉猎，不反复辩驳难以明晰孰是孰非。但是，这门课每周只有两个小时的授课时间，我在课上仅能介绍我的一家之言，难以和同学们进行有效的互动，以及在众说纷纭中为同学们答疑解惑，这是我讲授这门课二十多年来的最大遗憾。

2020年年初新冠肺炎疫情突然暴发，北大所有课程临时改为网上授课。开始时我觉得不直面同学们来授课，不从同学们的表情来判断其是否了解了我讲授的内容，并据此来调整讲课的进度和讲解的重点，会大大降低教学的效果。后来我想，何不改变教学的方式，请同学们课前先在网上看我在2016年上这门课时录的视频，将原定的授课时间改为网上答疑？这个建议得到了同学们的积极响应，一个学期下来，总共有244位同学参加了讨论，提出了232个很有深度、很有针对性的问题。[①] 我也逐一文字作答，每次答疑经常是从18：40上课开始，一直到深

[①] 在出版时编辑进行了适当的精简与合并，整合为173个问题。

夜尚未解答完毕，移到隔日继续解答。一个学期下来，竟然积累了超过30万字的提问和解答。这种由现代科技提供的新的教学互动方式弥补了我多年来的遗憾！

同学们针对每一讲提出的各种问题非常具有代表性，反映的是当今学术界、知识界和社会上对关系中国过去、现在和未来发展的许多大问题和重要现象的认知、看法和疑惑。教学相长，同学们的这些问题对完善我的理论体系大有帮助。同时，将这些问答整理成书出版，不仅可以作为"中国经济专题"课程和所用教材《解读中国经济》的补充材料，而且，对处于这个百年未有之大变局时代的同学们和社会各界在众说纷纭中清晰认识我国过去所走过的道路、现在的处境，以及把握未来的机遇，克服在中华民族伟大复兴征程中必然遭遇的各种挑战，也必将有很大启示。

借此书出版的机会，我想感谢这244位同学一个学期以来的积极参与，感谢秦晓宇、朱镜榆和金伟三位助教的帮助。我很高兴当这本《解惑集》编辑成书时，我国已经在抗击突如其来的新冠肺炎全球大流行病的战役中取得了阶段性的胜利，我可以再次和同学们在课堂上一起探讨交流中国由盛而衰、由衰而盛，以及作为这个时代的知识分子如何贡献于中华民族伟大复兴梦想之最终实现的大问题。

林毅夫

2020年9月22日

补记：在2021年7月1日北京大学新结构经济学夏令营上我做了"百年未有之大变局下的新结构经济学自主理论创新"的主旨演讲，并回答了五位同学的提问，内容和"中国经济专题"课程相关，因此，将整理出来的文字放在书末作为附录，以供参考。

林毅夫

2021年8月15日

目 录
CONTENTS

第一讲　中国经济发展的机遇与挑战

1. 后发优势是否会变为后发劣势？　　1
2. 如何判断制度完善的恰当时机？　　2
3. 关于自主研发和技术引进　　3
4. 如何理解所谓的"强制技术转让"？　　5
5. 关于中国经济潜在增速和技术前沿参照的问题　　5
6. 如何看待中国的财政赤字问题？　　7
7. 关于国有企业和民营企业的比重问题　　8
8. 关于中国未来经济增长的有利因素　　9
9. 新冠肺炎疫情及中美关系对中国经济增长有何影响？　　10
10. 疫情期间发放消费券能否有效刺激消费？　　12

第二讲　"李约瑟之谜"和中国历史的兴衰

11. 中国在前现代社会为何领先于西方？　　15
12. 中国为什么没有发生工业革命？　　16
13. 中国古代社会的"大一统"与科学革命/工业革命可否兼得？　　17
14. 西方为什么会发生科学革命？　　18

15. 科学革命破除了工业革命的哪些瓶颈? ... 19
16. 关于中西方差距问题的一些补充性思考 ... 20
17. 从文明的保守倾向角度对文化决定论的思考 ... 21
18. 关于文化决定论如何解释中国过去强盛原因的思考 ... 24
19. 对文化决定论的另一种理解 ... 25
20. 关于"高水平均衡陷阱"假说的几个问题 ... 26
21. "李约瑟之谜"是否有伪命题倾向? ... 28
22. 从历史角度对"李约瑟之谜"的进一步思考 ... 29
23. 基于中国与西方的法权体系对"李约瑟之谜"的思考 ... 34
24. 从文化角度探讨中国没有发生工业革命的原因 ... 35
25. 从官僚政治角度对"李约瑟之谜"的思考 ... 36
26. 从超前激励角度对"李约瑟之谜"的思考 ... 37
27. 政府经营商业的传统能否解释"李约瑟之谜"? ... 39
28. 为什么说"市场经济的最高阶段就是有投机市场"? ... 39
29. 政治制度对科技进步和生产力发展究竟会起到何种作用? ... 40
30. 明代的军官世袭制度是否对中国科技发展存在影响? ... 41
31. 明代的户籍制度是否可以解释中国为什么没有出现科学革命? ... 42
32. 外部冲击及民间金融对中国科技发展的解释力有多大? ... 43
33. 中国在前现代社会的领先与改革开放以来的成就有何相通之处? ... 45
34. 科举制度是否导致了政府对精英阶层的垄断? ... 46
35. 关于科举制度对科技发展阻碍作用的微观层面猜想 ... 47
36. 科举制度为什么会出现并长期存在于中国? ... 49
37. 从古代科举制与当代高考制度的对比看教育改革 ... 50
38. 关于技术分布曲线的疑问 ... 52

39. 关于技术分布曲线移动因素的疑问   55

40. 关于技术变迁方式模型的可检验假说的疑问   56

41. 发明创造的门槛是否会随着技术进步而提高？   59

42. 人口密度是否对技术革新和技术传播有影响？   60

43. 人口多在未来是优势吗？   62

44. 中国应如何提升科学研究对人才的吸引力？   69

45. 如何看待政府权力对创新的影响？   72

46. 创新的利弊权衡及政府的干预力度问题   73

第三讲 近代的屈辱和社会主义革命

47. 有关我国近代社会主义革命的思考   75

48. 中国的社会主义革命是如何影响尼赫鲁在印度的主张的？   76

49. 关于中华人民共和国成立初期优先发展重工业原因的思考   77

50. 中华人民共和国成立初期应如何支持重工业的发展？   81

51. 关于中华人民共和国成立初期在经济建设上采用苏联模式的思考   82

52. 确保国家安全和发挥要素禀赋之间的平衡点在哪里？   96

53. 中苏发展路径不同的原因是什么？   98

54. "少数例外"的发展路径   101

55. 关于计划经济体制失败原因的另一种思考   102

56. 从路径依赖角度对重工业优先发展战略和进口替代战略的思考   103

57. 如何评价政府调控经济的行为？   104

58. 关于我国初步工业化过程中形成的户籍制度的疑问   105

59. 户籍制度是否已不符合当今中国的发展现状？   106

第四讲 赶超战略和传统经济体制

60. 关于中华人民共和国成立初期重工业优先发展战略的思考　　109
61. 关于比较优势理论与重工业优先发展战略的思考　　110
62. 优先发展重工业是否改变了我国的要素禀赋结构？　　111
63. 如何客观评价早期的计划经济体制？　　112
64. 关于早期优先发展重工业和当今农村改革的思考　　113
65. 优先发展重工业和提高人民生活水平是否存在矛盾？　　114
66. 劳动参与者增多是否会导致生活水平提高？　　114
67. 关于三年严重困难原因的进一步思考　　115
68. 关于农业危机和大跃进运动关系的思考　　117
69. 关于退社自由的剥夺与合作化运动的失败　　118
70. 关于农民生产积极性和惩罚机制的问题　　121
71. 对合作社退出权的一种数学推导　　124
72. 关于退出权假说的几个疑问　　125
73. 从产权制度角度对退出权假说的思考和评价　　129
74. 关于农业合作化的一些思考　　130
75. 关于农业危机与农业生产率下降之间的相关性问题　　131
76. 关于退出权假说的思考和疑问　　132
77. 关于人民公社时期生产率下降原因分析的疑问　　133
78. 关于农村全要素生产率下降的疑问　　134
79. 对"地区粮食自给自足"政策的一点思考　　135
80. 关于人民公社后的生产队制度的问题　　137
81. 人民公社后为何没有恢复退社权或推广"包产到户"模式？　　138
82. 计划经济下农村人民公社与城市单位制的比较分析　　139

第五讲　东亚奇迹与可供替代的发展战略

83. 对重工业优先发展战略的再审视　141
84. 赶超战略和比较优势战略孰优孰劣？　144
85. 后发优势的发挥是否有限制条件？　146
86. 关于经济利益和政治安全之间的平衡问题　147
87. 关于要素禀赋结构发展对产业结构作用的疑问　149
88. 劳动密集型还是资本密集型？　149
89. 比较优势能否自发地发挥作用？　151
90. 关于比较优势与自生能力的闭环逻辑　153
91. 按照比较优势发展和H-O理论有哪些不同？　154
92. 发展中国家推行比较优势战略是否会永远落后？　155
93. 关于比较优势战略实施的条件　158
94. 政府如何发挥在比较优势战略中的作用？　158
95. 如何判断企业是否具备自生能力？　160
96. 如何使企业遵循比较优势？　160
97. 关于比较优势战略在国家和地区层面的适用性问题　161
98. 如何从比较优势角度看待教育和就业？　162
99. 关于政策性负担的成因及其对发展战略的影响　163
100. 关于国家要素禀赋结构的疑问　165
101. 要素禀赋结构是经济增长的决定性因素还是影响因素？　166
102. 关于要素禀赋的度量指标问题　167
103. 人口政策是否客观上有助于我国要素禀赋结构的升级？　168
104. 遵循比较优势原则是否会导致产业"空心化"？　168
105. 发展中国家应如何参与全球产业链？　170

106. 比较优势战略下产业升级的路径选择问题　　　　171
107. 不同类型的产业如何以创新推动经济发展？　　　173
108. 关于我国的产业升级与自主创新　　　　　　　　174
109. "根据要素禀赋选择产业"有市场配置资源的局限性吗？　　175
110. 政府如何使产业政策的效果达到最优？　　　　　176
111. 能否在自生能力理论下解释部分产业政策的合理性和可行性？　177
112. 政府和企业如何选择具有比较优势的产业？　　　178
113. 关于东亚奇迹的一点思考　　　　　　　　　　　179
114. 东亚奇迹能否持续？　　　　　　　　　　　　　180
115. 关于将菲律宾作为发展中经济体发展之反例的疑惑　181
116. 关于发展中国家可能存在的资本外流问题　　　　181
117. 关于资本积累率与发展顺序的问题　　　　　　　183
118. 中印两国发展绩效差异的主要原因是什么？　　　184
119. 关于非洲国家发展战略的疑问　　　　　　　　　185
120. 关于资源丰裕国家的"资源诅咒"问题　　　　　186

第六讲　农村改革及相关问题

121. 关于农村改革本质的思考　　　　　　　　　　　188
122. 关于农业合作化、小农经济与家庭农场的问题　　189
123. 关于农业生产的规模效应对缓解三农问题的思考　190
124. 家庭联产承包责任制是否为"小农经济的理性回归"？　191
125. 关于家庭联产承包责任制与规模经济的问题　　　192
126. 规模经济与包产到户　　　　　　　　　　　　　193
127. 包产到户和农村劳动力转移问题　　　　　　　　196

128. 关于农村劳动力转移的问题　　198

129. 关于小农经济和农村劳动力转移的两个问题　　201

130. 关于农业产销新模式对农村收入提高的促进作用　　202

131. 关于统一市场建立的问题　　204

132. 关于农业机械化和工分制的讨论　　205

133. 关于农村集体产权制度改革的问题　　206

134. 关于农地使用权流转对缓解三农问题的思考　　208

第七讲　城市改革、国有企业和遗留问题

135. 关于渐进式改革与休克疗法长期绩效的一些思考　　211

136. 关于改革开放前城市改革中的地方政府决策问题　　212

137. 关于国有企业改革的几点疑问　　213

138. 关于未来国有企业改革方向的思考　　215

139. 国有企业改革是否已经"无功可做"？　　217

140. 关于公司治理机制的问题　　219

141. 关于国有企业社会性负担的问题　　220

142. 关于剥离政策性负担后国有企业是否需要私有化的问题　　222

143. 国有企业改革难的解决之道　　223

144. 为竞争性行业中国有企业提供保护补贴对劳动力市场的影响　　224

145. 如何看待近年来的一些大型国有企业破产事件？　　225

146. 关于国有企业改革：以中国国家铁路集团有限公司为例　　227

147. 国有企业改革过程中如何保障工人利益？　　228

148. 关于国有企业和民营企业在技术领域的一些思考　　229

第八讲　金融改革

149. 我国金融体系难以迈向市场轨的原因何在?　232

150. 关于农户与中小微企业贷款难的疑问　233

151. 关于大型开发性金融机构与中小型金融机构关系的疑问　233

152. 如何界定地区性中小银行?　234

153. 关于中小银行准入门槛的疑问　235

154. 关于中国的比较优势和数字货币的两点思考　236

155. 如何推进普惠金融体系的建设?　237

156. 关于资本账户开放、金融自由化和人民币国际化的问题　238

157. 我国全面开放金融市场的影响　241

第九讲　中国的增长是否真实与社会主义新农村建设

158. 关于农村基础设施建设问题　244

159. 1998 年以后的通货紧缩是否由于货币供给不足?　245

160. 关于社会主义新农村建设的首要任务　246

161. 关于社会主义新农村建设进程的疑问　247

162. 关于社会主义新农村建设中生产作物选择的问题　247

第十讲　完善市场体系，促进公平与效率统一，实现和谐发展

163. 按照比较优势发展是否会和就业问题产生矛盾?　249

164. 关于价格扭曲导致腐败的一点疑问　250

165. 关于民营矿产企业通过低资源税费寻租的疑问　250

166. 关于贫富差距是否有必然性的疑问　251

167. 如何解决收入分配状况恶化的问题?　253

168. 关于医疗改革方向的问题　254

第十一讲　总结和新古典经济学的反思：新结构经济学的视角

169. 技术创新对经济发展是否有利取决于比较优势　　258

170. 关于结构概念的疑问　　259

171. 关于新结构经济学在当今世界发展环境中的疑问　　260

172. 关于发达国家的结构性改革和全球经济形势问题　　261

173. 关于中美贸易摩擦及美国对中国贸易逆差的扩大　　261

附　录　2021年新结构经济学夏令营演讲实录　　265

第一讲
中国经济发展的机遇与挑战

1. 后发优势是否会变为后发劣势？

袁佳薇（外国语学院）：后发优势理论认为，发展中国家可以通过对发达国家的技术模仿实现经济的快速发展，而且可以少走发达国家走过的弯路。但是，我有一个疑问：如果发展中国家可以容易地引进和利用发达国家的技术来加快自身的经济发展，那么是否会缺乏一定的动力进行更深刻和长久的制度变革？这种后发优势会不会变成后发劣势，形成路径依赖，对以后的健康、可持续发展形成巨大的阻碍？

林毅夫：你提的这个问题是杨小凯教授所提出的后发劣势问题。对于后发优势和后发劣势的问题，我在2002年和杨小凯教授曾有过一场争论。杨小凯教授认为，发展中国家可以容易地引进和利用发达国家的技术来加快自身的经济发展，因而缺乏进行更深刻和长久的制度变革的动力，会强化国家机会主义，使得长期发展变得不可能，甚至导致经济崩溃。这里我需要强调一下，杨小凯教授所提出的后发劣势指的不是发展中国家的制度不如发达国家好，因为，发展中国家的技术同样不如发达国家好，但他并不认为技术不如发达国家好是后发劣势，实际上他所指的后发劣势是发展中国家可以利用技术上的后发优势来加快经济发展，这种发展的成绩会导致在引进可以克服国家机会主义，让国家长治久安、持续发展的英美共和宪政的努力上产生"惰性",他把这种"惰性"称为后发劣势。对于如何克服这种惰性,杨小凯教授给出的答案是先难后易,即先进行彻底的共和宪政体制改革,有了这种"长治久安"的制度以后再去发展经济。可是,除了英国和美国,尚没有其他发达国家是先采用了英美的共和宪政再去发展经济而取得成功的,许多英国的前殖民地(如印度等)继承了英国的共和宪政,但是经济发展并不成功。另外,我主张利用后发优势并不是主张制度不需要改革,而是要一边发展经济一边改革制度。之所以要这样,是因为制度是内生的,制度变迁是有路径依赖的,并且,在中国这样的转型中国家,许多扭曲也是内生的。由于制度是内生的,所以因为条件不同,在一个国家最优的制度在另一个国家不见得是最优的,这也是继承了英美共和宪政的印度等发展中国家经济发展不成功的原因。由于路径依赖,不同国家对某些制度所提供的功能或服务虽然有相同的需求,但是提供这个功能或服务的制度安排不会完全相同。例如,防止国家机会主义的政治制度安排对提高企业家的积极性至关重要,但是在不同的发达国家有不同的政治制度安排,所以,德国的政治体制不同于英国,法国的政治体制也不同于德国和英国,但是它们都是成功的发达国家。由于在转型经济体中许多看似扭曲的制度安排是内生的,例如国有企业的预算软约束,在这些内生的扭曲背后的原因未消除之前,如果把扭曲取消掉,导致的结果会比原来更糟,这也是苏联、东欧采用休克疗法去推行华盛顿共识,试图一次性地把计划经济所遗留下来的各种扭曲取消掉,结果导致了经济崩溃的原因。所以,更好的发展和转型办法是利用后发优势发展经济,为制度变迁和消除扭曲创造条件,并在条件成熟时与时俱进地推动制度变革。对于这个问题的进一步分析,可以参考《解读中国经济》的附录五"我到底和杨小凯、张维迎在争论什么",当中有详细的分析、论证和辩驳。

2. 如何判断制度完善的恰当时机?

袁野(信息科学技术学院):您在课程中提到,技术进步是一种利益驱动的主动变化,而制度完善则是一个消极适应的过程,制度完善也要以技术变迁为前提。那么,决策者该如何判断何时应进行制度完善呢?因为制度也会反作用于经济活动,有可能恰恰是当前制度压抑了技术变迁,导致当前制度看上去和经济活动相辅相成,于是就并未出现改革的需求,从而制度也就无法变得更加完善。那么,从决策者的角度来看,如何判断到底需不需要改革,以及改革力度该有多大呢?

林毅夫:好问题!确实,技术作为经济基础,决定着作为上层建筑的制度;制度也会反作用于经济基础,影响技术的创新。这个问题在《解读中国经济》的附录一"经济增长与制度变迁"中做了专门的讨论。总的来讲,当制度成了技术创新、经济发展、社会进步的制约因素时,合适的制度创新能够带来经济的增长。出现这种状况时,可能会有自发的制度企业家来推动制度变革。不过,制度变革需要协调许多参与者的共同行动才能成功;同时,制度是一个公共产品,制度企业家无法内部化制度变革所带来的所有效益,因而靠市场自发的制度变革的速度可能会严重低于最优的变革速度。政府可以使用强制力,因而有可能更有效地推动制度的变革。但是,政府决策者应该如何判断到底需不需要改革以及如何改革呢?这就需要有合适的社会科学理论的指导,来帮助政府决策者"认识世界,改造世界"。理论的适用性取决于理论的前提条件。只有总结于我国自己的经验或针对我国自己的问题而形成的理论,其前提条件才会符合我国的现实。这也就是为何我要推动新结构经济学这一来自我国的自主理论创新,并以"唯成乃真知""知成一体"作为新结构经济学的目标和检验标准。

3. 关于自主研发和技术引进

刘曦苑(国家发展研究院):林老师您好!在完成课后作业时我将《解读中国经济》第一讲又细致地读了一遍。我认为比较自主研发和技术引进这一部分有一些隐含的定义。例如,"创新是在下一次生产时,所用的技术比现在好,效率比现在高,不一定要求使用最新的技术",这一定义是不是缺少对于产品质量以及差异性的思考?而自主研发在书中好像是指一个从无到有的过程,技术引进像是一个拿来主义的过程,那么一些增量式的创新、在现有技术基础上做的一些小创新应该属于哪种呢?

林毅夫:创新指的是在下一次生产时,所用的技术比现在好,效率比现在高,同样的投入可以生产出更多、更好的产品;创新还包含在下一期生产时升级到一个附加值比现在的产业附加值更高的产业。对发达国家而言,现有的技术和产业都已经处在全世界的最前沿，所以，不管技术创新还是产业升级都只能靠自己发明。对于发展中国家来说，收入水平低，代表技术和产业与世界前沿水平有差距，从而可能用引进的方式来实现技术创新和产业升级。在产业升级时，只要过去没有这种产业，那么同样也是一个从无到有的过程。

发展中国家在引进技术和产业时经常也要做一些改进，这种增量式的改进从严格意义上来说也是"发明"，但这种"发明"是根据当地的生产条件、需求的特性或市场情况对原有的技术和产品所做的改进。例如，在20世纪八九十年代，我国和日本、德国等发达国家合资生产汽车，为了降低成本，通常会把生产线上许多原本由机器人生产的环节改为由工人来生产。这种改进有些也可以申请专利，只不过是实用新型专利而不是发明专利，其投入、风险和回报与发达国家在全球技术和产业前沿的发明相比要小得多。

匿名同学：我很赞同林老师说的"引进技术具有后发优势"，但是，我有两个问题：

1. 我国是否仍然应该加大在部分核心科技上的研发力度？因为倘若依赖引进，这或许会成为竞争对手遏制我们的手段。

2. 如何去判别哪些技术是可以依赖引进的，哪些技术是我们需要防止对手遏制而必须自主研发的？我粗糙的想法是：当一项技术被多个国家掌握时，可以依赖引进，因为这涉及博弈问题，即使其中单独的一个国家对我们进行遏制，造成的威胁也较小，我们仍然可以从别国引进；当一项技术仅被一两个国家掌握时，我们就需要重点研发。

林毅夫：同意你的看法！根据和世界技术前沿的差距、研发周期的长短以及是否符合比较优势，我把中国的产业分成五大类：追赶型、领先型、转进型、换道超车型、战略型。其中，能引进技术的是追赶型产业，领先型、换道超车型产业的技术必须自己研发。上述产业的技术引进和研发根据的都是比较优势原则。如果一个产业对我国的国防或经济安全至关重要，可能被"卡脖子"，即使不符合我国的比较优势，也必须自己研发，则这类产业属于战略型产业。技术研发需要大量投入，成功后利润的高低取决于市场的大小。我国有世界上最大的单一市场，因此，拥有尖端技术的企业通常会有积极性让我国的企业来使用它的技术以获利。"卡脖子"是一个"杀敌一千，自损八百"的政治行为，会这么做的国家应该只有出于维持政治霸权目的的美国,所以,在战略型产业中真正需要我国动用新型举国体制去重点攻关的是只有美国拥有、其他国家都没有的技术,其他的技术如你所言"可以从别国引进"。我国政府可以像华为那样,对所有的关键技术都支持一些科研院所和企业做一些"备胎",但在能引进而且引进比自己生产便宜时仍然依靠引进。这种做法能破解美国对我国的"围堵",也能遏止其他国家加入美国对我国的"围堵"。

4. 如何理解所谓的"强制技术转让"?

任啸辰(国家发展研究院):林老师您好!您在课程中提到了发展中国家可以通过技术引进创造后发优势,而外界却常有对中国"强制技术转让"的批评的声音。我认为发展中国家的新兴市场正好可以为发达国家现有的技术带来新的生命力,同时也提供了"技术变现"的渠道,双方属于合作共赢。为何这种用市场换技术的方式会为发达国家所诟病呢?

林毅夫:一个发展中国家哪有可能强制比其发达的国家进行技术转让?这是"欲加之罪,何患无辞"的说法!请参考我在"古文观止"微信公众号上发表的"美国什么时候才会心悦诚服?"一文。总的来说,发达国家的企业到中国来投资是自愿的,不管投资的目的是以中国为生产基地、把产品出口到国际市场,还是把产品卖到中国的市场,为了保持竞争力,这些企业都必须用最好、最新的技术在中国的投资厂生产。这都是企业为了保持自己产品的竞争力和自己的利润(如你指出的,为了实现"技术变现")而做出的自利选择。

5. 关于中国经济潜在增速和技术前沿参照的问题

徐鸿诚(元培计划委员会):我想请教两个问题。第一个问题是中国经济的潜在增速问题。按购买力平价计算,2018年中国人均GDP(国内生产总值)占美国的29%,接近韩国1988年的水平。而韩国在1988年之后保持了10年左右的高速增长,在1998年经济负增长后,次年经济反弹,但是进入21世纪之后经济增长乏力。1988—2008年韩国的GDP平均增速为6.6%，与近年来中国的经济增速较为接近。请问是否可以据此认为中国在自2018年起的20年里经济增速稳定在6%～7%较为正常？

第二个问题是技术前沿的参照问题。美国自然是当之无愧的科技强国，但是同为发达国家的欧洲国家和日本等国同样拥有先进的技术，而它们的人均GDP普遍比美国低一些，请问是否可以考虑以它们为参照系？这样的话，可能中国与技术前沿的差距就会看起来小一些。期待老师指正！

林毅夫：第一个问题，你的分析忽视了两点，1988—2018年间，韩国经历了1997—1998年的亚洲金融危机和2008年的国际金融经济危机。在危机期间，经济的实际增长率会低于潜在增长率。所以，韩国在1988—2008年的实际增长率为6.6%，那么潜在增长率应该高于6.6%，具体高多少要看危机带来的衰退的严重程度和持续时间。我认为中国自2008年起有20年每年8%的增长潜力，目前我仍然认为从2018年到2028年中国有每年8%的增长潜力，但实际能实现多少，会受到外部和周期因素的影响。中国的经济增长率从2011年的9.6%下滑到2019年的6.1%并非潜在增长率下滑所致。如果是因为潜在增长率下滑而导致实际增长率下滑，那么我们应该看到通货膨胀的压力，但是，实际上从2011年以后每年困扰我们的是通货紧缩的压力，证明中国的增长是低于潜力的。我认为2018—2028年中国还有8%的增长潜力，但实际能实现多少则仍然要看外部经济和周期因素的情形。至于2028—2038年，我认为会有6%左右的增长潜力。

第二个问题，中国以美国作为参照系较合适，因为美国的经济规模是日本的4倍、德国的5倍，我们可以追赶的产业更多。

匿名学生：林老师您好！您在多个场合提到中国未来有8%的经济增长潜力，但近年来中国GDP增速一直在6%附近。您认为造成这个差距的原因有哪些？中国应该如何实现8%的增长潜力呢？

林毅夫：这方面我写了许多文章加以分析，这些文章在北京大学新结构经济学研究院的微信公众号上可以查到，另外在《解读中国经济》第十二讲中也有专门分析。总的来讲，增长潜力是从供给侧技术创新的后来者优势来判断的，但是，能实现多少,还取决于需求侧。需求侧方面,因为发达国家尚未完全从2008年的危机中复苏,影响了其增长和消费,导致其进口增长放缓,影响了我国的出口增长,同时也影响了我国民间投资的积极性。所以,我国经济的实际增长速度要低于增长潜力,并表现为通货紧缩的压力。另外,有8%的增长潜力也不一定意味着要每年都实现8%的增长,就像一辆新买的跑车会有一个最高时速的技术指标,每次实际开到多少时速还取决于路况、天候以及驾驶员的身体状况。不过,最高时速200公里的汽车和最高时速100公里的汽车相比,前者行驶120公里可能轻而易举,后者行驶120公里就可能会抛锚、出事故。所以,买车时要知道最高时速的技术指标;在规划一个国家或地区的发展时,也要知道这个国家和地区的增长潜力。

6. 如何看待中国的财政赤字问题?

郭梦岩(医学部教学办):林老师您好!您在课上提到"中国人均GDP达到美国的一半、经济总规模达到美国的两倍时,美国才会心悦诚服"。那么现阶段,我国应怎样引导经济的持续高增长呢?当前,我国面临着经济增长速度的走低,以及产业、环境、建设等诸多问题。您在课上谈到优势在于"产业升级、基础设施、环境工程、城市化"等投资回报率高的项目。这些项目大多是由政府掌舵,也需要较强的资金链支持。我认为这些项目可以为财政赤字的增长做出解释,所以我国的财政赤字警戒线可以不和发达国家的赤字警戒线完全对应。那么,我国的财政赤字增长到什么程度才需要警醒、需要控制呢?

林毅夫:赤字率到底多高是警戒线要看许多条件。如果是储备货币国家,在货币政策上有自主权,赤字率就可以高一些。例如,日本政府积累的债务已经达到GDP的250%,也没有出现债务危机。2020年新冠肺炎疫情期间,日本出台的救助计划金额就达GDP的20%,日本的公共债务占GDP的比重可能进一步增加到270%。我国的货币还不是储备货币,但是我国对资本账户有管制,所以在货币政策上有相当大的自主权。同时,财政赤字的可持续性还取决于经济增长率和赤字是用来支持消费还是投资。我国的经济增长率比发达国家和一般发展中国家高,并且我国的财政赤字主要是用来支持投资。所谓"政府积累的财政赤字不能高于

GDP 的 60%"，一般是针对资本账户开放、经济增长率低、赤字用来支持消费的发展中国家而言。所以，我国的财政赤字率应该可以高于这个警戒线。对于我国来说，重要的是财政赤字应该用来支持消除增长瓶颈、提高增长质量的投资。如果能遵守这个原则，那么赤字率高些无妨。

7. 关于国有企业和民营企业的比重问题

刘光伟（国家发展研究院）：林老师您好！我对于第一讲课件中提及的"国进民退"现象有些疑问。

1. 政府进行宏观调控是为了稳定市场，以便在此基础上进行体制性改革，带动社会投资，为何会在调整之后出现这种民营经济所占市场份额变小的结果？

2. 民营经济是我国经济高速增长的重要原因之一。对于这种"国进民退"现象，可以采取哪些措施来调整呢？

林毅夫："国进民退"现象主要出现在进行供给侧结构性改革以后。第一，"去产能"影响的主要是钢铁、水泥、煤炭等技术不达标的中小型民营企业。第二，由于"去产能"，钢材、水泥、煤炭的价格成倍上涨，影响了下游产业，下游产业又以民营企业为主。第三，"去杠杆"导致信贷紧缩，同样使得以中小企业为主的民营经济受到的影响更大。所以，"国进民退"现象是一个无意的结果（unintended consequence），并且是一个与经济周期波动有关的暂时现象。从1978年实行改革开放以来，民营经济在国民经济中所占的比重一直在提高。随着经济的进一步发展，民营经济在国民经济中所占的比重仍然会进一步提高。

郭梦岩（医学部教学办）：在产业升级的过程中，相比国有企业，被淘汰掉的更多的是民营企业（由于自身技术水平的缺陷），那么未来一段时间内，"中国企业家的世纪"会成为国有企业的主场吗？

林毅夫：改革开放以来，总体而言，国有企业在国民经济中的比重持续下降，民营企业的比重不断上升。并且，新升级的产业中最有活力的华为、大疆、小米、比亚迪、福耀、宁德时代等都是民营企业，新经济产业中的阿里、腾讯、京东、滴滴，造车新势力中的蔚来、小鹏等，以及很多独角兽企业也都是民营企业。所以，国有企业固然重要，但是，"中国企业家的世纪"会越来越多地由民营企业"唱主角"。在2005年时中国内地有16家企业进入《财富》世界500强，全部是国有企业。而2020年中国内地有121家企业进入《财富》世界500强，其中28家是民营企业。将来民营企业会加速进入这一榜单。

8. 关于中国未来经济增长的有利因素

曾庆（化学与分子工程学院）：林老师您好！学习了第一讲的内容后，在有关中国未来经济增长的有利因素这一部分，我有两个问题想向您请教一下。

1. 产业升级是一类好的投资机会，如您在课上所举的钢铁行业的产业升级的例子。但也正如钢铁行业的产业升级所展现的，从中低端产业向高端产业（如特种钢铁）的升级往往需要尖端技术的支撑；结合您在前面所讲到的有关技术研发和引进的问题，在目前我国一些领域尖端技术还比较匮乏而且引进难度大的整体情况下，产业升级应该如何进行呢？

2. 从投资资源的角度来看，课上您提到我国政府目前的财政状况较好，有加大投资的潜力。但从近几年的数据来看，我国的政府支出存在着地方支出过大、经济建设投资所占比例较高的问题。以2018年的数据为例，我国中央与地方政府支出的比重分别为15%和85%。而且据我了解，欧盟《马斯特里赫特条约》中规定的政府债务占GDP比重的警戒线是60%，参考这样的国际经验，我国的政府债务规模并不小。在这样的情况下，您认为我国如果想通过政府投资进一步促进经济发展，应该具体解决哪些问题，在哪些方面进行改进呢？

林毅夫：这两个问题很好。

1. 当我国在技术上和发达国家的差距缩小时，就需要从引进、消化、再创新的模式转向自主研发的创新。

2. 我国政府实施的积极财政政策中，最关键的问题不在于中央和地方支出的比重，而是地方政府以地方投资平台向银行借短期债务来投资基础设施的长期项目，应该改为由地方政府发行长期的建设公债，以避免债务期限不配套。至于政府债务占GDP的比重，我国不能完全参照发达国家的经验，原因是：首先，发达国家的债务主要用来支持消费，我国的债务主要用来支持投资，这些投资形成了资产，所以我国的净债务比名义债务低；其次，发达国家的增长率低，我国的增长率高；最后，出现债务危机的国家通常是由于外债到期、无法偿还，如果是内债，由于有中央银行增发货币来还债的政策选择，债权人的信心会较高，这也是日本政府的债务已经超过 GDP 的 250% 还没有出现债务危机的原因，而我国的政府债务都是内债。综合考虑以上因素，我国政府还有相当大的实施积极财政政策的空间，必要时，可以加大政府实施反周期积极财政政策措施的力度。

9. 新冠肺炎疫情及中美关系对中国经济增长有何影响？

史乔心（医学部教学办）：我之前在做相关课题的时候看到，中国经济增长动力的主要来源有三个（不一定是权威的说法），一是区域协调性增强，二是服务业成为主要动力，三是新动能的加快成长。而 2015 年后，中国经济增长主要依靠的是消费。这次的新冠肺炎疫情是否可能对中国经济造成严重打击呢？

张骁哲（法学院）：我个人认为，这次疫情确实会对中国经济造成严重打击，很多小微企业可能因停工而破产，可以预见金融市场会发生一定的波动。但是可以反观 2003 年的"非典型性肺炎"（重症急性呼吸综合征，SARS）疫情时期，彼时由于防疫时间过长、技术落后，按理说对于经济的打击应该更为严重，但是经济仅仅在短暂下行之后就恢复了原有的态势。有一种观点认为，疫情之后会有一种补偿性的消费现象出现，比如熬过这段时间后，餐饮业、旅游业等服务业可能迎来更加旺盛的消费需求，所以对于大型企业来说，这可能是一个兼并小企业、抢占市场份额的好机会，总体上并不会有预想中的经济倒退，可能只是一种格局的转变。

史乔心（医学部教学办）：嗯，我也认为这次疫情不会给中国长期的经济发展带来严重的影响，不知道同学对于我提的主要问题即"什么才是中国经济增长的源动力"怎么看？

林毅夫：2003 年应对 SARS 的经验不能照搬。第一，SARS 从 3 月开始到 5

月就消失了，影响的时间短；而新冠肺炎疫情的防控可能需要常态化，对生活、生产活动的影响可能会持续到 2020 年下半年或 2021 年，直至有效的疫苗出现为止。第二，SARS 只影响中国内地和中国香港地区，对东亚的中国台湾地区、日本、韩国的影响很小，对其他国家和地区基本没有影响。而新冠肺炎疫情是"击鼓传花"式地在全球暴发，已经造成了比 1929 年、2008 年的危机还要严重的影响，全球经济出现衰退已经是必然，而且有相当大的概率会出现萧条，我国的出口会大量减少，产业链也需要调整。不过确实，除受感染的人外，疫情并不破坏其他人的人力资本，也不破坏机器、设备、厂房等物质资本和其他生产要素，疫情过后经济应该会有一个"报复性"的增长，然后恢复到正常的增长态势。

关于增长的动力问题，你提的那三个来源在一定阶段和条件下是成立的，但从长远和根本的机制来说，经济增长则有赖于技术的不断创新、产业的不断升级、基础设施和各种制度安排的不断完善。

毛瑜晨（法学院）：林老师您好！我想请教两个与这次新冠肺炎疫情对经济影响相关的问题。

1. 目前新冠肺炎疫情尚未得到遏制，企业的复工复产等方面仍然存在很大问题，很多中小企业也面临很大的困境。有预测认为我国 2020 年的 GDP 增速在疫情控制较好的情况下可以达到 5.4%。请问您对这个预测数据有什么看法？

2. 新冠肺炎疫情从传播范围、致死人数来看，比 2003 年的 SARS 更为严重。同时与 2003 年的 SARS 不同的是，SARS 对经济的冲击主要是在第二季度，而新冠肺炎疫情对经济的冲击主要在第一季度。且相比来看，目前我国经济结构中服务业的占比较高，受疫情影响更大。请问林老师：与 2003 年的 SARS 相比，新冠肺炎疫情对接下来的经济走势以及政策制定方面的影响主要会有哪些不同呢？

林毅夫：需要具体问题具体分析。服务业中，受影响较大的是餐饮业、旅游业等，网上购物受到的影响相对较小，甚至需求会上升。对经济具体有多大影响，取决于疫情在我国和世界各地能多快得到控制，以及之后付出多大的努力来消除疫情的负面影响。

陈林一（医学部教学办）：我想请问林老师，在新冠肺炎疫情的影响下，2020

年下半年中国经济会如何发展呢？此外，近两年中美贸易摩擦对中国经济的未来发展会有什么影响呢？

林毅夫：

1. 新冠肺炎疫情期间整个经济几乎"停摆"，当然对经济发展会有影响。不过疫情过后，全国人民会努力工作，挽回损失。我估计到三四季度，经济会恢复正的增长（2020年我国的实际经济增长率是2.3%）。

2. 有关中美贸易摩擦对中国的影响，请参考我在北京大学新结构经济学研究院微信公众号上的几篇有关中美贸易摩擦的分析文章，以及在"古文观止"微信公众号上发表的"美国什么时候才会心悦诚服？"一文。总的来讲，只要我国保持定力，继续深化改革开放，推动高质量发展，那么，历史潮流浩浩荡荡、不可阻挡，两个百年目标以及中华民族的伟大复兴就必然能够实现。到了第二个百年目标实现时，我国的人均GDP将达到美国的一半，GDP总量将达到美国的两倍。京、津、沪加上东部五省有4亿多人口，人均GDP和经济规模与美国相当，产业和技术与美国处于同一水平，美国不再有"卡脖子"技术的优势。到那时，美国改变不了中国是世界第一大国的事实，也无法遏制中国的继续发展，而且美国的发展需要中国的市场，我想美国就会心悦诚服，与中国友好和平共处。

10. 疫情期间发放消费券能否有效刺激消费？

周悦峤（外国语学院）：林老师您好！我在北京大学新结构经济学研究院的微信公众号上看到您的访谈，谈到发消费券用于保护家庭、保障消费的问题，深受启发。确实，在中国这样的高储蓄率国家，如果政府发放现金支持家庭，人们不一定会去消费，不会直接转化为需求，发消费券应当是更加行之有效的方式。但同时我也看到一些统计数据表明人们的消费倾向可能有所降低。如中国人民银行2020年4月28日发布的《2020年第一季度城镇储户问卷调查报告》显示，倾向于"更多消费"的居民占22%，比上一季度下降6个百分点；倾向于"更多储蓄"的居民占53%，比上一季度上升7.3个百分点。中国人民银行2020年4月10日发布的《2020年一季度金融统计数据报告》显示，2020年一季度我国人民币存款增加 8.07 万亿元，折合每天新增人民币存款 886.8 亿元。疫情之后，可能由于不确定性增加，很多家庭有增加储蓄的倾向。因此，我想请教老师，在很多人更倾向于储蓄的背景下，如何提高消费券刺激消费的作用？

此外，您在访谈中也提到，消费券的重点是要扶持生活困难、低收入家庭和失业人员，为他们提供基本保障。然而，现在各大平台发放的消费券大多是例如"满 100 减 20"的满减券，感觉对于一些生活困难的家庭来说，发放满减券对他们的实质帮助效果可能不如发放现金。请问老师如何看待这一问题呢？是否在发放消费券的同时，也可以有针对性地辅以对一些家庭发放现金救助呢？

林毅夫：

1. 在消费倾向降低的情况下，发放消费券对于刺激消费的作用会比发放现金更有效，因为有了消费券而不去消费，那么这个消费券就作废了。消费券能刺激消费，是因为它是对消费的一种补贴。同时，消费券可以针对受疫情影响最大的行业，起到保企业以保就业的"一石二鸟"的作用。

2. 低收入家庭并不是完全不消费，而只是消费总额比中高收入家庭少，他们会比中高收入家庭有更高的倾向去使用满减券，相当于低收入家庭可能得到的消费补贴更多，所以是有利于低收入家庭的。对于个别生活困难的家庭来说，这些家庭在疫情发生前收入就已经很低，应该已经有针对这类人群的救助措施。其贫困不因疫情而起，也就没有理由再以疫情为名专门针对这类人群增发现金救助。

参考及推荐阅读文献

[1] 经济学家林毅夫：中国发展前途不会改变 中美贸易战只是一个小波浪 [Z/OL]. (2019-08-05)[2020-09-22]. 北京大学新结构经济学研究院微信公众号，https://mp.weixin.qq.com/s/Jp3j7WgRwN_9f9tOIgymQ.

[2] 林毅夫. 解读中国经济：聚焦新时代的关键问题 [M]. 北京：北京大学出版社，2018.

[3] 林毅夫：美国什么时候才会心悦诚服？ [Z/OL]. (2019-12-27)[2020-09-22]. "古文观止"微信公众号.

[4] 林毅夫：中国经济与中美关系的过去、现在和未来 [Z/OL].(2019-11-15)[2020-09-22]. 北京大学新结构经济学研究院微信公众号，https://mp.weixin.qq.com/s/ZkYjFKhe1mJqhy5oS0CEBA.

[5] 林毅夫：应对中美关系，开放式发展是硬道理 [Z/OL]. (2019-12-20)[2020-09-22]. 北京大学新结构经济学研究院微信公众号，https://mp.weixin.qq.com/s/ZkYjFKhe1mJqhy5oS0CEBA.

[6] 林毅夫：我对中美贸易战的三点看法 [Z/OL]. (2019-05-24)[2020-09-22]. 北京大学新结构经济学研究院微信公众号，https://mp.weixin.qq.com/s/ZkYjFKhe1mJqhy5oS0CEBA.

[7] 林毅夫等：消费券能否成为"战疫神器"？ [Z/OL]. (2020-05-26)[2020-09-22]. 北京大学新结构经济学研究院微信公众号，https://mp.weixin.qq.com/s/ZkYjFKhe1mJqhy5oS0CEBA.

[8] 中国人民银行. 2020 年第一季度城镇储户问卷调查报告 [EB/OL]. (2020-04-28)[2020-09-22].http://www.pbc.gov.cn/goutongjiaoliu/113456/113469/4014893/index.html.

[9] 中国人民银行. 2020 年一季度金融统计数据报告 [EB/OL]. (2020-04-10)[2020-09-22]. http://www.pbc.gov.cn/goutongjiaoliu/113456/113469/4005059/index.html.

第二讲
"李约瑟之谜"和中国历史的兴衰

11. 中国在前现代社会为何领先于西方？

蔡煜晖（社会学系）：林老师您好！在此想对中国在前现代社会领先于西方的原因进行探讨。中国在前现代社会经济发展的领先是由于发达的市场制度，还是与小农经济相适应的"大一统"封建统治制度？虽然中国允许土地私有和劳动力自由流动，也有技术创新，甚至出现了杭州、苏州这样经济发达的市镇，但是不可否认，中国古代一直是一个以小农经济为基础的农业社会，仅有少部分发达城市。缺乏完善的工商业法律体系，长久以来盐铁官营、重农抑商的政策，思想观念上对商人的排斥和鄙视，对土地再生产的热衷等一系列因素共同抑制了工商业的发展，中国古代的经济发展应该更多的是依靠农业而不是工商业。那么，在这样对工商业发展不利的条件下，市场制度是怎样产生的呢？市场制度与封建统治是否冲突？

林毅夫："天下熙熙，皆为利往"，只要有利存在而政府不是管制太严，就会有聪明的人去推动市场的发展；市场的存在导致富可敌国的商人的出现。所以，在科技革命发生以前的社会，对食利阶层的商人是防范的，这是为何"士农工商"，商人的社会地位最低。但是，从莎士比亚的《威尼斯商人》可以看出，在前现代社会，中国商人的社会地位并不比欧洲商人的社会地位低。当时的工商业发展的条件不如现在,是因为当时的技术、产业没有现在发达,生产的规模经济和可交换的剩余有限,因此市场的规模和商业发展的程度也就有限。也就是说,经济基础决定了上层建筑,而不是相反。

12. 中国为什么没有发生工业革命?

钟卓宏(信息管理系):在工业革命发生之前,技术发明的中心在东方,中国四大发明、铁犁等器具随着中国的扩张传入西方。第一次工业革命的中心是在英国,随着蒸汽机的发明,人们进入了蒸汽时代,这时的技术在欧洲并向北美传播,而这时的中国正沉浸于清王朝的盛世假象,没有积极吸纳、学习西方先进的技术。到了第二次工业革命时,随着电磁感应等现象的发现,欧洲许多国家发明出了电器、内燃机,美国也逐渐成为技术发明的另一中心。这时的中国正处于社会矛盾、民族矛盾交织的时期,清政府的腐败加上西方列强的入侵,让新技术的引入(更不要说新技术的发明了)更为困难。1949年前,中国面对着反帝、反封建、反官僚资本主义等多重革命任务,谈科技创新何其困难?

到了第三次工业革命,前期以美苏为科技创新的中心,空间技术、原子能技术等获得重大突破。再往后就是中国不断学习、吸纳先进技术的经验,赶上西方国家的技术创新步伐,在部分领域不断赶超,成为当今世界的增长引擎。

事实上,从前现代社会的中国技术的领先,到传入西方各国,技术以一种由一点扩散至整个面的模式传播。到了工业革命时也是如此,从第一次工业革命到第三次工业革命,技术由英国传播到欧洲再逐渐传入美国、苏联、中国等国家。而正是其他国家的新技术、新知识的传入,使各个国家有了进一步探索发明的基础和动力。我认为中国成为最后一批加入工业革命的国家,最大的原因还是从17世纪开始的封建社会的由盛转衰与西方列强的接连入侵。高度的中央集权以及统治者的个人眼界使得新一轮革命的引擎始终没有在中国出现,反帝反封建的任务则阻挡了新技术与新知识传入中国。设想一下,但凡新技术或者新的科学知识传入中国,新的技术革命会不在中国发生吗?所以我认为是中国内部环境和外部环境的共同作用使得工业革命没有发生在中国。

以上思考的不足之处,还请老师和同学们指教!

林毅夫：德国引领第二次工业革命时，还在高度专制集权的普鲁士帝国的统治下；俄国的第一次工业革命，是在专制的沙皇彼得大帝的推动下进行的。所以，"高度的中央集权以及统治者的个人眼界使得新一轮革命的引擎始终没有在中国出现"的说法不成立。而且，要解答的"李约瑟之谜"是为何中国的科技在前现代社会领先于西方，但到现代却落后于西方，如果落后于西方是因为西方发生了工业革命，那么为何工业革命没有"源于"中国；而不是工业革命在西方发生后，中国为何没有像德国、俄国、日本等那样去引进工业革命。在西方发生了工业革命，拉开了和发展中经济体的差距以后，发展中经济体追赶的愿望一直存在，但是绝大多数发展中经济体的追赶努力都失败了，成功的经济体少之又少。如何追赶才能成功？这是我这些年倡导的新结构经济学所要研究的主要课题之一，在本课程的第四讲和第五讲中会有比较系统的介绍。

13. 中国古代社会的"大一统"与科学革命／工业革命可否兼得？

崔荣钰（信息管理系）：林老师您好！我想请教一个问题：中国古代社会的"大一统"与科学革命／工业革命的实现可否兼得？

中国古代社会未能发生科学革命，老师在课上剑指中国的官僚选拔体系——科举制度这一制度障碍。但科举制度同时也是维护古代中国长期"大一统"的有效制度安排。

中国古代兴修水利、修建攻防设施（如长城），把大量税收用于支撑庞大的国家机器运作，导致资本没能投入科学实验（如实验室），但也有效地维护了"大一统"（如抵御匈奴、防灾）。

欧洲虽然进行了工业革命，但欧洲没有像中国这样幅员辽阔的民族国家。所以我想知道，是否有一种合意的制度安排，既能维护"大一统"，也能"踢进"工业革命的"临门一脚"？

林毅夫：第一，在过去落后的信息技术和管控手段之下，以儒家经典为主要内容的科举制度把优秀人才选入官僚统治阶层，并灌输"君君臣臣"的价值，培养每个官员的自我约束，使得"天高皇帝远"的中央仍能维持"大一统"的国家，但这种制度妨碍了科学革命和工业革命的发生。在未来，随着信息技术的变化，维持"大一统"的条件也会改变，所以，"大一统"和科学大繁荣有可能同时存在。

第二，中国的"大一统"在相当大程度上靠的是官员忠君思想下的自我约束。相比于欧洲，在前现代社会，中国政府的税收水平和治理成本是较低的。在中央集权处于顶峰的清朝，全国"吃皇粮"的官吏只有2.7万人，自雍正时期"摊丁入亩"后实行轻徭薄赋的制度，所以，中国并没有发生你所说的"把大量税收用于支撑庞大的国家机器运作，导致资本没能投入科学实验"的现象。在前现代社会，科学革命没有在中国发生的主要原因是如本讲所讨论的，在科举制度下整个社会缺乏积累从事科学革命所需的人力资本的兴趣和积极性。

14. 西方为什么会发生科学革命？

刘可馨（外国语学院）：林老师您好！在分析中国历史上为何没有发生科学革命这一问题时，您提到了中国封建统治对于学习数学和控制实验的负激励。受您的观点的启发，我认为西方历史上对于实验和数学模型的产生和发展存在正向的激励，在此分享一点我的理解。

首先，在文化上，神学促进了实验和数学的产生。随着中世纪基督教的繁荣，许多僧侣试图用逻辑论证和实验的方法来验证上帝的存在，这为之后的科学提供了实验的方法论。之后，在逻辑论证的基础上又进一步发展出了数理逻辑，这些为后来的科学革命奠定了基础。同时，相比于中国的唯有科举是正道，在西方，验证上帝存在本身就被认为是一项崇高的事业，无数僧侣会终其一生进行实验和试错，使得实验作为一种方法逐渐成熟。其次，实验不仅仅是一种方法，它本身也是促进科学革命的一种动力。比如，伽利略通过实验制造了天文望远镜，反而证明了上帝是不存在的，证明了神学这种思维方式是错误的，这时候就需要寻找新的思维方式，而科学就是其中之一。

以上论述可能不够全面，但希望它们可以在一定程度上解释西方科学革命发生的原因。

林毅夫：很好，有道理，值得再深入去论证。

15. 科学革命破除了工业革命的哪些瓶颈？

匿名同学：林老师在第二讲中提到，中国没有发生工业革命，主要归因于没有发生科学革命。我想请问，欧洲15世纪的科学革命主要为工业革命破除了哪些瓶颈呢？科学革命只是提供了数学推理的方法论的革新吗？经验上的论证感觉还不够有说服力。谢谢林老师！

林毅夫：是的，科学革命主要是方法论的革命。数学的使用使得对自然现象的解释可以做到严谨和精确，并且不会因为不同地区和时代语言的差异而有不同的理解；控制实验则使得科学的发现是否为现象产生的原因可以很快得到验证，以去伪存真。这种方法论的改变使得科学从原始向现代转变，也使得科学的发现加速。科学革命对工业革命的贡献首先在于实验成为一个通用的试错方法，新技术的获得不再依靠经验的试错，而是主要依靠在实验室里的试错。其次也是更重要的贡献在于，在实验室里靠试错来推动技术创新出现瓶颈时，基础科研的突破可以使技术分布曲线（或发明可能性曲线）右移，打破技术创新的瓶颈，从而使得技术创新在工业革命以后不断加速。这在《解读中国经济》第二讲中有详细的论述。

许鹏程（地球与空间科学学院）：林老师在谈及科学革命的贡献时曾说到，科学革命在方法论上的主要贡献便是数学模型和控制实验的使用。

然而，《九章算术》一书中很早便提及了各种立方体体积公式、勾股定理、开平方和开立方的方法等，另外方程组、负数的概念也早有涉及，可见数学模型的使用早已有之。除此之外，古代方士在炼丹的过程中尝试各种配方，进行试药，这亦可看成控制实验的雏形，甚至火药也是在这个过程中被发明出来的。

所以，我认为将方法论的进步归功于科学革命是不恰当的。与其认为这是前现代社会和现代社会科学方法论上的差距，不如认为其是文理方法上的差距。在以前，数学模型和控制实验之所以没有在中国兴起，应该主要是因为理科发展的衰弱。古人在儒家思想影响下所关注的治世之学即使在今天也是不能用这些方法来表述的。这些方法应该是随理科一同发展的，它产生的原因便是理科对严密逻辑的要求。

林毅夫：你的看法听起来有一定道理，不过有两个问题。第一，在中国，科举制度建立以后，士人对数学的学习失去了兴趣，以致许多知识失传。炼丹之术则一直只是少数方外之人感兴趣。所以，无法将两者结合来推动科学革命在中国自发产生。第二，在欧洲，理科的出现也是现代化的产物，并非自古已然。即使在今天，国外的博士学位仍然称为"doctor of philosophy"。我们不能把欧洲科学革命带来的社会进步的"果"（学术发展、学科细分，出现文理科的划分）当作科学革命产生的"因"。

16. 关于中西方差距问题的一些补充性思考

马尧力（外国语学院）：在第二讲中，林老师提出了技术分布曲线、发明可能性曲线等一系列新颖的概念，指出了中国在前现代社会所具有优势的来源、8—12世纪中国技术创新加速的原因以及中国在现代落后于欧洲的原因，论证充分，资料翔实，给我以深刻启示。

众所周知，近代以来的东西方差异是经济史等一系列学科所研究、探讨的对象，学者们也提出了各种各样的理论。一般来说，他们的理论可以分为长期注定理论和短期偶然理论。长期注定理论认为，人类文明早期的某一关键因素使得东西方的发展路径就此区别开来，从而决定了工业革命必然发生在西方。短期偶然理论则将工业革命的发生和西方的统治地位归因于一些偶然因素，例如美洲大陆的发现、英国的煤炭储备，等等。我认为，这两种理论都存在缺陷，而林老师对科举制度在中国转型失败中所起作用的重要论述为这一问题提出了创造性的解答。

同时，我还想在此分享另一种理论观点供大家思考。美国斯坦福大学历史学和古典文学教授伊恩·莫里斯（Ian Morris）在《西方将主宰多久》（*Why the West Rules—For Now*）一书中提出了"社会发展指数"这一包含能量获取、社会组织、战争能力和信息技术的量化指标。根据社会发展指数，莫里斯发现，在过去的15个千年中，有14个千年中，西方比东方发达，但是在公元550—1775年这段时间内，东方的社会发展更加领先。他认为，地理因素解释了西方文明核心区转移和西方主宰世界的原因：一方面，自然环境影响了社会发展的进程；另一方面，社会发展的变化也改变了自然环境的意义。因此，他得出结论：西方在两千年前得以统治世界，既不是长期注定的，也不是短期偶然的。

林毅夫：感谢分享！是否真的如莫里斯所论，值得进一步探讨。不过他的说法有混淆因果之嫌，就像现在非常流行的一些指标，如世界银行发布的营商指数、世界经济论坛发布的全球竞争力指数，其实是内生于一个国家的经济发展水平的。如我在回答前面多位同学的提问时已经指出的，在现代社会，一个国家的发展取决于能否在有效市场与有为政府的共同作用下帮助企业按照要素禀赋结构和比较优势的动态变化来推动技术创新、产业升级以及基础设施和各种制度安排的不断完善，如果能做到这一点，任何国家、任何地区都能发展起来。如果各个国家和地区都发展起来了，东亚和南亚由于自然环境的因素而人口多，世界经济的中心和文明的核心区自然就会转移到东亚和南亚来。

17. 从文明的保守倾向角度对文化决定论的思考

王笑坤（外国语学院）：林老师您好！您上课时讲到文化决定论只解释了中国近代为什么落后，却没有解释中国古代为什么强盛。这里，我想试着给文化决定论做一些补充。如您在《解读中国经济》第十三讲中提到的，有一种说法把中华文明称为"黄色文明"，把西方文明称为"蓝色文明"，认为"黄色文明"是内向的、保守的，"蓝色文明"是外向的、开放的。我认为，所谓的"黄色文明"对于中世纪的发展可能没什么问题，甚至非常优秀，并因此孕育了一系列先进的、优秀的、有现代化倾向的制度。但是"黄色文明"中的保守倾向使中国虽然能够将自给自足的封闭经济发展到极致，却无法向外拓展。因此，在技术发展到一定程度，西方开始向外扩张，将世界联系在一起的时候，中国没有赶上全球化的步伐，失去了全球化的优势，逐渐落后。而这样的保守倾向，在中国国门被打开，尤其是改革开放之后，已经发生了翻天覆地的改变，因此也不会成为阻碍中华民族复兴的因素。观点浅薄，还希望和大家讨论。

齐乐然（外国语学院）：笑坤同学，你好！我很赞同你谈到的有关"黄色文明"中的保守倾向的部分，中国自古以来对扩张的需求似乎是远远小于西方国家的，特别是在后者掌握了航海技术之后；然而，我认为清朝末期的情况也许不能一概而论，因为那时的闭关锁国并不只是生产力落后和"没有赶上全球化的步伐"的原因，也是它们的结果之一。

虽然中国古代很少将向外扩张作为要务，但也有不少如"郑和下西洋"和"鉴真东渡"这样的海外交流经验，与许多国家维持着联系和交往（只不过是没有以侵略为目的）。宋朝的开封或杭州还称得上是当时的"国际都市"，甚至直到清初，中国在海外贸易方面都占有很大的优势。因此，中国并不算是自古以来封闭保守。而且如果我没记错的话，清末的闭关政策施行的主要因素之一就是国内的生产力落后于经过了工业革命的西方国家，朝廷为了保护国内经济、打击走私等才出此下策（虽然该政策之后也确实带来了使情况继续恶化的一系列连锁反应）。因此这种"保守"的特点虽然确实导致了封闭的政治决策，但这个政策其实是生产力落后的结果而非直接原因。如果国力强盛、生产力领先世界（如唐宋时期），我相信古代中国也能很积极地加入全球化贸易活动。没能赶上全球化步伐的根本原因可能还是没有发生工业革命，生产力水平没能提高，因此我认为闭关锁国的事实或许不能完全支撑"黄色文明的保守倾向导致了闭塞"这一推论。

王笑坤（外国语学院）：乐然同学，你好！读了你的回复之后我觉得你的观点很有道理。

首先，我还是认为中国古代有着"黄色文明"固有的保守倾向，而这一倾向对于封闭一定起到了作用。自古以来，地大物博的国家因为拥有广大的国内市场，在开放问题上都显得比较保守，同时有提高关税、保护国内产业的倾向。而小国多因国内市场不足而有寻求向外扩张的倾向。中国在历史上虽然在航海方面有着很多辉煌的成就，但是这些成就与农业相比，还是有些微不足道，因为可能中国本身封闭的倾向就会强一些。同时闭关锁国的一个很重要的原因是明朝的倭寇问题。而倭寇的产生在很大程度上又与海禁导致的以渔业为生的人民失去收入来源有关。至于明朝时为何开始实行海禁，我认为与中国古代文化中的保守倾向、当时统治者的思想，甚至历史中的一些偶然事件都有关系。

其次，我也很认同你所说的，闭关是在当时中国工业不发达的情况下，政府为保护国内市场而采取的下策。不过从鸦片战争后中国对外贸易长时间的顺差来看，中国的产品还是很有竞争力的，之前的顾虑并非事实，很可能只是统治者的多虑，而这种多虑可能也是来源于自古以来的保守思想。

因此，生产力低下和闭关锁国也许是互为因果的。"黄色文明"的保守倾向助推了闭关锁国，导致生产力低下；而生产力低下也强化了闭关锁国的客观要求。

林毅夫：王笑坤同学和齐乐然同学的讨论很好。我的看法是：首先，用"黄色文明"导致保守倾向和闭关锁国等来解释中国近代的落后似乎有道理，但是，"黄色文明"自古已然，为何在前现代社会的一千多年中，中国一直领先于属于"蓝色文明"的西方？一个有效的假说应该可以同时解释为何中国在前现代社会领先于西方，而在现代社会突然变成落后，以及为何西方在前现代社会一直落后，而在现代社会突然领先。所以，"黄色文明"或"蓝色文明"的说法并没有触及问题的核心。

其次，文化是一个接近不变的参数。如果文化决定了中国在近代史上的落后和挨打，国门被打开并未改变中国的文化，为何会有笑坤同学已经观察到的改革开放以后翻天覆地的变化？我们在做研究、分析现象时不能用一个不变量去解释变化的现象。一个国家的兴衰或落后，必然有比文化更重要的原因。除了本章有关"李约瑟之谜"的讨论，可参考《解读中国经济》第十三讲"中国经济发展与文化复兴"的讨论。

最后，"黄色文明"是否就固有保守的倾向？其实也未必！中国自古以来是一个"发达"的大经济体，在贸易中得到的好处远小于"落后"的小经济体。如果不是工业革命发生后，西方新的产业不断出现，经济发展一日千里，1793年英国马戛尔尼出使中国时，乾隆在其《敕谕英吉利国王书》中所说的"天朝物产丰盛，无所不有，原不借外夷货物以通有无"是有道理的。在工业革命之前的中国，"不借外夷货物以通有无"是当时的实际状况，而不是文化上的"保守"倾向造成的。在工业革命前，开放边境固然对有些商人有一些好处，但是也带来了边境安全的问题。当边境安全得不到保障时，中国就会采取海禁的政策。例如在明朝时，有些在日本战国时代被打败的大名（日本的诸侯）变成了海寇，我国有漫长的海岸线难以防守，明清时期才实行海禁，坚壁清野，令沿海居民往海岸线内移数十里（当然，如王笑坤同学指出的，许多倭寇的产生与海禁导致的以渔业为生的人民失去收入来源有关）。但是即使如此，中国也还保留了漳州、澳门作为通商口岸，而且民间的走私一直存在；同时，在西北也有许多互市贸易的边关。所以，海禁也不是由于文化上的保守，而是由于开放海禁的弊远大于利。

18. 关于文化决定论如何解释中国过去强盛原因的思考

王雪睿（国家发展研究院）：我认为文化决定论其实可以在一定层面上解释中国过去为什么强盛，因为文化会影响人们行事的逻辑，影响人们的"三观"。一种优秀的文化往往可以激励人们迸发出自己的力量，在客观环境保证了每个人发挥聪明才智的空间，并设有良好的激励分配制度的情况下，社会中会源源不断地产生新奇的想法。

从古至今，中华文化一直不断发生着改变，有开放的时刻，也有保守的时刻。比如，文字狱这样的事件在很多国家和朝代都发生过，当时的统治者利用暴力手段塑造了这种消极的文化氛围，当人们为了保全自己而被迫逐渐适应了这种文化氛围，改变了自己的行事逻辑后，一个国家就很难有新的发展，往往还会出现倒退。

马克思认为新事物代替旧事物是历史发展的必然。一个国家的文化如果能够包容新事物，用批判的眼光去看待新事物和旧事物，那么这样的文化会对人们的行事逻辑产生潜在的影响。设立国家制度的统治者们从微观上看也是一个个鲜活的人，他们也会有自己的主观思想和行为逻辑，而一个国家的文化会对其产生影响，从而对国家制度产生影响。所以中国过去的强盛也有可能是因为存在一种正向的文化，这种文化一方面激励着民众做出更多的思考、敢于实践，另一方面也引导着统治者设立有活力的国家制度。

以上是我的一些思考，欢迎大家讨论。

林毅夫：这是一个值得思考的问题。我的建议是在深入思考这个问题时必须对文化的内涵有清晰的定义和准确的把握，不能把文化当作一个筐，什么东西都往里装。《解读中国经济》第十三讲"中国经济发展与文化复兴"中讨论了这个问题，如果你感兴趣，可以先看看那一讲的内容。

19. 对文化决定论的另一种理解

韩昌峻（法学院）：林老师谈到科学革命为何没有发生在中国时，指出在当时的中国，当官对于聪明才智之士很有吸引力，导致有好奇心的人不去积累科学革命所需的人力资本，因此无法完成从原始科学到现代科学的演化。那么在明清时期，是否可以认为是文化因素导致了科学革命所需的人力资本的缺乏，进而错过了从原始科学向现代科学的演化，即文化决定论？

在我看来，文化决定论的解释与中国如今的经济腾飞似乎并无太大冲突。近现代以来，中国"学而优则仕"等儒家文化传统已经有了较大的改变，即文化决定论的前提——中国文化是儒家文化——已经有了较大的改变，因而更多的优秀人才转而从事追逐商业利润的诸多创新事业，助力中国经济不断发展。那么，是否可以认为中国如今的经济繁荣是因为中国已经受到一种改良过的新文化的影响，而非文化决定论已彻底失去了其解释力？

毛瑜晨（法学院）：关于这个问题，我也有一些想法，想请林老师指正。我认为文化的改变和经济的进步其实都是社会变革和制度改变的结果，二者的确有相互促进的作用。虽然从现象上看，二者的变化是同步的，但是从根本原因上分析，二者的同时改变只能说是一种相关性（correlation），而很难说是一种根本的因果关系（causal relationship）。

林毅夫：关于韩昌峻同学提出的文化决定论的问题，这取决于如何定义文化。科举制度作为一种制度安排，是文化的一部分，但不是文化的整体。阻碍科学革命和工业革命在前现代社会发生于中国的是科举制度中不鼓励知识分子学习与科举无关的知识的激励机制，但是，儒家"以天下为己任"的价值取向和这样的激励机制无关。作为人才选拔的制度安排，英国在19世纪中叶引进的文官制度就是学习中国的科举制度。所以，我们必须把科举考试的内涵和科举作为人才选拔的制度安排区分开。

我同意毛瑜晨同学的看法。文化的改变和经济的进步都是社会变革以及制度改变的结果，两者一起发生变化，只是存在相关性，但不存在因果关系。两者的变动可能是更根本的原因所导致的。你如果对这方面的问题感兴趣，可以参考

《本体与常无》一书中的讨论。另外，关于文化和经济发展的关系，可以参考《解读中国经济》第十三讲"中国经济发展与文化复兴"的内容。

20. 关于"高水平均衡陷阱"假说的几个问题

唐睿清（社会学系）：林老师您好！我看了您对于"高水平均衡陷阱"假说的批评，有几个问题想向您请教。

1. 对于假说中将技术进步缓慢归因于"由于中国人口相较土地增长快，因而人均耕地减少，劳动力过剩、价格低，没有发展出替代劳动力的机械"这一观点，您在理论上提出的批评在于"对于劳动节约型技术的需求不仅取决于劳动力的成本，同样取决于该技术的成本。如果技术进步的速度足够快，新技术的成本下降速度可能会超过由人口增长导致的劳动力成本下降速度"。但是，我想请教您的问题是，这是否意味着劳动力过剩至少会降低技术进步的动力，提高技术进步的门槛？是否应该承认这一解释在一定程度上是合理的，至少这一部分的逻辑是自洽的？

2. 在经验事实的层面上，您指出"高水平均衡陷阱"假说的解释虽然在长期的历史时段中符合经验事实，但是在更为具体的历史时期（如8—12世纪），技术进步与人均耕地并没有呈现完全的正相关关系。但是，如果从解释中国在近代为什么落后于西方的角度，中国人口虽然一直在增长，但是真正进入高速增长期是在清朝雍正时期推行"摊丁入亩"、取消人头税后。也正是在这一时期，中国开始落后于西方。那么，是否可以认为至少在与西方发生工业革命同时期的中国，这一解释仍然是符合经验事实的？

3. 在《解读中国经济》一书中，您提到卜凯在20世纪30年代的调查中发现中国的农民并没有因为劳动力过剩而变得清闲，反而一直很忙，您认为这说明"只要有新的、便宜的劳动替代技术被引进，农民肯定会采用这项新技术"，但是黄宗智等学者指出，农民这种持续投入实际上是由于城市经济凋敝，农民没有工作可做，因此即使每天的边际报酬已经递减到接近于0，但是由于"不计工时，总是有赢"，因此仍然不断投入（黄宗智，1986）。那么，是否即使真的有农业机器产生，只要没有其他出路，农民也会持续投入在农业劳动中？请问您如何理解这

一 问题？

林毅夫：

1. 欧洲在15世纪以后因为美洲作物的引进，粮食产量增加，人口也和中国一样大量增加，但这并没有妨碍工业革命在欧洲发生。所以，对这个问题的回答，需要考虑为何在同样的人口增加的压力下，欧洲发生了以技术替代劳动的工业革命，而中国却没有发生。进一步讲，技术进步带来收入水平提高，需求和就业会增加，所以，若有劳动力过剩，则是缺乏技术进步、收入不增长所带来的结果。这也就是为何我国东部人多地少、中西部人少地多，但是在改革开放以后，东部因为技术进步和产业升级，经济发展和收入增长快于中西部，劳动力出现短缺，大量劳动力反而从人少地多的中西部流向人多地少的东部。

2. 在中国人口高速增长的时期，欧洲人口也同样高速增长，尤其是在18世纪中叶工业革命发生时更是如此。所以，虽然在18世纪初雍正皇帝在位时中国推行了"摊丁入亩"的政策，但这个政策不是中国人口快速增长的主要原因。明清之际中国和欧洲人口的快速增长都源自甘薯、玉米等可将荒地变成粮食产地的美洲作物的引进。

3. 清华大学李伯重教授对黄宗智的"内卷化"观点提出了质疑，他根据长三角更翔实的数据发现，中国的市场经济在18—19世纪时越来越发达，和欧洲相比毫不逊色（李伯重，2010）。

徐鸿诚（元培计划委员会）：林老师在课上提到了对于"高水平均衡陷阱"假说的第二个机制的批评，认为其论点（因为中国人口增速大，所以廉价劳动力多，抑制了对劳动节约型技术的需求）预先假设了技术不进步或进步速度慢，指出其逻辑内部不能自洽。不过，可否将机制二理解为一种"恶性循环"？也就是说，中国的人口增速比欧洲高，但是在当时的条件下技术进步的速度没有快到能使中国走上以技术替代廉价劳动力的道路，而这又反过来导致中国继续依赖高人口增长率来为生产生活提供廉价劳动力，从而难以摆脱"高水平均衡陷阱"。而欧洲的人口增速较低，技术进步的速度只要略快于人口增速，就能走上技术革命的道路。也就是说，能否将中国人口的高增长率理解为进入技术革命的"高门槛"？

另外，林老师提出8—12世纪的快速技术进步源于人口由旱作区迁移到稻作区，从而可用物资增加，技术进步提速。不过，当时的南方并非没有居民生活，船与锄也不可能是8—12世纪才发明出来的，为什么8—12世纪之前的南方没有发生较快的技术进步呢？此外，如印刷术等发明是否与南北地域无关呢？期待得到老师的指正！

林毅夫：你提出的"恶性循环说"把因果倒置了。是因为中国的土地肥沃、产量高，可以养活较多的人口，中国的人口才多，而不是相反。因为在土地和技术不变化的情况下，人口和劳动力增加，边际产出会不断下降，人均产出也会不断下降，出现"马尔萨斯陷阱"，发生饥荒，社会政治不稳定，到最后依靠战争、朝代的更迭，人口减少，人均土地和人均产出增加，朝代更迭后，社会政治恢复了稳定，就会有一段繁荣期。这种情形既发生于中国，也发生于欧洲。

河流作为交通渠道，围绕着船有许多技术创新；水田提供了比旱作更高产的稻作；除锄头外，还有许多新的技术创新，其中许多创新都跟人口南移有关。在8—12世纪之前，南方人口少，技术创新也就少。印刷术等发明确实和南北地域无关，但和人口多、经济发展水平高、科举考试、读书人多有关。

21. "李约瑟之谜"是否有伪命题倾向？

史乔心（医学部教学办）：学者纠结于"李约瑟之谜"，但是说中国近代没有产生科学只是因为科举制度的制约是否失之偏颇呢？现代科学是西方哲学的产物，科学在本质上就是哲学。哲学是人类理性试图理解自然与社会的秩序时形成的结论。其实"李约瑟之谜"中，是科学的定义决定了中国近代鲜有科学诞生。然而，是否将"李约瑟之谜"的原因解释为科技水平较为落后更恰当呢？中国应该是由于闭关锁国而失去了接触先进机械、技术和发明并在交流中产生创新的先机。此外，"李约瑟之谜"是否有将简单问题复杂化的倾向？

钟卓宏（信息管理系）：乔心同学，你好！其实我也有一个相似的疑问，中国的四大发明传入西方对西方产生了重大影响，在这之后西方开始走出"黑暗时代"，地理大发现、科学知识的传播、资本的迅速积累等为西方发生科学革命、工业革命打下了基础。而中国在欧洲发生工业革命后，清政府自诩"天朝物产丰盈，无所不有",闭关锁国,将西方先进科学技术关在门外。设想一下,但凡中国引进了西方的先进科学技术,会不会激发出一大批有志于探索技术与新奇事物的人,从而推动科学技术在中国的进步呢?正如林老师所说,中国人并不是没有创新意识,中国人自古以来都是有着好奇心的。这是否说明,中国没有发生科学革命或者技术革命的关键原因是中国并没有引进西方先进的科学技术?

林毅夫:史乔心同学提出的闭关锁国说并没有回答为何在14—15世纪之前中国科技水平领先于西方,科技大多是从中国流向西方,在16—17世纪时中国和西方的技术流通基本持平,而到18世纪以后中国的科技水平则远落后于西方,科技反过来从西方流向中国的问题。而且,中国是否存在闭关锁国,以及为何有海禁等,可以参考前面王笑坤同学提出的关于"黄色文明"、文化决定论的讨论。

至于钟卓宏同学提出的问题,在科学革命和工业革命发生以后,落后的国家自然应该充分利用同发达国家的产业和技术差距所赋予的后来者优势来加速经济的发展,缩小差距,赶上发达国家。但是,发展中国家的追赶要成功,必须按照自己的比较优势一步一个脚印地来推进,实现经济的快速、可持续发展;在经济发展水平赶上发达国家以后,当然也必须和发达国家一样,以自主研发来发展新技术、新产业,推动经济进一步发展。在这个过程中,发展中国家的教育、产业、科技等都应该根据各个发展阶段的比较优势来设计,而不是在和西方国家还存在巨大差距时,就把有限的资源用来引进西方先进的产业、技术、科研的组织方式,按发达国家的方式来发展经济、推动技术创新等。我们在第五讲中会对此做详细的讨论。

22. 从历史角度对"李约瑟之谜"的进一步思考

郭容夫(工学院):听完林老师的课,我很认同林老师关于科举制度将人才过度引流到八股中去,从而导致我国没有出现科学革命,而科学革命恰恰又是工业革命产生的必要条件这一主张。但是,关于"李约瑟之谜",我也有一些其他看法,希望林老师指正。

首先,科学革命与工业革命的出现,是与稳定的社会环境和国家的统一分不开的。欧洲的中世纪和我国魏晋南北朝时期科技的停滞,正是由于无休止的动乱打破了地区间的经济交流，自给自足的经济下人们没有动力进行技术变革。而罗马帝国、两汉和唐宋时期统一的、相对稳定的社会环境，促进了不同地区的经济和文化交流，人民生活相对稳定，进而促进了经济与科技的发展。欧洲摆脱中世纪，诞生了牛顿等一批伟大的科学家，也是由于宗教改革后王权得到强化，国家从分裂走向统一，以及资产阶级革命建立了高效的政府。

其次，我认为科学革命并不是工业革命的必要条件，事实上，技术进步中科学的大量应用是在第二次工业革命之后了。在第一次工业革命期间，哈格里夫斯的珍妮机、瓦特改良的蒸汽机以及之后的火车与轮船的发明等，几乎都没有应用多少实验科学知识，而主要是基于工程师的经验。相反，正是这些机械设备的广泛应用以及人们对于其功能改良的需求催生出了热力学、化学等一系列实验科学学科。即便我国不具备适宜实验科学发展的土壤，但是由于我国有大量的人口，应该有更多经验丰富的工匠去想办法提高现有生产力水平；同时，我国众多的人口也代表了一个极为庞大的消费市场，可以作为技术改良与进步的一大驱动力，但是工业革命并没有在我国发生。因此，我认为英国能够出现工业革命，是与其巨大的海外市场需求密不可分的。工业革命之前的英国只有几百万人口，但是由于海上力量的强大，它们拥有几亿人口的庞大殖民地，而正是这些巨大的消费市场刺激了英国技术的革新，进而产生了工业革命。而反观我国，由于缺乏广阔的海外市场，以及国内过剩的人口造成的低人工成本，企业家往往缺乏技术变革的动机，因此中国最终没有出现工业革命。

最后，即便是不具备实验科学的土壤，且凭自身也无法出现工业革命，我国也完全可以通过进口西方先进生产设备的方式来缩小与西方的差距。第一次工业革命诞生于英国，作为英国邻国的法国、德国等国家都成功地引进了这些生产设备而实现了工业革命，为什么我国没有成功地引进这些先进的生产设备呢？我认为这与我国当时的专制体制密不可分。明清时期，为了方便统治、垄断外贸等原因，实行闭关锁国政策，老百姓不能绕过官府同外国贸易。这种局面造成官府倾向于在维持垄断利润的同时打压国内资本主义的发展，而垄断则使制造业缺乏技术改良的动力。久而久之，我国的技术水平大大落后于西方。而随着鸦片战争后西方列强的涌入，海量的廉价商品更是大大冲击了国内的制造业，专制主义的政府由于腐败无法保护国内制造业，以至于大批手工业作坊破产，进而造成了遍及全国的动乱，近代中国彻底丧失了引进西方工业革命成果的机会。

林毅夫：你的历史知识令人敬佩，这对于一位工科学生更是尤其难得。不过，你的分析在逻辑推论上有待商榷。

首先，你提到"在第一次工业革命期间，哈格里夫斯的珍妮机、瓦特改良的蒸汽机以及之后火车与轮船的发明等，几乎都没有应用多少实验科学知识，而主要是基于工程师的经验。相反，正是这些机械设备的广泛应用以及人们对于其功能改良的需求催生出了热力学、化学等一系列实验科学学科。即便我国不具备适宜实验科学发展的土壤，但是由于我国拥有大量的人口，应该有更多经验丰富的工匠去想办法提高现有生产力水平；同时，我国众多的人口也代表了一个极为庞大的消费市场，可以作为技术改良与进步的一大驱动力。但是工业革命并没有在我国发生"。然而，为何英国在早期工业革命时以经验为基础发明的珍妮机、蒸汽机、轮船的进一步功能改良有赖于热力学、化学时，热力学、化学的进步这种科学进步的需求能得到满足？这则是我的假说里提到的，由于已经有了科学革命，因此当技术发明遭遇瓶颈限制时，可以致力于基础科研，使得这些自然科学的突破变得可能。也就是说，如果没有科学革命，即使改良那些由经验得来的早期发明对热力学、化学的进步有需求，这种科学的进步也不能出现，技术进步和生产力水平的提升也就不会一日千里，那些早期发明也就只是一次性的生产力水平的提高，不会被称为"工业革命"。所以，出现工业革命的前提是如我的假说里所提到的科学革命。

其次，你认为"英国能够出现工业革命，是与其巨大的海外市场需求密不可分的"。但是，海外市场原来是由当地的制造业来满足的，例如，印度在英国出现工业革命前，不仅棉布自给自足，而且向英国出口棉布，中国当然在棉布上也是自给自足的。在工业革命之后，印度和中国的相当一部分市场被英国的"洋布"所占领，英国之所以能占领这些海外市场，并不是因为印度和中国是可以扩张的海外空白市场，而是因为英国机械化生产的"洋布"和当地生产的"土布"相比价廉物美。中国在12—13世纪时纺织业的机械化程度已经和16—17世纪英国工业革命前的水平相当，如果能有工业革命带来的技术进步，采用这种新技术的企业所生产的纺织品的生产成本下降，那么这种新技术生产的"新布"不仅能够像"洋布"那样取代具有巨大国内市场的"土布"，而且也能够像瓷器、丝绸那样出口到周边甚至欧洲市场。所以，阻碍工业革命在中国发生的因素不在于市场规模，而在于我的假说里所提到的，没有涌现新的更好的技术，而之所以未涌现新的更好的技术，则是受限于缺乏科学革命，以至于进一步改进技术所需的热力学、化学的进步未能产生。

最后，"第一次工业革命诞生于英国，作为英国邻国的法国、德国等国家都成功地引进了这些生产设备而实现了工业革命，为什么我国没有成功地引进这些先进的生产设备呢？"你认为"这与我国当时的专制体制密不可分"。但是，第一，在18—19世纪，法国、德国的政治体制也是专制的，而不是民主的。第二，清朝的专制体制并没有阻碍工业革命的新技术被引进中国。一个著名的例子就是1895年南通状元张謇开始兴办的实业；在他之前，广东南海陈启沅也在1872年引进了英国先进的纺织设备和工厂制度。但是，工业革命之后西方的经济发展一日千里，中国面临内忧（太平天国革命）外患（列强的侵略），政治、社会不稳定，工业也就难以发展。第三，在同样的政治体制下，与中国相比，法国、德国引进英国的生产设备而成功实现工业革命要容易得多，这是新结构经济学所强调的发展阶段和要素禀赋结构的差异所致。根据麦迪森（Maddison, 2010）的历史数据，按照以1990年国际元为单位计算的购买力平价，在1850年时英国、法国、德国、中国的人均GDP分别是2330国际元、1599国际元、1428国际元和600国际元，中国的人均GDP只有英国的25.8%，而法国、德国的人均GDP则已经是英国的68.6%和61.3%，英国具有比较优势的那些产业，法国、德国已经具有"潜在比较优势"，对中国而言则尚属于"赶超型"产业。

郭容夫（工学院）：看到林老师对我观点的指正，我觉得非常有道理。首先，"李约瑟之谜"是在询问中国为何没有出现工业革命，因此只需讨论工业革命诞生于英国而非中国即可。其次，林老师指出，科学革命使得自然科学的突破变为可能，正是由于中国没有发生科学革命，所以技术不可能得到提升，这也应是中国没有出现技术变革的重要原因。再次，我关于海外市场的观点也是存在问题的，正如林老师指出的，英国商品能够占领海外市场，靠的不是武力输出，而是其物美价廉的商品。最后，我关于专制体制的讨论也是片面的，民主制度的普遍实行也是20世纪的事情了，这一因素显然不是工业革命是否发生的主要原因。

不过，看完林老师的点评后，我还是有一些疑问：

首先，早在明朝中后期，很多西方先进的科学文化成果就已经随着传教士的到来而传到中国了，很多欧洲最先进的科学书籍也被翻译成中文。在当时，我国也有一些学者（如宋应星、徐光启等）乐于去研究西方的科学文化知识。也就是说，如果中外的科学交流持续下去，即便我们不能发现牛顿定律，我们也可以知道这一研究成果并对其进行拓展研究。然而，这一进程被清军入关打断了。由于清政府出于政权稳定的目的而刻意压制科技的传播，当时学者的研究方向只能转向考据学，我国同西方的科学交流被强行中断，国内的科学发展甚至出现倒退。所以我在想，我国没有产生科学，除了科举制度压制了文人、士大夫从事科学研究的热情，是否也与鸦片战争前清朝对文化创新与科学技术的压制有关呢？

其次，我想是否可以从中国与英国的经济体制入手，探究工业革命出现的根本原因呢？宋朝经济与科技的繁荣，除了依赖于相对统一的国内环境，也与其政策上对工商业者的宽容分不开。比如北宋时期著名的"交子"就是四川商人的发明创造，这也间接说明了宋朝的工商业是相对独立的，并不依附于政府。同时，两宋也不实行海禁，不搞贸易垄断，而是实行"市舶司"制度管理对外贸易，这也间接促进了中西方的经济文化交流。然而，明清时期政府对工商业的影响力是非常大的，工商业者不得不依附于地方官僚；而且，由于缺乏明确的法律法规保护私有财产，或者即便有也得不到有效执行，资本的扩张也在一定程度上被抑制了。由于寻租和垄断带来的暴利，商人倾向于与政府官员搞好关系，而没有改良生产技术的动力。国内不具备良好的营商环境，对外贸易又被政府所垄断，这是否可以被视为技术得不到变革的一个原因呢？

最后，英国资产阶级革命后，资产阶级掌握了政权，从而可以制定出一系列符合其阶级利益的政策。而明清时期的中国，商人们依附于官僚集团，他们自视为统治阶级，并且希望得到真正的统治阶级的认可。这样，他们就完全没有推翻现有政权的动机，也就不可能制定出符合其利益的政策，从而官商勾结、寻租腐败与具有垄断性质的官僚资本主义长期存在于明清乃至民国时期的中国，这是否也是阻碍中国发生技术变革的原因之一呢？

林毅夫：首先，确实明朝中后期，很多西方先进的科学文化成果就已经随着传教士的到来而传入中国了，很多欧洲最先进的科学书籍也被翻译成中文，但是，西方从16世纪的科学革命到18世纪中叶的工业革命的两百多年中，科学研究对技术创新并没有直接的贡献，即使在19世纪以后，从科学的突破到将之运用于技术发明的时间虽然有所缩短，往往也需要数十年或更长的时间。所以，如我在课堂上所指出的，科学革命在16世纪发生纯粹是出于人们的好奇心而没有任何功利的目的。而有好奇心的人通常也是有高智商的人，固然这样的人在中国多于西方，但是，由于存在经由科举进入仕途的可能性，当官又是回报最高的职业，他们就会有激励去准备科举应试，也就没有时间去学习与应试无关的数学和控制实验等"雕虫小技"了。明末宋应星对此有清醒的认识，所以，在其所著《天工开物》的序言中写道："丐大业文人，弃掷案头，此书于功名进取，毫不相关也。"意在劝读书人不要在这本书上浪费时间，以免耽误科举考试。只要以儒家经典作为科举取士的教材，那些欧洲先进的科学书籍的翻译、交流即使不被清军入关打断，也不会吸引有志于"功名进取"的人去阅读学习。并且，清朝"文字狱"主要是在属于意识形态的"华夷之辨"，而不涉及对天文、地理或形而下的技术，因此，阻碍当时的士人学习数学和控制试验而致无法自发出现科学革命的原因，还是如宋应星所说的，这些学问和功名进取毫不相关，而不在于"文字狱"的压制。

其次，科学的突破所产生的知识属于公共产品，即使在16世纪西方就有像现在一样完善的私有财产保护制度，也不能用来解释为何西方当时能够发生科学革命。更何况，现代资本主义国家的产权制度是工业革命的产物而非工业革命的原因。

最后，推动英国进行工业革命的原因并不是资产阶级掌握了政权，从而制定出一系列符合其阶级利益的政策，而是因为英国王室和欧洲其他国家争取霸权。

有关后面两点的分析和论述可以参考文一教授的《科学革命的密码》一书。

23. 基于中国与西方的法权体系对"李约瑟之谜"的思考

钱楷（国家发展研究院）：林老师您好！我之前读到《顾准文集》中的一篇关于资本主义发展的文章。文中指出，西方的法权体系基于古希腊文明，罗马法取法于希腊精神，而欧洲法律又继承了罗马法的传统，"法"首先和"权"联系在一起，国家建立在公民权利的基础之上，因此会出现一个个独立王国式的城市自治体，也就孕育了市民阶级和资产阶级；而中国历史上的"法"是明君治理天下的武器，首先是和"刑"而不是和"权"联系在一起，这种法权体系也导致了资本主义难以在中国发展起来。

请问林老师，这是否也可以解释"李约瑟之谜"呢？

林毅夫：第一，资本主义在明朝时已经在中国萌芽，出现的时间并不比欧洲晚，问题是：资本主义为何能萌芽，却无法茁壮成长？第二，法制是一种制度安排，如果工业革命能在中国产生，法律体系也应该会随之内生地改变。第三，古希腊和古罗马的文明、哲学、法权思想等在欧洲中世纪罗马天主教神权统治和禁欲、愚昧主义流行的黑暗时代已经荡然无存，直到文艺复兴时期才从阿拉伯文献中翻译回来，得到复苏，而文艺复兴则是随着生产力的发展出现资本主义萌芽的产物。所以并不是如《顾准文集》以及国内知识界流行的观点所认为的，由于欧洲有古希腊、古罗马的哲学传统和法权体系，才有了资本主义的萌芽和发展。

24. 从文化角度探讨中国没有发生工业革命的原因

袁野（信息科学技术学院）：林老师您好！您在课上提到，中国没有发生工业革命的原因在于中国并没有发生科学革命。按照我的理解，西方科学革命的发生与欧洲文艺复兴的关系应该很大。正是文艺复兴的发生使得黑暗的中世纪开始出现曙光，人们的思想开始解放，并开始重拾古希腊先哲的思想，进而才有了后来的科学革命。而中国在春秋战国时期也有百家争鸣的现象，为什么中国后来无法发生类似的文艺复兴呢？

另一个问题是，您在课上讲到，中国的科举制度使得人们认为考取功名更重要，忽视了数学与控制实验，而更注重经验的积累。然而，即使在科举制出现之前成书的《九章算术》也更倾向于经验的总结与算数的技巧，而如《几何原本》那样的高度抽象和具有思辨性的公理化系统和理论体系始终没有出现。您认为这是什么原因呢？这种现象是否也支持"文化决定论"呢？

林毅夫：首先，如我在回答国家发展研究院钱楷同学的提问时已经指出的，古希腊先哲的思想在欧洲文艺复兴之前已经丧失千年，直到文艺复兴时期才从阿拉伯文献中翻译回来，是引进而非欧洲历久弥新的文化传统，因此，这一事实不支持科学革命在欧洲发生是由古希腊一脉相承的"高度抽象和具有思辨性的公理化系统和理论体系"的文化所决定的观点。而且，具有上述抽象性、思辨性、公理化特征的文化可以在欧洲引进，在中国如果有需求也可以引进，关键是在古代中国，科举取士的应试制度使得中国的知识阶层没有这样的需求。

其次，我们在讨论文化是否对一个民族的兴衰有决定作用之前，必须先对文化的内涵做出准确的定义，然后看看这些内涵的各个因子如何影响人的行为和选择。在《解读中国经济》第十三讲"中国经济发展与文化复兴"中，我们将文化的内涵区分为器物、组织和价值三个层次，总的来讲，我认为中国文化本身并不妨碍现代的中国知识分子对科学的学习和研究。你如果感兴趣的话，可以先学习那一讲的内容。

25. 从官僚政治角度对"李约瑟之谜"的思考

管雨婷（国家发展研究院）：林老师您好！我最近正好在拜读王亚南先生的《中国官僚政治研究》一书，对"李约瑟之谜"有一点想法。

第一是专制官僚政治产生的时间。其在西欧产生于由贵族封建制向资本主义过渡的阶段，而在中国则早得多，产生于从领主经济向地主经济过渡的阶段，且中国的地主经济相较于西欧土地改革前的领主经济更适应于商品流通经济的发展和中央集权官僚政治活动的展开，使得中国的官僚政治具备一定的先进性，同时它的包容性又将各种社会系统水乳交融在一起，如族长制、伦理纲常政治、意识形态等无疑都成为加强官僚政治的有力杠杆，"愚民"政策也大大强化了官僚政治的力量，一定程度上使中国在早些时间的实力远超西欧。

第二是中国与西欧经济基础的不同。欧洲封建制度的经济基础是领主经济，而中国很早就从领主经济过渡到地主经济，其官僚政治制度的经济基础是地主经济，这两种经济基础带来了极大的发展差异。"利之所在，弊亦随之。"所有这些特殊的优越性、先进性和灵活性又无一不是中国官僚政治发展的原因和自我腐蚀的力量，无一不是阻滞中国向近代化过渡的消极因素。王亚南先生给官僚政治做出的界定很清晰地阐明了这一点:"在特权政治下的政治权力,不是被运用来表达人民的意志,图谋人民的利益,反而是在'国家的'或'国民的'名义下被运用来管制人民、奴役人民,以达到权势者自私自利的目的。"① 也就是说,官僚政治的蓬勃发展是把农民的愚昧无知作为基础条件,只有在这种条件下人民才会把官僚统治当作无可抵挡的常规,甘愿做"国王的臣属"。然而对于整个社会生产与生活水平的提高,人民无疑是中坚,这样的官僚政治使生产力得不到发展,生产技术得不到改进,不能为社会发展提供丰厚的资本积累,自然极大地阻碍了中国社会经济的发展。而在欧洲没有统一的政权,经济体往往大于政治中心的可控范围,且 14—15 世纪封建领主制的迅速瓦解、工商业城市化的兴起又为商品经济和贸易的发展提供了基础,加之竞争压力下的地理大发现,带来了欧洲经济的腾飞。

不知道以上分析是否有逻辑不当之处。烦请老师指正!

林毅夫:王亚南先生的解释不脱以现在欧美的政治社会作为标准来批判传统中国的窠臼,他所说的那些问题是存在于中国传统社会的,但是,欧洲在前现代的封建社会,在神授的君权和代表上帝的教会的统治下,比同一时代的中国还专制、愚昧和落后,所以中国的儒家学说才成了欧洲启蒙运动的思想来源之一。例如,李约瑟的研究发现,欧洲领先于中国是在工业革命之后,而技术不断创新的工业革命之所以可能,是因为先有了科学革命,当技术创新出现瓶颈时,可以通过基础科研上的努力来打破瓶颈。科学革命在欧洲发生时,欧洲还在被专制、愚昧和落后的教会和专制的君权所统治。科学革命和工业革命不同,科学革命刚发生时对技术进步、军事力量提升和经济发展并没有帮助,这种帮助到 19 世纪才产生。科学革命是一群对自然现象好奇,又受过数学训练和掌握控制实验方法的天才的偶然发现的结果。王亚南先生的大作显然没有认识到这一点。

26. 从超前激励角度对"李约瑟之谜"的思考

郭梦岩(医学部教学办):林老师您好! 有关"李约瑟之谜",是否可以用超

---

① 王亚南. 中国官僚政治研究 [M]. 北京:商务印书馆,2010:197.

前激励导向来解释呢？

中国在前现代社会繁荣的原因：国家和社会可以归结到个体的人。人是有需求的，其行为也是为了满足需求。人有生理需求，要获得食物，获得储蓄。雨热同期的地理优势、土地私有制、超前的自由贸易制度等外部条件，激励个人探索更高效的技术模式，获得更多的存储，享受更好的生活，从而促进了经济的繁荣。

中国在现代社会落后的原因：统治者全身心投入"大一统"的政治塑造和超前的集权思想灌输，导致社会的激励导向为"忠""仕"，人的追求集中于做官。而对于这些官员的政绩考核未予重视，腐败随之滋生。所以，官员也无暇顾及仕途之外的事物。但不得不说，中央集权制度逐步完善。于是，在自然条件下由经验主导的技术进步达到较高水平后，再度进步的概率降低，甚至停滞不前，形成落后局面。

现在的激励导向是什么呢？回归到个体层面思考，林老师也提到过，担心优秀的人都跻身于金融行业。我认为，如果真的是这样，说明社会的激励导向是有问题的。是否科学技术领域的激励有所欠缺，对科研人员的社会保障不足，进而影响了个人的道路选择？

另外，谈到语言传播的局限性，一些经验试错引发的技术进步只是用语言描述进行记录和传播，为什么中国没有意识到数学式的表达更有助于理解和传播呢？个人认为这是因为当时的技术进步更多的是经验所得，口口相传的方式在实际应用中更方便。没有数量庞大的科学实验，数学式的规范化表达也就没有必要。

以上是我的观点，希望老师和同学们指正。

林毅夫：

1. 传统社会的技术创新并不是有意为之，而是生产过程中的偶然发现，所以不能用个人的激励机制来加以解释。

2. "大一统"的思想在中国一直存在，不能用一个不变的变量（"大一统"）来解释变化的事情（中国在前期技术进步领先于欧洲，在后期技术进步落后于欧洲），中国落后的原因在于技术创新的方式没有从以经验为主转向如欧洲在18世纪以后那样以科学为基础的实验，这种转变之所以不可能，是因为科举取士使得科技革命所需的人力资本（数学和控制实验的能力）不被知识分子重视，这与官员的腐败和无为无关。否则，一般来说，在每个朝代的初期，政治是清明的，官员是有为的，那么，按你的推论，科技革命应该在某个朝代的初期发生。但是，宋朝时中国已经处在工业革命的边沿，可是即使到了明清两朝初期，政治清明，工业革命也并没有发生。

3. 在市场经济中，由于金融行业的属性，其回报会高于一般行业，这是无法避免的，在欧美也是这种情形。政府应该给科技人员合理的报酬，但不太可能达到和金融业相同的水平。另外，一般人在做职业选择时也不会只考虑金钱，还要考虑兴趣和能力等。

4. 数量庞大的科学实验和数学式的规范化表达是两个不同范畴的事物。例如，伽利略提出"日心说"并用数学式来表达靠的是观察，而不是大量的科学实验。

27. 政府经营商业的传统能否解释"李约瑟之谜"？

何翎（国家发展研究院）：林老师您好！中国自汉代以来就有如"盐铁国营""广州十三行"等政府操办经营性事务的传统，而这与奉行商业本位主义国策的英国正好相反。请问您认为这种偏差是否可以（或者在多大程度上可以）解释"李约瑟之谜"？

林毅夫：这种制度在汉代以后一直存在于中国，但并不妨碍中国在前现代社会领先于欧洲。另外，明朝时资本主义在中国已经萌芽，所以这种制度也没有妨碍民间资本的兴起和发展。例如，除了有山西票号这样成熟的民间金融机构和网络，有煤铁之利的山西长治在明清之际，私营企业也已经能够年产七十多万套农具，远销东北亚和东南亚，更遑论自汉唐以来属于工业品的中国丝绸和瓷器已经远销欧洲。我认为一个解释必须能同时说明为何在前现代社会中国领先于欧洲，而在现代社会落后于欧洲，这样的解释才真正回答了"李约瑟之谜"。

28. 为什么说"市场经济的最高阶段就是有投机市场"？

李昕怡（国家发展研究院）：林老师在第二讲中提到"市场经济的最高阶段就

是有投机市场"。请问这样界定的理由是什么？

赖富捷（国家发展研究院）：我个人认为，只有当有投机市场时，市场才能有流动性（将资源以低成本再次配置的能力），资源配置效率才是最高效的，市场经济才是高阶段的。

林毅夫：李昕怡同学，最早的经济是自给自足的自然经济，进而发展成以物易物的经济，然后出现以货币为中介的商品经济，只有在范围相当大并且相当发达的商品市场经济中才可能出现以赚取不同地区或不同时间点同一商品的价格差为目的的投机，所以，市场经济发展的最高阶段是有投机市场。

不过赖富捷同学的说法也不完全对。首先，市场流动性并不一定要有投机才能存在，即使在"日中为市"的以物易物市场里，也有产品的流动。其次，一定程度的投机可以促进跨地区或跨时间的资源配置，提高效率，但是如果这种投机过度了，也会形成泡沫，从而扭曲资源配置。

29. 政治制度对科技进步和生产力发展究竟会起到何种作用？

齐乐然（外国语学院）：我曾经阅读过一些相关文章，它们都谈到中国古代的政治发展相较于西方是更加"早熟"和完善的；课堂上林老师也比较了世袭的、阶级更加固化的古代西方政治制度和推优举贤、阶级流动有正规渠道的古代中国政治制度，并分析了它们各自对科学发展乃至对工业化的不同影响。因此我有些疑惑，如果不寄希望于个别统治者可以超出时代局限性预见到科技在长期发展中的重要意义，那么"更加先进"从而导致国家循规蹈矩、安于现状的政治制度（如古代中国的政治制度）是否必然会导致科技的发展受到抑制，以至于（在不考虑外在因素时）生产力也永久性地停滞不前？而那些"相对落后"、引起反抗和变革、无法长期自我维系的政治制度（如古代西方的封建制度和中国清末的政治状况），是否无形中反而促进了社会变革，使文明可能向一个新的、更好的方向"进化"？

我们在课堂上讨论的是历史上的情况，那么对于现在的国家和社会，会不会有一些新的因素是我们受到自身的时代局限而无法认识到却可能引起新一轮生产力"进化"的？我们有可能通过自主的方式进行这种观念上的大飞跃吗？这些因素是否只有伴随着极端社会矛盾的积累甚至重大社会变革的爆发（如西方资产阶级革命）才有可能被正式发现？如果是这样的话，有没有这样一种可能——当所有国家都发展出相对稳定的政治制度和社会运行方式时，我们反而会触到阻碍我们继续前进的天花板？

以上是我个人一些不成熟的思考和疑问，欢迎大家讨论和指正。

林毅夫：你提出的是大问题，也是值得思考的问题。不过你对问题的论述中有太多的假设。有些可能是正确的，有些可能是不正确的；有些可能是存在的，有些则可能是不存在的。如果是作为小说的大纲，可以按照作者的意愿根据大纲去推进故事的发展，这样的故事有时候也很有启发性。但如果是论述一个问题，这种方式则难以论证其推理是否合理。但是，你在结尾提出的"当所有国家都发展出相对稳定的政治制度和社会运行方式时，我们反而会触到阻碍我们继续前进的天花板"的可能性，从历史上来看并非如此，因为在人类发展早期的原始共产社会，所有国家（部落）都发展了相对稳定的政治制度和社会运行方式，但是并没有因此而妨碍人类社会进入后来的奴隶社会、封建社会，等等。只要生产力不断进步，生产关系和作为上层建筑的各种制度安排也会随之不断地调整变化，同时各种上层建筑的调整变化也会反过来推动生产力的进步。

30. 明代的军官世袭制度是否对中国科技发展存在影响？

王子澳（物理学院）：林老师您好！明代的军官世袭制度是前朝所难以寻觅的。回顾欧洲工业革命史，很多科技成果都是贵族或富家子弟研究出来的。科技研究需要建立在个人温饱的基础上，在古代生产力水平较为低下的情况下，一般只有身居高位者或者富家子弟才可能满足条件。是否存在以下可能：明朝的军官世袭制度消化了贵族或富家子弟们的冗余时间，使得之后的科技发展缺失了大量基础性研究成果，量变引起质变，最终导致中国当时的科技发展放缓？

林毅夫：第一，中国富有的家庭很多，富家子弟不愁温饱，但是，如《天工开物》的序言中所说的，他们不应该也不会热衷于科举以外的学问。第二，中世纪的欧洲战争频繁，贵族或富家子弟的冗余时间应该不会比中国的贵族或富家子弟多。所以，中国没有发生科技革命的原因，不在于有条件从事科研的贵族或富家子弟没有冗余的时间来从事科研，而是如本讲中所提到的，人们没有学习从事科研所需知识和能力的激励。

31. 明代的户籍制度是否可以解释中国为什么没有出现科学革命？

成瑞林（经济学院）：林老师您好！科举制度的激励机制的确能够很好地解释"为什么中国没有出现科学革命"这一问题，但以我个人愚见，科举制度可能无法很好地解释"为什么明清之交成为中国兴衰的转折点"这一问题。除了外部的原因（如工业革命开始），结合明代的相关制度，我认为或许户籍制度也可以提供某些解释。

明代将全国人口按职业划分为不同的户口，如民户、军户、匠户等，户口内部世代从事这种职业，不得更改。对于那些与工程技术相关的户口来说，长期的世代传承必然会造成类似于学术上存在的"近亲繁殖"现象，从而使得工程技术，尤其是科学水平停滞不前。如果将户籍制度与科举制度结合起来，应该可以部分地解释在明清之交，无论是士大夫还是底层百姓都没能在科学技术上有重大突破这一现象。

林毅夫：户籍制度也许有些影响。但是，一方面，户籍制度在明初已经形成，并不妨碍中国在整个15世纪和16世纪领先于西方（除郑和的舰队外，郑成功父子的舰队也雄霸亚洲，荷兰、葡萄牙的商船要向其交税，郑成功还收复了台湾，赶走了荷兰人）。另一方面，清初户籍制度已经被废除，康熙、雍正、乾隆时期中国也还一直领先于西方。但到18世纪工业革命发生后，西方科学技术日新月异，经济发展一日千里，中国的发展则相对停滞，因而出现了被西方赶超的千年未有之大变局。

成瑞林（经济学院）：林老师您好！感谢您的回复！但我们试图探讨的问题应该是"中国为什么没有出现科学革命"。中国在明代和清代中期之前领先于西方（无论是在经济上还是军事上），并不能说明我们具有持续领先的能力，因为在早期，科学技术的发展对经济增长的推动作用还存在滞后现象。我的观点是，这种能力的衰退出现在明朝，恐怕不是科举制度的单一作用造成的。我认为户籍制度可能为这种"历史的巧合"提供一种思路。恳请您指正！

林毅夫：在宋朝时，我国已经达到西方工业革命时达到的科技和经济发展的水平，当时并没有户籍制度，但同样也没有出现科学革命。西方在出现科学革命时还处于半农奴社会，农业人口并没有转变身份的自由，规模很小的城市人口中的手工业者的工作和身份则受到行会的控制；相比之下，中国的农户、军户等则有参加科举考试以改变身份的自由。所以，欧洲的身份限制应该比明朝时的户口限制更严（可以进行一些详细的比较）。因此，对于为何科学革命和工业革命没有出现在中国而出现在欧洲的问题，科举制度所造成的激励扭曲的影响应该比户籍制度的制约更大。在讨论中国前现代社会的问题时，我们不能以现在的欧美标准来看过去的中国，而应该用当时的中国和当时的欧洲做对比。

32. 外部冲击及民间金融对中国科技发展的解释力有多大？

李宙怡（光华管理学院）：林老师您好！请问您认为以清军入关为代表的军事冲突，作为对中国科技发展的负面外部冲击，其解释力有多大呢？

林毅夫：欧洲在中世纪的多数年份都在打战，并不影响科学革命的出现，所以，从欧洲的经验来说，估计军事冲突对科技发展的影响应该有限。尤其是清军入关后，中国的社会就进入了稳定。

李宙怡（光华管理学院）：感谢林老师的回复。我提问时个人认为欧洲中世纪的战争规模相对比较有限，黑死病算是非常强大的外部冲击了，可能确实应该找更多内生的原因。

我想再提一个问题：在文艺复兴时期，欧洲就出现了一批以美第奇家族为代表的银行家、金融家，而中国在同一时期商品经济基础更加发达，但是我没有查到说明当时的民间金融足够发达的资料。请问这种可能的金融缺位，是"李约瑟之谜"中现象的结果还是原因呢？

林毅夫： 金融是服务实体经济的，金融缺位应该是"李约瑟之谜"中现象的结果而不是原因。以美第奇家族为代表的银行家、金融家在意大利的出现也应该是实体经济发展的结果而不是原因。在宋朝时，中国的市场经济已经非常发达，从《清明上河图》上甚至看出已经有今天的外卖，并且率先在世界上使用纸币（交子）。随着实体经济的进一步发展，在清朝，钱庄、票号也很发达。在近代以前，中国之所以没有出现像英美的股票市场，也是因为中国没有自发出现工业革命，因此没有技术处于世界前沿、规模经济大、投资回报高、需要大量投入、风险巨大的制造业项目。另外，我们在进行中西比较时，不要看到中西不同的地方就认为其是导致中国落后的原因。这些不同之处可能有影响也可能没有影响；如果认为有影响，那么要把影响机制想清楚，然后进一步判断、验证这个机制是否真的存在；若存在，其影响是否大到足以产生"质变"。我在台湾地区读小学时，有位老师在课上说，德国比英美"厉害"（发动了两次世界大战），而英美又比中国先进，他认为原因是德国人的主食是马铃薯，英美人的主食是麦，中国人的主食是米。马铃薯大于麦，麦大于米，所以，德国最强，英美次之，中国最弱。他的思考从观察出发，如果不是以所吃的主食的大小作为论据，而是以食品的养分和这些养分如何影响大脑和身体的发育作为论据，那么，他的看法就不是一个笑话，而是一个可以验证的假说。在前面回答刘子路同学的提问时，我指出金融是为实体经济服务的，世界经济中心也就是世界金融中心。根据麦迪森（Maddison, 2010）的历史数据，在文艺复兴的14—16世纪，意大利的发展水平是领先于英国、法国、德国的。例如，在公元1500年，意大利的人均GDP为1 117国际元（以1990年购买力计价），英国、法国和德国的人均GDP则仅为714国际元、727国际元和738国际元。因此，当时的世界金融中心在意大利，出现美第奇家族，反映的是意大利当时在世界经济中的地位。后来，世界金融中心随着世界经济中心从地中海贸易时代的意大利转移到跨大西洋、印度洋和太平洋贸易时代的荷兰阿姆斯特丹，再转移到工业革命以后的英国伦敦，并在二战后随着世界经济中心的转移而转移到美国纽约。因此，随着中华民族的伟大复兴，世界经济中心转移到中国来时，世界金融中心也应该会转移到中国来。

33. 中国在前现代社会的领先与改革开放以来的成就有何相通之处？

匿名同学：林老师您好！您对"李约瑟之谜"的回答解释了中国在前现代社会的领先和明清以来的衰落。自改革开放以来，中国又一次踏上了民族复兴的道路，并在四十多年间取得了举世瞩目的成就。您认为改革开放四十多年来的成就，与中国在前现代社会的领先是否有相同的"基因密码"呢？如果有的话，这种"基因密码"是什么呢？

林毅夫：这是一个好问题、大问题，值得思考。中国人民的务实、自强、不听天由命，中国文化造就的超稳定的"大一统"格局，科层制为知识精英提供的进入官僚体系和在竞争中上升的通道，中国政府的治理能力，以及领导人对历史的责任感等因素，都有利于中国的发展。不过，没有这些有利因素的其他国家，像日本、韩国，甚至非洲的小国毛里求斯也发展起来了，遑论欧美的国家。所以，在现代社会决定一个国家发展的还有更根本的因素，这是新结构经济学所探讨的课题，也是我在《繁荣的求索》一书中想要回答的问题。简言之，经济发展、收入水平的不断提高、生活质量的不断完善有赖于劳动生产率水平的持续提高，而劳动生产率水平的提高则有赖于现有的产业技术不断创新，新的附加值更高的产业不断涌现，同时，还需要硬的基础设施和软的制度安排不断完善，以使得技术和产业所蕴含的生产力能够得到最大的释放。一个国家的经济发展要成功，产业必须有竞争力，而产业拥有竞争力的前提则是企业所用的技术、所在的行业符合一个国家的要素禀赋结构所决定的比较优势，并且有合适的硬的基础设施和软的制度安排。发达国家的收入水平高，技术和产业处于世界前沿，技术创新和产业升级需要依靠自主研发；发展中国家的收入水平低，技术和产业处于世界前沿之内，在技术创新和产业升级上有后来者优势。无论是发达国家的自主研发还是发展中国家的技术、产业引进，都会有市场失灵的地方，所以，发达国家或发展中国家不管拥有什么样的体制或文化背景，要发展好经济，在按照比较优势发展的前提下，都需要有效的市场来调动企业家的积极性，也需要有为的政府来帮助企业家克服在经济发展、技术创新和产业升级过程中必然出现的市场失灵。所以，从新结构经济学的视角来看，一个国家无论有什么样的体制或文化背景，只要能够在有效市场和有为政府两个制度安排的共同作用下按照比较优势来发展经济，都能够取得成功。

张哲瑞（信息科学技术学院）：关于这个问题，我认为前现代社会的中国和改革开放后的中国有一个共同点，那就是始终有巨大的人口。根据林老师在第二讲中所讲，中国在前现代社会具有优势是因为人口数量大。而改革开放以来，尤其是21世纪初中国加入WTO（世界贸易组织）以后，中国经济的腾飞与中国的人口红利息息相关，劳动力上的比较优势与庞大的国内市场吸引了外资进入。以上是我的一点拙见，还请林老师指正！

林毅夫：人口多确实是中国在前现代社会领先的一个有利条件；在现代社会，如果发展战略对了，人口多、市场大也会是一种优势。不过我们还要回答为何中国不会出现分崩离析的情形。如果我们用的不是象形、指事、会意、形声、转注、假借的表意文字而是拼音文字，那么中国很可能出现意大利、法国、西班牙那样的情形——同为拉丁语系，成为使用不同文字的不同国家。如果没有儒家的"大一统"思想，那么中国很可能出现中东阿拉伯国家那样的情形——同使用阿拉伯语，但是分裂成不同国家，或者像英国、美国、加拿大、澳大利亚、新西兰那样的情形——同使用英语，却独立成为五个国家。另外，不管国家大小，人口多还是人口少，只要把劳动力从生产力水平低的产业（包括农业）配置到生产力水平高的产业，都会存在人口红利。同时，如我在回答前面匿名同学的问题时所指出的，一个国家只要能够在有效市场和有为政府两个制度安排的共同作用下按照比较优势来发展经济，不管人口多少，都能够发展成功，亚洲地区人均收入水平最高的新加坡就是最好的例证。

34. 科举制度是否导致了政府对精英阶层的垄断？

刘子路（国家发展研究院）：我听说过一个猜想，说科举制度对治理国家自然有莫大的好处，昔日的门阀被消灭了，百姓获得了一个上升的通道，但是这个制度却在经济上带来一个问题，那就是政府垄断了精英阶层。例如，在宋朝时，官户享有减免部分税役的特权。因此我们可以看到，在征税这个问题的博弈上，双方其实根本不在同等的位置上，征税的一方拥有着全国最精英的人才，而纳税一方只是底层百姓，就连进行博弈的资格都没有，根本无法制约国家权力。反观欧洲，由于始终没有类似于科举制度的措施，人民的能力无法被充分调动起来，这固然导致其在中世纪落后中国上百年。当中国的洛阳、汴梁等城市人口过百万时，欧洲最大的城市威尼斯的人口也不过刚超过十万。然而，任何事情都有两面性。正是西方这种较为落后的制度，使其在民间诞生了大量的精英。而正是由于这些精英站在了纳税的一方，即政府的对立面，在双方的互相抗衡下，西方最终才能在金融领域取得领先世界的地位，并为随后的两次工业革命打下基础。

这种说法是否有一定的道理？

林毅夫：任何制度都有两面性，产生正面效果的同时也会有负面效果，这一观点是正确的。科举制度亦然。但是，科举制度之所以抑制了科学革命的产生，如我在书里讨论的，是因为它抑制了一些充满好奇心的天才去学习推动科学革命所需的数学和控制实验的人力资本，而不是因为精英成了统治阶层的一部分，享有不纳税的特权，纳税人无法制约国家权力（请你参考我在前面有关这个问题的回答）。另外，西方在金融领域的领先应该是西方发达的结果而不是原因。金融最终是为实体经济服务的，实体经济强，金融才会强。也正因如此，世界金融中心才从地中海贸易时代的意大利转移到跨大西洋、印度洋和太平洋贸易时代的荷兰阿姆斯特丹，再转移到工业革命以后的英国伦敦，并在第二次世界大战后随着世界经济中心的转移而转移到美国纽约。

35. 关于科举制度对科技发展阻碍作用的微观层面猜想

孙隆德（法学院）：林老师在课上讲到了科举制度对于人才流向科学部门的阻碍作用。对此我有一点基于古代个人视角的想法，想要请教一下老师这种看法是否准确。

由于通过"读"获得阶层跃升的机会始终存在（除了魏晋南北朝时期，儒家理论受到佛教和道教的挑战，儒家官僚体系被战乱破坏，统治阶层的地位相对衰微），中国传统的"耕读传家"模式在个人层面上是可取的，不论是从物质需求层面还是精神需求层面来说（这里类似马斯洛的需求层次理论，假定全体中国人都有追求更高层次需求的可能性）。而儒家理论中的"耕"和"读"，前者是生存保障，后者是追求理想，给所有在温饱线及以上的人们建立了一种完美无缺的人生观念：第一，积极层面，"进可攻，退可守"；第二，消极层面，物质享受的想象被限制，精神的追求被指定。由此建立了一个稳定的社会价值体系，并排斥了科学技术的产生。

但我感觉这种基于个人视角的解释有几个问题，因为古代中国的人们并不能被这种描述所完全囊括，还存在着其他特例：

（1）古代商人不能参加科举考试，因此从商的富家子弟好像既没有"耕"的必要，也没有"读"的可能，那么阻碍他们进行某些研究的原因是什么？是因为没有科学方面的系统教育吗？

（2）已经在科举制度下获得成功、进入官僚系统的，也有偏实务的人士甚至派别，如贾思勰、徐光启等人，而较高级的官僚应当也能认识到诸如水利、耕作技术的改进对其治下之民和晋升机会所能产生的积极作用（如徐光启后来晋升大学士就与其进献历法有一定的关系），那么，为什么官僚系统中这一现象实属罕见？

（3）中国古代有钦天监、工部的屯田和水部等专门的技术机构（因此古代中国的天文、水利也比较发达），这些机构的官员可是吃穿不愁的纯"技术宅"，为什么他们也没有发展出一套系统的科学体系？

再横向对比一下，可以发现欧洲的科技发展其实也是由上层人士所推动的，和我以上所举的特例差别并不大，那么为什么中国的不属于科举系统的中上层人士不能像欧洲一样进一步发展科学呢？望老师不吝解答。

林毅夫：你的这个猜想值得鼓励，不过有以下两个问题：

第一，商人自己因为没有功名而地位低，但是其子弟是可以参加科举考试的，只有这样才能光宗耀祖，所以商人也多鼓励其子弟去读参加科举考试所需要的四书五经。

第二，在科举制度下成功进入官僚系统的人忙于为官，即使有贾思勰那样重视水利和技术的官员，他们更重视的也是解决现实问题，而不是像数学、控制实验那样的抽象能力，这些能力在14—15世纪的欧洲不是用来解决现实问题的，而是用来满足个人好奇心的。更重要的是，一个官员能否升迁不取决于其是否推动了技术创新，促进了生产的增加，而更多地取决于品德，品德高低的标准在于是否遵循了儒家的行为规范。黄仁宇在《万历十五年》一书中很生动地描述了张居正因为不遵守居家守孝三年的丁忧制度而屡屡遭受言官的弹劾。

罗逸群（地球与空间科学学院）：对于这个问题，我想补充一点。似乎商人不能参加科举考试是隋唐的制度，从宋代开始，商人参加科举考试已被允许。

林毅夫：重农抑商是中国自汉代以来就存在的制度，当然，在不同朝代和同一朝代不同时期施行的程度有严有松。另外，成功的商人有了钱买了土地，其子弟就变成地主阶层，可参加科举考试。在许多朝代，还有"捐官"的制度安排，这也是商人转变身份的一个途径。

36. 科举制度为什么会出现并长期存在于中国？

崔博雄（经济学院）：林老师您好！在这一讲中，您提到中国古代的科举制度对技术人才的压制和对科学创新的阻碍。在这一理论的基础上，我想再将逻辑往前推演，探寻究竟是什么因素使得科举制度最终成为中国历史上持续时间最长和最稳定的制度。毕竟，如果科举制度没有其独特的优势，统治者总是存在用其他制度替代科举制度的空间和可能。

我认为，地理因素可能是科举制度的最终原因。古代中国的统治范围主要集中在黄河、淮河和长江的冲积平原上，土地平坦而广阔，林地、山地及草原分布在四周，形成一个内部面积较大但外部环境闭塞的区域。这样的地理特征及以农业为导向的发展模式，使得能够较好地集中人力、物力、财力于平整土地、兴修水利、维持社会秩序的中央集权制度相较于其他制度更具有优势。

而在中央集权制度下要想长治久安，统治者就必须建立一支充分忠于自己的官僚队伍，通过政治和经济上的利益笼络社会精英为其服务。无论是九品中正制还是察举制，其公平程度和社会阶层的纵向流动幅度都不及科举制度。科举制度的好处在于：（1）为下层人民提供了翻身的机会；（2）官宦人家通过其经济和文化优势也能在科举制度中占据有利地位，因此该制度不至于得罪旧有官僚团体；

（3）通过控制考试内容，统治者可以在价值观层面对官员做出约束，实现统治阶层利益的最大化。

反之，如果中国是海洋文明，农业基础不足，中央集权本来就弱，人员流动性特别大，人民既不能也没有必要固守土地以及谋求一官半职，那么科举制度也就无从产生了。

希望得到林老师的批评指正，谢谢！

林毅夫：很好！你的看法有道理，可以进一步拓展为一篇论文。科举制度是一个出现于隋朝的制度创新，该制度会出现并长期存在于中国一定有其道理。在地广人稀、以血缘为纽带的部族游牧社会，很难推行中央集权的官僚科层制度，也就不会出现科举制度。

37. 从古代科举制与当代高考制度的对比看教育改革

王雪睿（国家发展研究院）：林老师在课上讲到古代科举制度促使那个时代的人们在年轻的时候将很多精力耗费在熟读四书五经等儒家经典著作、准备科举考试上，进而导致对自然科学研究的缺失和理科学习的缺失。当代高考制度不免让我产生了相同的感受。尽管现在初、高中阶段对文理学科均有涉及，但仍以应试教育为主。当学生花了大量精力在作业、考试上时，就会缺少对个人兴趣的培养和对未来发展的思考，难以发挥自身的特长。不了解社会现状、和社会脱节就成了一些学生的问题，导致有些学生进入大学后很难适应，大学毕业后找工作也容易没有目标。

应试教育是否会把学生禁锢在一个区域里，抑制学生发散思维的能力？高考制度有没有可能在一定程度上抑制中国当代的科技革命所需的人力资本，从而不能激发整个社会的人力资本潜能？

不过，我们不能完全将古代科举制和当代高考制度等同，因为两者所处的时代不同。在全球一体化的时代下，留学生数量越来越多，回到中国工作的留学生数量也逐渐增加，高校里有留学背景的教师数量也逐渐增多，这在一定程度上弱化了高考制度的影响。此外，中国大学的氛围相对高中也更为开放，有助于学生进行身份和想法的转换。

我并不是说中国的教育制度在各方面落后于西方的教育制度。在我看来，高考是一个适合中国国情的、相对公平的选拔制度。但我觉得在初、高中阶段也应教会学生思考自己的未来，了解社会运作的规律。

正如林老师在课上讲的，科举制度没有激励当时的人们发挥他们在科技方面的聪明才智。高考制度作为一个选拔制度有很多优点，但很难发挥正确的导向和激励作用。如果中国的年轻人缺乏对自己未来的思考，只是将学习的重点放在分数上面，参加完高考后盲目地选择自己未来的专业方向，那么中国初、高中的教育制度也很难激励学生认识和发挥他们的聪明才智，因为在高考制度下大家最后的落脚点都是分数。初、高中阶段学校也要提供相应的讲座来激励学生更加积极主动地思考未来、了解自己，老师和家长也要意识到学生价值观培养的重要性不亚于高考分数的高低，这样才更有可能激发新一代人力资本的潜能，形成一个健康的教育体制。

郑浩东（元培计划委员会）：我个人认为，在古代科举制与当代高考制度的对比中，最重要的一点是科举制在自然科学方面存在缺失，而高考应试教育几乎覆盖了各类基础知识。这样一来，高考制度虽然常为人诟病，但在基本的人才培养上是做得不错的。而在对思维的禁锢上，高考制度亦没有理由比科举制更严重，所以即使其真的带来了某种负面影响，我相信那也将比科举制轻微太多。

但同时我认为，应试教育确实带来了如你所说的效率损失，即高考的导向和激励使人们将重点放在了"考高分"上。不过，这种效率损失实际上带来了公平的增益。我们不得不承认，除非使高考这样的选拔制度的成本大大上升（举例来说，进行多次高考来减少偶然性，而这一定程度上也可以说是牺牲了效率），否则再也难以找到公平性更被广大人民群众认可的选拔制度了。在我国的情况下，这种效率与公平是需要兼顾的。事实上，中国一直在调整高考制度，我也相信这些调整会不断优化现行的高考制度。

王雪睿（国家发展研究院）：我也很同意你说的，目前很难找到一个比高考制度更公平、更广泛适用于中国的制度。相信通过对高考制度和教育制度的逐步优化，会逐渐弥补效率上的损失！

林毅夫：非常同意以上两位同学的看法！目前高考制度的好处是公平，并且让学生拥有一个较高的平均的知识水平，但其缺点是缺乏对学生个性和天赋的开发。在低收入阶段，技术进步以引进、消化、吸收为主，这种教育方式和其他方式相比还是比较有效率的，而且，天才不管在什么教育方式下都很难被埋没，是金子总会发光，所以中国才会出现任正非、王传福、马云、马化腾、刘强东等企业家和许许多多的独角兽企业。随着中国收入水平的提高，技术越来越接近世界的前沿，技术进步越来越需要靠自主发明，这种教育方式的不适用性就会越来越严重。此时，就应该进行教育改革，从应试教育转向素质教育，让更多人的天赋得到开发，而且，那时国家和家庭也有更多的财力投资于素质教育。所以，在教育改革上也应该解放思想、实事求是、与时俱进，而不应认为凡是发达国家的制度或是过去有效的制度就是好的。

38. 关于技术分布曲线的疑问

王依婷（经济学院）：林老师您好！关于技术分布曲线我有一个疑问。技术分布曲线确实受到个人天赋、可用物资和科学知识的影响，但对其影响最大的是否应是现有的技术水平？

我的一种理解是，技术分布曲线的最高点应该始终对应现有的技术水平所能产生的价值。个人天赋、可用物资、科学知识的变化应该导致的是曲线形状的改变而不是整条曲线的平移。不知道这样的理解是否有道理。

林毅夫：纵轴不代表现有技术水平所能产生的价值。从技术分布曲线上的一点到横轴作垂直线，同一条垂直线上每一点的产出水平是相同的。与较短的线段相比，较长的线段代表有更多的可以组合要素来进行生产的技术。在现有的技术水平下，更好的个人天赋、可用物资、科学知识能够使为发明新技术所做的实验有更大的成功可能性，即现有技术水平右边的发明可能性曲线下方的面积更大。所以，更好的个人天赋、可用物资、科学知识等会使技术分布曲线（或发明可能性曲线）向右移动。

谢谨蔓（国家发展研究院）：林老师您好！关于技术分布曲线，我有两个疑问和个人的一种新理解。

1. 技术分布曲线和发明可能性曲线是不是同一条线？我的理解是技术水平取技术分布曲线下方的点，发明的可能性取面积。不知道这个理解对不对。

2. 技术分布曲线图中纵轴的含义：如果技术分布曲线内部的点都代表在生产上的可能方式，那么技术分布曲线图中的纵轴是不是代表在目前的科学技术条件下能潜在被发现的技术的相对数量？

3. 我个人觉得技术分布曲线比较难以理解，因此我对技术分布曲线想出一个解释，想和大家讨论一下合理性。

假设我们需要投入的要素是劳动和资本，那我们以 x 轴表示劳动，以 y 轴表示资本，以 z 轴表示产出。那么给定投入 I，则有劳动的价格·x+资本的价格·$y=I$。对于给定的 (x, y)，一定有唯一的 z。由于有约束条件，在三维坐标中，我们看到图像是一个面。

在自然条件下，我们可以想象拿一把豆子随机在 xoy 平面进行投掷，取得的最高产出则代表当前的最优技术。因此，现有技术越高，z 轴上面对应在 xoy 平面所占据的面积越小，从而投到该面积之内的概率更低。个人天赋可以看作有人善于发现分布的一些规律，因此投掷不再是随机的，而是有一定规律性的，因此更有机会投到更好的点。科学知识人为地排除了一些不可能的点，因此发现更好点的概率会增大。

这里只是用三维的情况进行解释。在现实情况中，应该是无穷维的。比如对于一项尚未发现的会对技术有显著促进作用的新产品，我们现在在该维度上取值为 0。但是如果它被发现，这个维度取值就不是 0 了，那么最后的产出结果会显著变化。所以，所有的要素可以想象为一个无穷维的空间。

林毅夫：

1. 技术分布曲线和发明可能性曲线想表达的都是曲线下方的面积。所不同的是，技术分布曲线下方的面积是由各种可能的投入组合的点所组成的，而发明可能性曲线下方的面积仅是由现有技术右侧生产率更高的点所组成的。

2. 在技术分布曲线和发明可能性曲线图中，纵轴确实如你所理解的，是在目前的科学技术条件下能潜在被发现的技术的相对数量。

3. 你的这个解释很好！佩服！

成瑞林（经济学院）：林老师您好！我在回看"中国经济专题"第二讲的课程视频的时候，发现您讲授技术分布曲线的内容和《解读中国经济》一书中的内容有一些出入。

您在视频中讲到，技术分布曲线的横轴表示"产出的价值"，而不同的点表示不同的要素组合方式，它们的成本是一样的。按照视频中的讲解，技术分布曲线的纵轴是否表示"能够发明出具有该产出价值的技术的可能性"？同一产出价值的点（即同一条垂直线上的点，如课件中的 A 点和 C 点），是不是等价的？只有这条垂直线右边的点才能叫做发明？这样一来，曲线画成正态分布形式似乎也是合理的，因为通过发明一次性提高的产出价值越大，其可能性越小。

而《解读中国经济》一书中第41页写到"画一条横轴，横轴左边较小，右边较大，较小的代表技术水平较低，较大的代表技术水平较高"，第 42 页又写到"假定现在的技术是 A 点，如果发现一个点 C，它用相同的成本却只能生产出比 A 点更少的产出，那就可以把它舍弃掉"。按照书中的解释，A 点和 C 点的产出价值似乎不同？那么"可能性"这一概念似乎无法引入曲线中，曲线的正态分布形式似乎也较难以理解。

我个人倾向于视频中的讲解，并认为书中在这里似乎出现了偏差。还请您指正！

毛瑜晨（法学院）：林老师在书中"发明与发明可能性曲线"部分的结尾提到，"这些点本身的高低并没有意义，因为生产率的高低只是相对于这条线上的生产率高低而言的"。按照这种理解，结合"技术与技术分布曲线"部分的内容，第一种理解方式似乎是正确的。假如在图中 C 点是在 A 点偏左一些的位置，林老师的说法似乎也可以解释。但是如果按照第一种理解方式，为什么技术水平越低，"可能性"也越低呢？

林毅夫：成瑞林同学，在给定的发明可能性曲线之下，越右边代表生产率水平越高，所以发明可能性的大小取决于现有技术水平右边的发明可能性曲线下方的面积。视频中的讲解是对的,书上有误,抱歉!本书下次重印时会把这一错误更正过来。① 感谢你看得这么仔细。

毛瑜晨同学,成瑞林同学对发明可能性曲线的理解才是正确的。

39. 关于技术分布曲线移动因素的疑问

张皓楠(医学部教学办):林老师好!您在讲解技术变迁时提到发明的机制是试错,导致技术分布曲线移动的因素之一是科学知识,科学知识能帮助排除不可能的选项,减小试错范围。我的理解是科学知识能帮助排除在正态分布中现有技术以左的区间,对一部分掌握科学知识的人来说,减少了不必要的试错。而技术分布曲线的移动主要是通过释放出个人天赋的潜力实现的。

林毅夫:这取决于怎么定义技术分布曲线。科学知识越先进、个人天赋越高或是可用物资越好,给定现有技术水平右边的面积就越大。科学知识越落后、个人天赋低或是可用物资越不好,给定现有技术水平右边的面积越小。相比之下,这不就代表更大的面积是来自技术分布曲线的右移?

石珂瑶(历史学系):林老师您好!您在上节课提到导致技术分布曲线移动的因素包括个人天赋、可用物资和科学知识,我觉得这个框架和理论非常巧妙,可以比较好地回答和解释困扰了我很久的一个问题,即对于"李约瑟之谜"而言,物质基础和上层建筑之间的关系。

研究明清经济史的学者李伯重在《江南的早期工业化(1550—1850)》一书中提出了一个观点。他认为明清时期江南地区煤炭、铁、木材短缺,使得江南工业必然向节能省材型发展,从而很大程度上形成了与之适应的"超轻结构"(重工业畸轻而轻工业畸重)这种工业结构和独立经营手工小作坊的组织形式,与18世纪英国的"煤铁主义"形成对比。而关于技术支持这一点,他在该书中用大量材料证明江南并不缺乏技术知识和创新精神,而是由于能源和材料限制而无法推广技术和进一步创新。

---

① 在《解读中国经济》2020年3月第5次印刷以及此后的版本中已做更正。——编者注

更多学者则把"李约瑟之谜"归因于制度等上层建筑。而您提出的理论模型中的"可用物资"这一条,我觉得完全可以涵盖李伯重提出的能源和材料问题,把物质基础和自然禀赋因素很好地囊括进了这个完整的解释体系中。因此,我在这里向您深表感谢!

林毅夫:很好!不过,李伯重教授的解释固然说明了我国的工业形态和英国的工业形态的差异,但他并没有解释为何英国的工业形态能够有源源不断的技术创新而我国的工业形态却没有不断的技术创新。"超轻结构"本身并不妨碍新的技术不断涌现,所以,没有出现新技术不断涌现的现象,是因为中国没有科学的不断突破来消除技术创新的瓶颈,而没有科学的不断突破则是因为没有科学革命,使得科学的不断突破无法实现。

40. 关于技术变迁方式模型的可检验假说的疑问

罗逸群(地球与空间科学学院):在课上,林老师针对技术变迁方式提出了合理的模型并由此提出了一些可检验的假说。其中一个假说是"发明一个更好技术的可能性与前一次抽取的最好的生产力水平(也即现有的技术水平)负相关"。如果要对其进行检验,应当在个人天赋、可用物资、科学知识这些变量大致一定时,检验发明更好技术的可能性与现有的生产力水平的关系。但是可用物资往往是和生产力水平相关的。请问如何区分可用物资和生产力水平及其对技术进步的影响?另外,在生产力水平提高时,更可能的情形是可用物资增加,科学知识也增加。如何保证通过控制变量来说明生产力水平对技术进步的影响呢?

郑浩东(元培计划委员会):我尝试提出一种也许可行的方式。如果我们可以将个人天赋、可用物资、科学知识这些变量进行量化,并且可以收集到不同情况下各变量值(当然这很困难),或许可以将可用物资、科学知识这一类变量进行标准化处理,并在引入其他控制变量后将"发明更好技术的可能性"对生产力水平进行回归。当样本足够时,生产力水平的间接干扰似乎可以被排除。以上只是个人一孔之见,希望老师和同学们不吝批评指正。

林毅夫： 罗逸群同学提的问题很好，属于在解释现象时如何控制解释变量的内生性的问题。确实，在足够长的时间里可用物资与生产力水平和科学知识的水平相关。但是，可用物资并不随着科学知识和生产力水平的变化而瞬时发生变化，例如新材料是一种可用物资，它并不是瞬时不断变化的。在分析一个国家当下时点上的技术创新可能性时，可以把这个时点上的可用物资、个人天赋、科学知识和现有的技术水平（如郑浩东同学所建议的那样）予以标准化处理，以检验这些变量以及实验试错的次数对技术突破的影响。

鲁欣然（医学部教学办）：林老师您好！对于本章中您提出的假说二，即"给定尝试错误的数量和技术分布曲线，现有的技术水平越高，发明新技术的可能性就越低"，我不太理解，想向您请教一下。

如果说传统行业可能遇到"高技术水平陷阱"，对于新兴行业，在高技术水平上，应该发明新技术的可能性更高，更容易发展。根据我查到的世界银行数据，1985—2018年的世界专利申请量整体呈指数上升趋势，这是不是意味着总体上来说，现有技术水平越高，发明新技术的可能性越高，所以发明的新技术越多？

根据您课上所讲，对于论点的质疑，应该思考它的假设是否成立。那么，为什么技术分布曲线和发明可能性曲线都给定呈正态分布？

林毅夫： 鲁欣然同学，我在本讲中提出的有关技术创新的三个假说是：（1）给定现有的技术水平和技术分布曲线，发明一个更好技术的可能性与试错的数量正相关。（2）在给定对自然界的认识的前提下，现有的技术水平越高，再发现比现有技术更好的技术就越难。（3）在科学革命以后，当技术创新遇到瓶颈时，政府可以通过支持基础科研，增加对自然界的认识，使得技术分布曲线右移，从而技术创新的可能性就会增加。这也就是为何科学革命是工业革命产生的前提。

第二个假说之所以成立，是因为给定现在对自然界的认识，即在现有的技术分布曲线下，现在的技术水平越高，位于现在的技术水平右边的技术分布曲线下方的面积，也就是发明可能性曲线下方的面积就越小。在技术创新上的试错会以同一个概率随机落在技术分布曲线下的任何一个点，所以，现在的技术水平越高，试错落在现在的技术水平右边的概率就越低，从而发明比现有技术更好的技术的概率就越低。

至于1985—2018年世界专利申请量整体呈指数上升趋势，我想有两个原因：一是上述第一个假说的结果，即新兴市场经济体（尤其是中国）随着收入水平的提高也加入科研的行列，中国在2019年的专利申请量超过美国，成为世界专利申请第一大国。二是上述第三个假说的结果，即新材料（如芯片）、新技术（如数码技术等）使得技术分布曲线（或发明可能性曲线）右移，带来了新发明的增加。这两个原因的共同作用超过了上述第二个假说的作用，因此出现了你所看到的现象。

黄光波（城市与环境学院）：我个人的理解是，技术分布曲线或发明可能性曲线呈正态分布是在基础科学水平给定的前提下，而基础科学水平的提高则对应着曲线的右移。

而对于为何曲线呈正态分布，也即为何技术水平越高，发明可能性越低，我的理解是，在林老师的定义中，发明意味着同样的成本带来更大的产出，那么在基础科学水平给定的前提下，现在的产出越大，能够实现的产出提高就越小，也即发明的可能性越低。

林毅夫：是的，可以按你的理解，"发明意味着同样的成本带来更大的产出，那么在基础科学水平给定的前提下，现在的产出越大，能够实现的产出提高就越小，也即发明的可能性越低"。不过，用这个模型的语言，则是在试错是随机分布的假设之下，每次试错落在那个生产率水平上的概率是相同的，就像买彩票，每张彩票的中奖概率是相同的。不过，现在的产出越大，技术分布曲线位于现有技术水平右边的面积就越小，每次试错落在这个技术水平右边的概率就越小，即发现新的、更高水平的技术的概率就越小。

张彦斌（物理学院）：林老师您好！我觉得技术分布曲线的三个假说中的第二个和第三个之间存在一定的矛盾。矛盾在于科学知识存量与前一次抽取的最高生产力水平存在一定的正相关关系，因此科学知识存量增加一方面使现有生产力（垂直的线）向右移动，另一方面也会使技术分布曲线向右移动，最终对发现更好技术的概率的影响应该是不确定的，可能增加，也可能减少。

万昊越（物理学院）：我说说我自己的看法。我觉得林老师是把技术和知识分开处理的。技术水平增加使现有生产力（垂直的线）右移，但技术分布曲线不变，导致发明的可能性降低；而知识水平增加使整条技术分布曲线右移，而现有生产力（垂直的线）暂时不变，导致发明的可能性增加。从过程上讲，知识水平增加首先使技术分布曲线右移，发明的可能性增加；接着导致技术水平增加，又使现有生产力提高，发明的可能性再降低，才能趋向平衡。这一过程已经使技术得到了进步。

林毅夫：万昊越同学说得没错，确实是这样。另外，张彦斌同学的理解也算是部分正确，现有的技术分布曲线和现有的技术水平确实是取决于现有的科学知识存量。在给定的科学知识存量下，技术水平越高，发明可能性曲线下方的面积就会越小，技术发明的瓶颈或难度就越大。此时要提高技术发明的可能性就必须进行基础科研来增加对自然界的理解，以使得技术分布曲线右移，扩大现有技术水平右边的面积，打破技术发明的瓶颈。之后会有一段技术发明活跃期，随着技术水平不断提高，把现有科学知识所蕴含的技术潜力用得差不多了，瓶颈又会再度出现，此时就需要再在科学知识上取得突破才会有新的技术发明活跃期。自18世纪中叶工业革命以后，技术进步和科学突破就是如此交织前进的。

41. 发明创造的门槛是否会随着技术进步而提高？

严蕴（社会学系）：林老师您好！科举制度确立于隋唐，规范成熟于宋朝，并从此一直沿用了几百年。在这几百年内，中国有才之人的精力应该已经转移到了科举考试上，那么是否可以这样理解：这一时期的技术进步与人口和可用物资的增加有关，并且主要在和农业相关的领域，由相对文化水平更低的"才智普通"的人完成，而后来这部分人的技术发明达到了饱和阶段，而精英阶层的才智发挥又受到科举制度的阻碍，所以技术发展停滞了。如果是这样的话，是不是说明随着技术的不断进步，发明创造的门槛，即对于人的才智水平的要求也更高了呢？

毛瑜晨（法学院）：严蕴同学你好！我对这个问题也有一些自己的看法。我认为，随着技术绝对水平的上升，进一步产生发明创造的空间就相应变小，难度也会增大，所以随着技术的不断进步，新发明的产生就需要更加专业化、系统化的科学实验等研究探索过程，而不是普通大众的随机实验。个人认为，这里所改变的并不是对人的才智水平的要求，而是对新的发明研究体系的需求。

钟卓宏（信息管理系）：严蕴同学你好！我想这个就是林老师提出的可验证假说中的一条：个人天赋、可用物资、科学知识这三个因素使得技术分布曲线右移。所以，在以上三个因素一定的情况下，随着技术的不断进步，新技术被发明的概率就降低了。你所说的"要求更高"，我想是指：出现天赋越高的人、科学知识的发现、可用物资的增加使得技术分布曲线右移，新技术被发明的概率增加。至于发明创造的门槛，我可能有些不明白你表达的意思。

林毅夫：毛瑜晨同学的看法是对的。不过，即使"更加专业化、系统化的科学实验"在本质上仍然靠的是试错的机制。至于严蕴同学提的"是不是说明随着技术的不断进步，发明创造的门槛，即对于人的才智水平的要求也更高了"，在古代，技术分布曲线没有右移，发明创造的门槛提高是因为发明可能性曲线下方的面积越来越小，同样的努力获得成功的概率越来越低。在现代社会，随着科学的不断进步，技术分布曲线不断右移，科技研发，不管是电子、化学、生命科学还是大数据，都需要掌握许多相关的基础科学知识和实验的设备、方法等，对技术研发人员的科学知识和个人才智的要求确实越来越高。至于科举制度对中国科技发展的影响，我的看法是：首先，中国的文化传统是"治于人者食人，治人者食于人"，统治阶层是不从事生产工作的，自科举考试盛行以后，知识精英更是四体不勤、五谷不分，所以对来自经验的技术进步难以有贡献。其次，如果没有科学的不断进步，即使中国的知识精英参与生产活动，对技术进步的贡献也仅能有劳动人口增加的一次性推动作用，很快就会碰到发明可能性曲线下方的面积越来越小的瓶颈限制。技术的不断进步还是有赖于科学的不断突破才可实现，而经由努力来不断突破是在科学革命发生以后才变成可能。

42. 人口密度是否对技术革新和技术传播有影响？

匿名同学：在林老师解释"李约瑟之谜"的理论中，是不是暗含了人口密度这一点？比如，试错只能决定单个人的技术能否得到改进，但要想让国家整体的技术得到改进，还需要技术传播这一关键因素。而与这一点相符合的是，中国古代几乎所有的农业技术改进都是发生在当时人口密度最大的地区。春秋战国时期的铁农具和牛耕率先在人口密度最大的北方地区得到应用和推广，而人口大规模南迁以后，人口大规模聚集在中国面积有限的南方大地上，10—13世纪的技术革新也确实大多出现在南方地区。这还可以解释为何中国在10—13世纪技术实现了爆炸性增长——因为这一时期中国富有经验的农民们以前所未有的密度集中在一片富饶的大地上，技术的改进可以形成竞争，更有利于先进技术的迅速扩散。至于中国在明清之后技术革新趋于停滞，一方面是因为经过漫长的历史，在有限的农业领域已经很难做出突破性改进，另一方面也是因为中国的人口密度没有再发生显著变化，能够扩散的技术已经实现了扩散，中国已经达到了纯农业时代的技术瓶颈，接下来再要进步就是科学的工作了。

以上是我在听了林老师的讲授以后萌生出的一些想法，主要就是想用人口密度这一点来丰富林老师的逻辑论证。请老师和同学们指正！

孙隆德（法学院）：我记得在美洲的作物被引入中国之后（在南方主要是红薯，使得大量的沙地、山地成为可以耕种的土地），从明代中期开始，中国的人口（尤其是南方的人口）又经历了一次爆炸性的增长，达到了清末道光年间的4亿以上，这一增长幅度在中国历史上是空前的。而对于南方有限的土地而言，这次增长更显得尤为显著。因此，你论述的前提可能并不是很准确。当然，明清时期徐光启等人对于农业技术的发展所做出的贡献是十分突出的，这可能也从侧面佐证了你的观点。

林毅夫：

1. 在给定的土地规模之下，人口密度和总人口是成正比的。而技术创新是尝试错误的结果，试错的次数越多，创新的可能性就越高。因此，和创新可能性相关的是人口总量而不是人口密度。

2. 14世纪的地理大发现以后，甘薯从美洲传播到欧洲，再从欧洲传播到中国和其他亚洲国家。由于甘薯可以在贫瘠的土地上生产，导致粮食（包括甘薯）和人口大增，所以，在明代以后，中国的人口密度大幅增加，并不是没有发生显著变化。请参考《解读中国经济》一书的表2.1和附录二。所以，孙隆德同学的看法是正确的。

3. 在人口密度大的地方，土地短缺，需要精耕细作的技术，这种技术在人口稀缺、土地丰富、适合粗放耕作的地方并不合适。至于匿名同学所说的人口密度大有利于技术传播，在短期内是有一定道理的，因为人口密度越大，技术传播越容易，同时，人口密度越大，人均耕地越少，在生存压力下，农民也会有越高的积极性去学习更好的技术。所以，人口密度影响的主要是技术传播的速度而非技术发明的速度。不过我们在课上考虑的是跨越几百年、上千年历史的发展，所以，只要是好的、合适的技术应该都会得到传播，人口密度的影响在时间长河里是可以忽略不计的。

43. 人口多在未来是优势吗？

袁佳薇（外国语学院）：关于本讲的课后问题"人口多在未来是优势吗？"，我认为，人口数量庞大是我国的一大特点，对国家的经济发展显然有着重要的影响。在工业发展初期，劳动力廉价且丰富是我国发展的重要优势，所以当时我国劳动密集型产业非常多。而且根据课堂上老师所讲，由于天才的比例是一定的，人口数量多意味着我国的天才也会更多。

但是，我觉得这并不能说明人口多就一定是优势。早期我国实行计划生育政策，一对夫妻只能生育一个孩子，到后来，逐步推行"单独二孩""全面二孩"政策等，也可以显示出人口数量需要在有控制的情况下保持稳定，要和经济社会发展状况、资源环境情况相适应。

随着经济社会的发展，生育子女的成本在直线上升。从微观角度来看，每个普通家庭生育一个孩子，都会带来不小的负担。而且，人们的生活成本和教育成本也在不断上升。城市化进程中，农村人口大量涌入城市，可是很多人都不能找到合适的工作，这无疑会造成许多贫困问题乃至犯罪问题，使得城市化畸形发展。而且，现在的扶贫政策一般都是落实在乡镇地区，对于城市的真实贫困人口并没有足够的保障。同时，政府还需要将大量资金用于社会保障支出，给财政造成巨大的压力。

人口多还会给资源环境带来巨大的压力。因为人口多，但是每个人的思想意识和文化水平不尽相同,所以很可能会造成资源的浪费和环境的破坏。

人口多所带来的廉价且丰富的劳动力已经不能成为经济发展的优势,因为当前劳动力市场上很多行业都是劳动力过剩,但高素质人才稀缺。此外,当我国的经济发展水平与发达国家还存在较大差距的时候,还可能会出现人才外流的问题,这对我国来说无疑是一个巨大的损失。

所以我认为,我国需要合理控制人口数量,不能觉得人口多就是好,而应该更多地关注人口的素质和质量。

林毅夫:你的分析有一定道理,任何事物是好是坏都是在一定条件下才成立的。不过在看问题时,我们需要抽丝剥茧,一层一层来分析,而不能像一锅粥一样地把许多因素、条件混在一起谈。

就经济发展而言,在一个国家工业化的早期,一定是资本相对少、劳动力相对多。此时,如果去发展劳动密集型产业,那么劳动力就能充分就业,就会对经济增长做出贡献;如果去发展资本密集型产业,创造的就业机会少,劳动力就不能充分就业,就会成为经济发展的负担。这个道理在人口多的大国和人口少的小国都是相同的。我国在20世纪六七十年代之所以实行知识分子"上山下乡",以及在80年代之所以实行计划生育,一个重要原因就是重工业赶超战略下创造的就业机会少,不能给劳动力提供足够的就业机会。我国的东部人口多、人口密度大,但在改革开放以后却从人口少、人口密度小的中西部吸纳了大量农民工,就是因为东部沿海省份较好地发展了劳动密集型产业。

另外,我们在课上讨论人多是不是优势的问题时,是基于以下两种条件:前现代社会的技术发明靠经验;未来中国的发展水平提高,技术达到世界技术前沿,进一步的技术创新需要在科学指导下靠实验来发明。那么,在这两种条件下,相比于人口少的情况,人口多是优势还是劣势?应该是优势。因为在第一种条件下,人口多代表农民、工人多,生产经验多,技术发明也会较多;在第二种条件下,技术发明靠资金的投入和个人的天赋,人口多,可投入的资金多而且天才也会多,从而技术发明也会较多。

至于人才外流的问题,关键在于我们能否给人才提供好的发挥才能的机会,而不在于人多人少。人口多是否给自然资源和环境造成的压力就大,还取决于发展的方式和可用于环境治理的资源等。

胡阳子(经济学院):关于人口多在未来是不是优势,我觉得要结合未来的其他前提假设来考虑。

首先,基于课上给出的假说来看,人口更多,试错的次数会更多,有好奇心和致力于技术发明的人也会更多。但是倘若技术分布曲线不变,可能的发明区间会随着技术的进步而越来越小。也就是说,只有出现以下三种情况——未来资源开发程度提高,可用物资改进;教育水平提高,高天赋人群的比例增加;科学知识取得重大突破,产生更大技术进步空间——时,技术分布曲线向右移动,才能使人口多的优势发挥出来,否则就只能消耗固定的发明区间,使得技术进步的速度递减。

分别考察上述三种情况:

第一,资源开发程度的提高,包括目前使用的资源的新发现和开采量扩大,以及新资源的使用。目前使用的资源,其总存量在很大程度上是固定的,很难有数量的飞跃,但是也不排除新技术出现使得其他资源转化成目标资源,从而使存量增大的可能。新资源的发现和使用应该是重中之重。风能、核能、潮汐能、地热能在 21 世纪逐渐被开发出更先进的用途,在未来也不难想象会有更多新型的物理、化学、生物资源可供我们使用。这些是物质形式的资源,除此之外也有非物质形式的资源。例如,马云说:"未来的资源是数据。"也就是说,数据可能被列为一个生产要素在经济学模型中加以考虑。因此,可以预见,未来的资源开发程度可以得到提高。

第二,教育水平的提高同样是大概率事件。观察现在的教育,学生培养超前化、更新快。作为大学生的我们看当今的小学生,就会发现他们普遍在学的少儿编程、第二外语,在我们读小学的时候都比较鲜见。这一方面得益于教育总体水平的提高,另一方面也需要教育公平事业的推进。教育公平作为我国的基本教育政策,在深化教育改革中有着重要地位,只要坚持这个改革方向,未来教育水平的提高就是可期的,从而会提高高天赋人群的比例。

第三,至于科学知识取得重大突破,这是一个不可预测的事件。林老师在课程视频中提到的引力波,应该是 2016—2017 年的事情。未来是否会取得学科的重大突破，会在什么时候取得重大突破，都是未知的。但是乐观的想法是，重大突破会产生，而且会不止一次。

综合以上讨论，在未来资源开发程度提高、教育水平提高、科学知识取得突破的前提条件下，人口多应该能在未来发挥基数大的优势，推动社会更快地进步。以上观点可能不够成熟，期待得到林老师指正！

林毅夫：我认为人口多在未来是否会成为技术进步、经济发展的优势，取决于我国的技术和世界前沿水平的差距。如果有差距，能够以引进技术作为技术创新的来源，那么人口多就不见得是优势。如果我国追赶上了发达国家，技术已经处于世界前沿水平，那么人口多就会是优势。因为当技术处于世界前沿水平时，生产力水平、教育水平、人均收入水平也会处于世界最高的水平，人口多的国家经济规模大，可以用于研究开发新技术的资金总量就多，而且，人口多的国家天才的绝对数量多，所以在新技术的研发上取得的突破就会多。因此，人口多就会成为技术进步、经济发展的优势。

赖富捷（国家发展研究院）：我认为任何事物都有两面性，不能笼统地讨论一个事物的优劣性；但是在可预见的未来，我认为人口多一定是优势大于劣势的。理由如下：

第一，全球经济面临挑战的一个重要原因是科学知识的突破已经放缓了，而科学进步是工业革命或技术进步的前提。以物理学的发展为例，目前"已经不再是黄金时代了"（杨振宁）。有人认为21世纪是生物学的时代，是否如此还不能预见。但总体来说，科学的发展确实放缓了。

第二，技术需要积累。对于技术进步来说最重要的就是不断实验（试错），而这需要大量投资。

第三，要发展科学技术，最重要的就是人力资本的积累，特别是在科学技术进步已经放缓的今天。而在现代科学已经基本解决温饱的前提下，只要社会足够稳定（贫富差距问题不严重，社会基本保障足够等），人们就可以反复试错而不危及人的生存根本。此时，人口多意味着实验（试错）更多，从而有新发现、新突破的可能性就更大。

林毅夫：有道理，但前提是我国的技术和经济发展已处于或接近世界前沿水平。这样，一方面，我国不能再依靠后来者优势，以引进、消化、吸收作为创新的来源来加速技术进步和经济发展，需要以自主创新来推动经济发展；另一方面，到了那个阶段，我国也才有能力为不断的实验投入大量的资金。到那时候，人口多、天才多就会是优势。

张骁哲（法学院）：一方面，一个国家的人口越多，人才总数量也会越多，同等条件（如科研投入、设备等）下更有可能产生科技成果。另一方面，更多的人口意味着经济体相对较大，无论是从需求还是从供给来看，在国际经济市场中享有的话语权也更大，更可能获得有利于自己的政策。

虽然中国出现了老龄化的倾向，但是人口红利归根到底看的是劳动力占人口的比例。未来中国依靠廉价劳动力带来的经济增长可能会愈发不明显，就需要依靠科技来提高生产力。

毛瑜晨（法学院）：但是人才的绝对数量越多，就应该配置更强的条件，这样才能有更多发明创造的可能。假如设备等条件相同而人数更多，则可能会出现边际生产率下降，效果反而不理想。所以我认为，为人才配置更好、更充足的科研条件非常重要。

林毅夫：如我对经济学院胡阳子同学和对国家发展研究院赖富捷同学的答复那样，人口多是否在技术创新上是优势取决于我国的技术和世界前沿水平的差距。如果差距大，代表我国的发展水平低，能配置到科研上的资源少，即使人口多、天才多，能配置给他们的设备等条件不充分，他们的才能也会难以发挥，此时，技术创新以引进更具优势。但是，当我国的技术达到世界前沿水平时，收入水平也会处于世界前沿，能配置到科研上的资金就会比其他人口少的高收入国家多，人口多、天才多就会是优势。

韩昌峻（法学院）：此外，较大的经济体在国际市场上还可能面临本国出口商品价格降低、进口商品价格升高的现象，因此我认为，对于人口数量对本国在国际市场处境的影响，还需更细致地辩证看待。

林毅夫：确实，在利用国际市场时，小国可以把国际市场的进出口商品价格当作给定的，大国则不能，你的这一点观察是对的。但是，无论大国还是小国，充分利用国际国内两个市场、两种资源都会比只用国内市场和国内资源更有利，我国在 1978 年改革开放前后的发展绩效比较就是很好的证明。只不过小国利用国际市场得到的利益会大于大国得到的利益，这在贸易理论里也是已经得到证明的：两国贸易对双方都有利，但是小国所得到的利益会大于大国。但是，到了需要以发明作为技术创新主要来源的发达阶段，技术的突破会受到专利保护，在专利期里可以有垄断的定价权和利润，就像微软、英特尔、高通、辉瑞等美国高科技公司一样，不会再遭遇我国现在出口什么产品，什么产品的价格就低的困境。所以，到了需要以发明作为技术创新主要来源的发达阶段时，人口多、天才多会是我国的优势。

刘光伟（国家发展研究院）：林老师您好！从我个人的角度理解，人口多在未来仍是一个优势，但这是在一定前提之下的。

首先，人口多的优势不应该仅指人口基数大，而是指在人口基数大的同时有着合理的人口结构，在此基础上可以保证我国劳动年龄人口的比重正常。结合我国近两年来对计划生育政策的调整不难看出，如果人口结构不合理，则人口多也不能成为一个优势。另一方面，我国改革开放后的经济腾飞有一部分原因也是人口多带来的人口红利。

其次，我国的科教兴国和教育强国战略保证了我国在发展过程中人口素质的逐步提升，在此基础上，人口多会带来更多的高素质人才，有利于提升我国在各方面的竞争力。我曾选修过"拉丁美洲国家的经济概况"课程，在课上了解到，古巴的人口虽然不多，但是由于教育普及率高，古巴拥有着先进完善的医疗体系，并培养了大量医生，人均医生数量位于世界前列。这对于我国来说是一个很好的参考，因为我国有着更大的人口基数，教育水平也在逐步提升，高素质人口的增多有利于国家的发展。

再次，随着经济社会的发展，我国需要足够大的市场，而人口多正是一个大市场的前提条件。我国电子商务发展迅速，移动支付普及快，在很大程度上得益于我国人口多、市场大，需要更加便捷的交易手段，同时也使催生出的新行业有充足的劳动力保障。

最后，人口多也有很多弊端，诸如贫困人口多，教育普及困难，提升整体人口素质的周期长、投入大，人均资源少，等等。但是，在国家实行合理政策的前提下，人口多是利大于弊的，获得的回报大于投入的成本。

林毅夫：同意你的分析和看法。

曾庆（化学与分子工程学院）：林老师您好！关于人口多在未来是不是优势，我有一些粗浅的思考和问题，想向您请教一下。

1. 相比人口的绝对数量，我认为人口结构可能更加重要，因此不能单纯地说人口多是好是坏。改革开放以来，我国的经济有了飞跃式的发展，有人分析其中一个原因是在这一时期我国有人口红利，劳动力充足，人力成本低。但发展到今天，在人口红利期之后，似乎紧接而来的就是人口老龄化的问题。到2015年，我国65岁以上人口所占的比例已经接近10%；有测算预计，到2035年，我国65岁以上人口所占的比例可能会达到20%。日本在近十几年也受到了人口老龄化的困扰，经济增长有些乏力。这样的人口结构变化可能也会给我国未来的经济发展带来挑战。考虑到作为人口大国，通过进一步增加人口规模来提供更多的劳动力似乎不太现实，因此对于我国而言，人口红利之后的老龄化问题看起来似乎难以避免。那么对于两者之间的矛盾，我们应该如何协调呢？

2. 关于人口对经济的影响，我认为人口多除了可以提供更多的劳动力，在技术进步方面也是有优势的。正如林老师课上所讲的，当下乃至未来的经济发展，更依赖的应当是科技创新带来的生产力进步；而大的人口基数无疑能够提升科技创新的成功率。当然，这一判断的前提是要保证对于科研的投入。从2007年到2017年，我国中央政府对于科学技术的支出从数额上一直呈上升趋势，但相对比例稳定在10%左右。因此我认为，未来想要发挥出人口数量在技术创新上的优势，可能需要增大在技术创新方面的投入。

林毅夫：同意你的看法，结构问题需要考虑，另外也需要考虑科技投入多少的问题。不过，改革开放以后，人口红利对我国的经济增长虽有贡献，但作用有限。更重要的是：按照比较优势发展创造了众多的就业机会，使劳动力能够充分就业,并可以提高竞争力,创造经济剩余,积累资本,进行产业升级;在产业升级时,充分利用后来者优势来降低技术创新、产业升级的成本和风险。经济增长可以分解成劳动生产率的增长和劳动力的增长,人口老龄化主要影响的是劳动力的供给。长期以来,发达国家平均每年3%～3.5%的增长中,劳动生产率的增长大约贡献2个百分点,劳动力的增长大约贡献1个百分点。所以,发达国家出现人口老龄化以后,劳动力不增长,经济增长率从3%左右下降到2%左右,下降了三分之一,经济增长就表现得很乏力。我国还有后来者优势,每年还有8%的经济增长潜力,即使出现人口老龄化,劳动力不增长,也还有很大的空间利用后来者优势进行产业升级,将现有劳动力从生产率水平低的产业配置到生产率水平高的产业,以提升劳动生产率的水平。此外,我国的退休年龄偏低,可以通过提高退休年龄来增加劳动人口,也可以通过加强教育来提高劳动力的质量。所以,只要能发挥比较优势,利用好后来者优势,即使出现人口老龄化的情况,我国也能快速发展,不会出现日本所遭遇的问题。

44. 中国应如何提升科学研究对人才的吸引力?

徐寒冰(外国语学院):在讨论"李约瑟之谜"的过程中,林老师提到了中国现代辉煌不再的原因主要是科学技术的供给不足,而其根源则在于科举制度对科学研究起到了负激励的作用。除了阶段性的政治纷争,中国大体上处于"大一统"的稳定状态,这要归功于中国科举制度的创新。一方面,它让优秀人才得以进入统治阶级,获得巨大收益,从而减少了革命动机;另一方面,它灌输了三纲五常的价值标准,维持了国家的稳定。但是科举制度却成为中国取得科学技术进步的障碍,因为科学不在科举考试范围、官员考核标准之内,人们花费时间用于研究科学既不利于走上仕途,也不利于晋升。

相较于古代的科举制度,在当下的中国,数学、物理、化学、生物等学科已经纳入考试范围,可以说是强制学生掌握一定的科学知识,有利于发掘出有好奇心、学习能力较强的人才。但是目前,从事科学研究的收益相较于金融、信息技术等行业仍然不高,对于有天赋的人才的吸引力相对较低,人口基数带来的优势没有完全发挥出来。中国该进行怎样的改变,才能提升科学研究对人才的吸引力？

鲁欣然（医学部教学办）：谈一下个人愚见。

从成本角度思考，应该更加重视对于科学研究的资金投入。一方面是政府对高校和科研院所的资金投入；另一方面是类似华为的大型民营企业，尤其在世界范围内处于领先地位的企业，为了企业的发展而在科研上投入资金。民营企业更多地考虑成本收益的问题，可能不愿意在风险高、投入高、不确定性大的科研上进行过多的资金投入，政府也可以考虑给领域内领先的企业适当的产业政策，让其发挥科研能力。

从收益角度思考，应该完善对科学成果的保护，具体表现在对专利和应用转化的保护。除了资金投入，应给予科学家进行更多、更深入、更有意义的研究的激励，保护他们的成果，并使他们能通过成果受益。

从禀赋角度思考，应该努力提高全民的科学素养。科学知识虽然已纳入考试范围，但是科研所需要的探索精神、辩证思维和其他能力也需要进一步提升，而其中有些能力的提升不一定能通过考试达到。在科学知识已经不是科技进步的门槛时，应该培养全民更高的科学素养。可以类比"大一统"的古代中国，如果说古代中国的统一价值观念是四书五经、三纲五常，那么对科学的探索应该逐渐成为中国人以后追求的价值观，那时候，是不是科学对于人才的吸引力自然而然就提升了呢？

林毅夫：徐寒冰同学，关于"李约瑟之谜"，我提出的看法是：以四书五经为考试内容的科举制度抑制了传统社会中知识精英学习推动科学革命所需要的数学和控制实验两种人力资本的意愿，所以科学革命无法在中国自发产生；由于没有科学革命，也就不会有工业革命。现在已经不再科举取士，这个制度约束已经消除。你的问题则是："从事科学研究的收益相较于金融、信息技术等行业仍然不高，对于有天赋的人才的吸引力相对较低，人口基数带来的优势没有完全发挥出来。中国该进行怎样的改变，才能提升科学对于人才的吸引力？"

鲁欣然同学对此问题的三点意见很到位，我完全赞同。总的来说，我认为重要的是把经济发展好，等到需要以自主研发来推动经济发展时，自然会给科技研发人才提供必要的条件、良好的环境和足够的激励。

在当前，中国的技术水平和发达国家有差距，可以靠后来者优势，以引进的方式来取得技术进步。这种方式与需要自己投入大量资本且成功概率极低的发明相比，成本小、风险低，所以当前我国在许多领域可以靠引进而不需要自己发明。而且，发明要有大量的投入并且也有很高的风险，发展中国家一般承担不起，所以，发展中国家有些科技人才会到能充分发挥其才能的发达国家就业，出现人才外流的情形。当一个发展中国家把能引进的技术都引进了，其发展水平也就赶上了发达国家，或有换道超车的机会时，其技术进步就只能靠自己发明。到那时，这个国家和其他发达国家一样，也会有大量资本可以投入，也有能力承担相应的风险。其实，中国在2010年已超过日本，成为世界第二大专利申请国；在2019年已超过美国，成为世界第一大专利申请国。所以，当中国的人均收入提高到和发达国家（如美国）同样的水平时，人口是美国的四倍左右，科技投入也可以是美国的四倍左右。届时，不仅中国的科技人才会留在中国，外国的科技人才也会被吸引到中国来。

卞铖（国家发展研究院）：林老师在课上和教材中以最具聪明才智的人在人群中成正态分布为大前提，以中国人口数量比美国多为小前提，得出中国人中最具聪明才智的人比美国多的结论。但是问题在于，由于美国在世界上的地位，实际上存在人才的"掐尖"现象，全世界最具聪明才智的一部分人都去了美国，美国也乐于向这些人提供"绿卡"。那么，这种现象是否会改变课上和书中对于中国人才数量的乐观期望？对于这种人才流失的现象，中国是否有办法和途径进行改变？实施之后期望的成效会如何？此外，您认为中国什么时候能够做到吸引和聚集全球的人才？

林毅夫：是的，目前美国可以吸引很多人才，是因为美国给这些人才提供了他们在本国得不到的运用其才能从事科研所需要的支持。但是，只要中国的发展水平和美国接近，中国的人口是美国的四倍左右，不仅中国自己的天才会是美国的四倍左右，在对科研同等重视的条件下，中国可以提供的科研支持和机会也会是美国的四倍左右。科研有集聚效应，所以，届时不仅中国自己的天才会像施一公、饶毅那样回到中国来，许多外国人也会被吸引到中国来。

45. 如何看待政府权力对创新的影响？

张梦洁（国家发展研究院）：林老师您好！关于对创新的理解，您在这一讲中强调了科学知识存量、与人口直接相关的试错数量以及社会观念对于创新的影响。请问您怎么看待政府权力强弱对于创新的影响？

我最近在阅读相关资料时看到：一些学者认为，一个强的集权政府会带来对市场机制的破坏和对企业家精神的损害，会损害创新；也有一些学者认为，企业家精神一直存在，企业家精神的本质仅仅是人类固有的趋利性，而强政府有利于在创造性破坏损害了既得利益者的利益后，镇压先前的既得利益者的反抗或者对其进行利益分配的安抚，从而不至于让那些既得利益者阻挠了创新的进程，因此比起弱政府，强政府更有利于创新。请问您怎样看待这两种观点？是否这两种观点实际上分别针对创新的萌发阶段和推广阶段，对象并不一样，因此对两者的比较也需要分别来看？如果两者针对的是创新的不同阶段，那么强政府和弱政府在推动创新带来的社会进步方面孰优孰劣呢？

林毅夫：不错，两者实际上是分别针对创新的萌发阶段和推广阶段，对象并不一样。另外，政府的行为不是一成不变的，好的政府应该在不同阶段、不同状况下做不同的事，所以新结构经济学认为，好的政府既不是强政府也不是弱政府，而是相机决策的"因势利导型政府"。新结构经济学认为，无论是发达国家还是发展中国家，若要发展好，都需要有效市场和有为政府共同发挥作用，市场和政府的边界是"市场有效以政府有为为前提，政府有为以市场有效为依归"。市场失灵在经济运行和发展中是处处存在的，需要政府发挥作用来加以克服，市场才会有效。在发生市场失灵时，若政府不发挥作用，是政府缺位；若政府的作用超过克服市场失灵的"度"，则是政府越位。在创新上也是如此。处于追赶阶段的发展中国家可以引进发达国家的技术和产业，作为创新的来源，但是，企业家的技术和产业引进要想在市场上有竞争力，还有赖于政府提供合适的软硬基础设施；处于技术前沿的发达国家，企业家的技术创新若要成为可能，则有赖于政府支持与技术创新相关的基础科研突破所需的资金投入。我们应该根据自己的认识和理解提出自己的概念，而不要被现有的概念束缚。

46. 创新的利弊权衡及政府的干预力度问题

安炳昀（国家发展研究院）：林老师您好！您提出技术和制度创新以试错为机制，以实验为引领。我想请教以比特币、P2P（点对点网络借款）为代表的技术和制度创新的利弊权衡问题，以及政府的干预力度问题。

比特币本身是一种试错机制，在全球范围内进行试验，带来了区块链、加密技术、可信验证方面的技术创新。它既是一种支付手段，也是一种制度创新。但是我对这一创新的试错成本和潜在社会公平问题深感担忧。在我国，近几年出现了借助区块链概念进行传销、非法集资的庞氏骗局。

从微观家庭的角度，创新的试错过程会带来大量家庭的财富损失，荷兰的郁金香泡沫就是一个典型例子。根据我的亲身经历，投机的参与者以知识缺乏人群为主。P2P创新的失败让很多家庭失去了所有的积蓄。

从宏观的角度，加密货币这一创新使社会财富向懂信息技术、资本运作、最早参与的人转移，这部分人本身就属于高收入人群，因此这种趋势可能加剧社会贫富分化。比特币和央行纪念币的狂热已经反映出稀缺货币的投机属性极强，推行数字货币可能会对人民币币值稳定构成威胁。我个人比较难以理解，为什么在全面禁止比特币这一最主要的加密货币后，中国人民银行重新推出加密货币？

综上，我认为技术创新和制度创新会加大知识密集型人群和劳动密集型人群之间的贫富差距。林老师是否认可这种观点？另外，关于政府对于创新活动监管的力度问题：政府应该如何权衡创新的试错成本和潜在收益？在市场经济下的中国，监管强度应该如何设置，以界定创新行为与犯罪活动？

林毅夫：你提出了许多和创新相关的问题。但是，这些创新在不同领域会有不同的属性，市场失灵的地方和方式不同，政府干预的方式和力度也应该不同，所以不能一概而论。以生产技术的创新为例。发达国家的技术处于世界最前沿，创新成功有专利保护，可以获得垄断利润，所以发达国家的这种技术创新会造成收入分配差距的扩大。但是，发展中国家的技术创新一般以引进发达国家的成熟技术为主，这种创新方式不会有专利保护，一个企业引进成功，会鼓励其他企业也引进，带来竞争，所以不会产生垄断利润。而且，一个发展中国家如果按照比较优势来发展经济，则技术创新、产业升级能够创造大量就业机会，从而有利于劳动者。所以，这种创新方式有利于收入分配状况的改善。

庞氏骗局以及类似的骗局，包括互联网领域的一些所谓的"金融创新"和传销等，不管以什么形式，到最后水落石出，一定会让绝大多数人遭受巨大财富损失。对此，政府应该严加监管。

中国人民银行推出的加密货币和比特币虽然同属加密货币，但是中国人民银行的加密货币是法币，以国家信用为基础，而比特币则是去中心化的、发行数量最大的加密货币，容易作为投机标的是因为它有固定的发行数量。中国人民银行的加密货币可以随着经济的发展、市场对货币的需求而增发，所以不会成为投机的对象。

参考及推荐阅读文献

[1] 顾准. 顾准文集 [M]. 上海：华东师范大学出版社，2018.

[2] 黄宗智. 华北的小农经济与社会变迁 [M]. 北京：中华书局，1986.

[3] 黄仁宇. 万历十五年 [M]. 北京：生活·读书·新知三联书店，2006.

[4] 李伯重. 江南的早期工业化（1550—1850）[M]. 修订版. 北京：中国人民大学出版社，2010.

[5] 林毅夫. 解读中国经济：聚焦新时代的关键问题 [M]. 北京：北京大学出版社，2018.

[6] 林毅夫. 繁荣的求索：发展中经济如何崛起 [M]. 北京：北京大学出版社，2010.

[7] 林毅夫. 本体与常无：经济学方法论对话 [M]. 北京：北京大学出版社，2012.

[8] 莫里斯. 西方将主宰多久：东方为什么会落后，西方为什么能崛起 [M]. 北京：中信出版社，2014.

[9] 王亚南. 中国官僚政治研究 [M]. 北京：商务印书馆，2010.

[10] 文一. 科学革命的密码：枪炮、战争与西方崛起之谜 [M]. 上海：东方出版中心，2021.

[11] Maddison A. Historical Statistics of the World Economy: 1-2008 AD[EB/OL]. (2010-03-01)[2020-09-22]. http://www.ggdc.net/MADDISON/oriindex.htm.

第三讲
近代的屈辱和社会主义革命

47. 有关我国近代社会主义革命的思考

曾庆（化学与分子工程学院）：林老师您好！结合本节课所讲到的近代中国的历史，有关我国近代的社会主义革命，有一个问题想跟您请教一下。

您在课上提到了"文化三因子"理论。根据该理论，洋务运动、戊戌变法等改革运动的失败，被归因于只是进行了器物或者制度、组织上的革新，而没有涉及根本的价值、伦理的改变。从另一个角度来看，洋务运动等一系列革新实施的目的是振兴国家，但一个很重要的出发点是要确保清王朝的统治；在这样的前提下，似乎从价值、伦理的层次上进行革新对封建王朝自身而言是不现实的。结合上节课所讲到的内容，为了维护清王朝的统治，鼓励资本主义发展的措施很难为政府所实施；曾经使得中国强大了很长时间的封建官僚体制，已经与当时生产力飞速发展的现实格格不入，似乎必然会被更加科学的体制所取代。那么，是否可以宽泛地说：中国近代的社会主义革命，或者说各种革命活动的发生，相比于列强的侵略，更深层次的原因在于上述矛盾在当时的时代背景下是无法调和的呢？请老师指正！

林毅夫：我用"文化三因子"理论作为分析框架是为了说明当中国这个古老文明和西方现代文明相冲击时，当时中国社会精英的认识如何层层演进，而不是说他们当时的认识就抓到了问题的本质,就是正确的。就像新文化运动时的认识是,中国的落后是文化(价值、理念、思想)的落后,即缺乏西方那样先进的文化造成的。但是,现在看来,当时的认识也是有所偏颇的,请参考《解读中国经济》第十三讲"中国经济发展与文化复兴"里的讨论。

此外,封建王朝是否就不能推行资本主义工业化?英国、荷兰、比利时、瑞典、丹麦、挪威、日本等都在推行资本主义工业化、成为现代化国家的同时,保留了帝制至今,所以,不能说为了确保清王朝的统治就不能推行资本主义工业化。当然,随着工业化的推进,人们收入水平提高,远离生存线,自由度和政治参与意识增强,官僚体制和治理体制(不管是在帝制下还是在共和制下)都要有不断的、与时俱进的完善。

48. 中国的社会主义革命是如何影响尼赫鲁在印度的主张的?

史乔心(医学部教学办):我在一篇文献中看到,中国的社会主义革命和建设促使尼赫鲁主张独立以后的印度要建立"社会主义类型的社会",实行计划经济,走国家工业化的道路,建立农村合作社,等等。这侧面反映了中国的社会主义革命与建设对亚洲邻国的影响,也揭示了尼赫鲁在印度独立以后推行社会主义的外部原因。尼赫鲁对中国革命也做出了重大贡献:他倡导给中国革命以道义上的同情和实际上的支持,寻求中印两国合作共同反帝。正是在他的努力和影响下,中印两国争取自由民主的斗争在相互同情、支持与合作中达到了高潮。中国的社会主义革命具体是如何影响尼赫鲁在印度的主张的?

王笑坤(外国语学院):史乔心同学你好!我是外国语学院印地语专业的学生,对你所谈的话题略有了解,在此发表一点我的看法,观点浅薄,还希望和大家讨论。中国的社会主义革命确实对尼赫鲁产生了一定的影响,以至于在印度宪法中明确写明印度是一个社会主义国家,虽然在我看来,这种理想化的设想在印度根本没有实现。但同时也应该注意到,在印度争取民族独立的过程中,也出现过主张以暴力革命建立社会主义政权的领导人,比如鲍斯家族,只不过这好像与印度重视非暴力、重视彼岸强于此岸的传统相矛盾,因此没能获得广泛的支持。

但是直到今天，印度依然有共产主义政党，且在一些邦取得了执政权。

林毅夫：很好！史乔心和王笑坤两位同学相互交流、相互学习！谢谢王笑坤同学的发言和对背景资料的补充。

印度在独立后，由总理尼赫鲁推动，建立"社会主义类型的社会"，实行计划经济，走国家工业化的道路，建立农村合作社，等等。这些是事实，但并非"中国的社会主义革命与建设对亚洲邻国的影响"所导致，因为印度独立于1947年（比中华人民共和国成立早两年），从1952年开始推行"一五计划"（比中国的"一五计划"早一年）。

20世纪30年代，西方资本主义社会出现大萧条，而苏联实行社会主义制度，经济快速发展，所以，社会主义制度对二战以后的发展中国家很有吸引力。不仅印度，连新加坡的人民行动党也自称是社会主义政党。印度推行和我国大致相同的经济体制的原因则是两国都试图在落后的农业经济的基础上快速实现工业化，目标相同，条件相同，所以方法也大致相同。

49. 关于中华人民共和国成立初期优先发展重工业原因的思考

刘子路（国家发展研究院）：我觉得中华人民共和国成立之初选择优先发展重工业，除了几代人的梦想与强国的急切需要，朝鲜战争等偶然因素也起着重要的作用。朝鲜战争中，由于战争与保家卫国的需要，重工业得到了大量的资金以及资源的支持。同时，苏联固然因为不愿与美国直接面对，害怕间接引起第三次世界大战而没有直接参战，但也提供了大量的装备。其中便包括在我国修建的军工厂等重工业设施，为我国重工业的发展提供了技术支持。这迫使我国不得不在轻工业没有得到足够发展的情况下，优先发展重工业，并由此导致了您所提到的一系列连锁反应。

同时我还有个疑问：如果没有这类偶然因素的发生，按照要素禀赋理论和比较优势理论，中华人民共和国成立之初是否应该优先发展轻工业？

林毅夫：刘子路同学，你提到的那些因素对重工业发展战略的施行有一定的影响，但不是主要的影响因素。其实，这种思想在当时的发展中经济体，包括中国和亚非拉国家的知识分子中是普遍存在的。孙中山的实业计划就充满了赶超的思想；印度、拉美、非洲没有类似朝鲜战争的因素，但它们在20世纪50年代至60年代也都推行了重工业赶超战略。

事后从东亚地区，尤其是我国改革开放以后的成功经验以及新结构经济学提出的产业结构是内生于要素禀赋结构的道理来看，按照比较优势发展是比较好的战略选择。但是，在当时的思潮下，这种战略被认为是错误的战略，"亚洲四小龙"之所以没有推行这种战略，是因为经济规模小，又缺乏自然资源，无力补贴重工业，只能从轻工业开始推行工业化，是不能而非不想也。

齐乐然（外国语学院）：子路同学你好！关于你提的问题我也有一些浅薄的思考。我个人猜想，优先发展轻工业还是重工业与国家规模有很大关系。比如，对于一个小国而言，由于国际分工很明确，那么首先将精力集中于建设一整套工业体系或许是不太划算的（此处主要是指开放型经济、会开展国际合作的国家），可能优先发展轻工业是最合适的（成本较低又很灵活）；而对中国和苏联这样的大国，又有着"立于世界民族之林"、提升国际地位的迫切愿望，发展重工业是必不可少的，尤其在军工和能源等能快速提升核心竞争力的领域，有必要尽早形成一套独立的、成熟的体系，才能真正实现独立自主。

林毅夫：齐乐然同学，我同意你提出的国家规模与采用重工业优先发展战略有关，但是，国家规模主要与开启了重工业优先发展战略以后能持续多久有关，而与是否提出这个战略的关系不大。国家规模和人均自然资源是分别决定重工业优先发展这种需要依靠补贴才能实施的战略能有多深和能持续多久的两个主要因素，请参考我在《经济发展与转型：思潮、战略与自生能力》一书中的讨论。

刘子路（国家发展研究院）：乐然同学，我不知道你对大国和小国是如何定义的。另外，我觉得所有国家都有着提升国际地位的最终目标，选择轻工业还是重工业作为主要发展对象，在不同的情况下，都是具有其自身的合理性的。

林毅夫：首先，大国和小国如何定义？不同的学者或出于不同的目的，可能会有不同的定义，但无非是人口规模、经济总量和国际影响。在百年未有之大变局未发生前，左右20世纪国际政治和社会发展格局的八国集团的主要决定因素是人均收入水平所代表的工业化程度以及在给定收入水平下和人口规模相关的经济总量。所以，大国（尤其是在国际上有影响的大国）的标准是经济总量大、人均收入水平高、工业化程度高、人口规模足够大。其中，人口规模是长期的历史和自然环境形成的，不是一个政治家在短期内可以改变的选择变量，而人均收入水平和工业化程度高度相关。由于在新结构经济学理论提出以前，现有的主流理论对产业结构内生于要素禀赋结构的道理没有清晰的认识，以至于发达国家的主流理论和发展中国家的知识界在工业革命发生以后，普遍支持重工业优先发展的战略，认为这是一个国家提高人均收入水平和国际地位的抓手。其次，政府领导人作为理性的决策者，选定某种产业作为发展的目标自有其道理。但是，理性的政府领导人决策目标的选择除了受到所处的国内外环境和条件的影响，也受到思潮的影响。二战以后，除了少数几个例外，基本上所有的发展中国家都选择了进口替代的重工业优先发展战略；20世纪80年代以后所有的发展中国家都开始向市场经济转型，除中国、越南、柬埔寨等少数几个国家外，基本上都采用了"休克疗法"来推行"华盛顿共识"的市场化、私有化、宏观稳定化。它们都是受到当时的国际主流思潮的影响，但是，尚未有根据主流思潮制定政策而取得成功的发展中国家。为何是这样？这也是这门课要探讨的问题之一。

齐乐然（外国语学院）：子路同学，我同意你说的，所有国家都以提升国际地位为最终目标，因此，我认为，发展重工业是所有国家都希望走上的道路，毕竟军工和能源等重工业领域会对一个国家产生极为重大的影响，谁会希望自己的"命脉"依靠别国呢？但前提是国家的资源能够支持重工业的发展。对于体量较小，或者说自然资源和人力资源等比较匮乏的国家，优先发展重工业是非常艰难的，而且在贸易全球化背景下是不太划算的，而首先发展轻工业可以比较简单、快速地拉动经济发展。

此外，我觉得轻工业和重工业并非只能二者择其一，那些选择优先发展轻工业的国家在机会允许的情况下也会争取发展重工业；同时，事实上我国虽然在早期重点发展重工业，但也并未忽视轻工业的发展，二者其实是相辅相成的，重工业发展好了，也完全能够促进经济积累，是对轻工业发展有推动作用的。毛主席在《论十大关系》中有一段话，我觉得对我们的讨论会有帮助（从中我们可以看到，相比于轻工业，重工业其实是更高一级的"最终目标"）：

> 重工业是我国建设的重点。必须优先发展生产资料的生产，这是已经定了的。但是决不可以因此忽视生活资料尤其是粮食的生产。如果没有足够的粮食和其他生活必需品，首先就不能养活工人，还谈什么发展重工业？所以，重工业和轻工业、农业的关系，必须处理好。
>
> 在处理重工业和轻工业、农业的关系上，我们没有犯原则性的错误。我们比苏联和一些东欧国家作得好些。像苏联的粮食产量长期达不到革命前最高水平的问题，像一些东欧国家由于轻重工业发展太不平衡而产生的严重问题，我们这里是不存在的。他们片面地注重重工业，忽视农业和轻工业，因而市场上的货物不够，货币不稳定。我们对于农业、轻工业是比较注重的。我们一直抓了农业，发展了农业，相当地保证了发展工业所需要的粮食和原料。我们的民生日用商品比较丰富，物价和货币是稳定的。
>
> 我们如今的问题，就是还要适当地调整重工业和农业、轻工业的投资比例，更多地发展农业、轻工业。这样，重工业是不是不为主了？它还是为主，还是投资的重点。但是，农业、轻工业投资的比例要加重一点。
>
> 加重的结果怎么样？加重的结果，一可以更好地供给人民生活的需要，二可以更快地增加资金的积累，因而可以更多更好地发展重工业。重工业也可以积累，但是，在我们现有的经济条件下，轻工业、农业积累得更多更快些。
>
> 这里就发生一个问题，你对发展重工业究竟是真想还是假想，想得厉害一点，还是差一点？你如果是假想，或者想得差一点，那就打击农业、轻工业，对它们少投点资。你如果是真想，或者想得厉害，那你就要注重农业、轻工业，使粮食和轻工业原料更多些，积累更多些，投到重工业方面的资金将来也会更多些。
>
> 我们如今发展重工业可以有两种办法，一种是少发展一些农业、轻工业，一种是多发展一些农业、轻工业。从长远观点来看，前一种办法会使重工业发展得少些和慢些，至少基础不那么稳固，几十年后算总账是划不来的。后一种办法会使重工业发展得多些和快些，而且由于保障了人民生活的需要，会使它发展的基础更加稳固。

林毅夫：是的，毛主席在1956年的《论十大关系》中对农业、轻工业和重工业的关系是这样论述的，但是，关键在于是怎么实施的。在1978年实行改革开放以前，除了三年严重困难时期后的恢复期（1962—1965），农业的投资比重并没有增加，轻工业的投资一直没有得到足够的重视。农产品和轻工业品短缺，买东西除了要有钱，还要有粮票、布票、油票、肉票、肥皂票等。这种政策取向一直到1978年的改革开放以后才有所改变，短缺和凭票供应的情形则一直维持到20世纪90年代初期。

50. 中华人民共和国成立初期应如何支持重工业的发展？

郑柳依（元培计划委员会）：要快速实现工业化，资金积累是关键。苏联把工农业产品价格的"剪刀差"作为积累工业资金的重要手段，这虽然能支持工业的快速发展，但是也导致了工农业比例严重失调。中华人民共和国成立初期实施的农产品统购统销政策也有类似的效果。

但是，毛主席注意到了这个问题，并在《论十大关系》中指出，在重工业和轻工业、农业的关系问题上，要用"多发展一些农业、轻工业"的办法来发展重工业。那么，请问我国接下来有什么具体的措施呢？对于一个落后的农业国而言，如果不靠牺牲农业和轻工业，还有什么方法可以支持重工业的快速发展呢？

林毅夫：在1956年的《论十大关系》中，毛主席总结了第一个五年计划的经验，提出要用"多发展一些农业、轻工业"的办法来发展重工业，但是到了1958年，毛主席又提出了"以钢为纲，全面跃进"的口号，开展了大炼钢铁运动。所以，关键在于怎么实施。确实，在一个资本短缺的农业国中，要优先发展资本密集的重工业，只能牺牲农业，用各种手段把农业生产所创造的剩余转变为重工业的投资。所以，我国在1953年形成了粮食统购政策，以"剪刀差"来转移农业剩余以后，并没有因为1956年的《论十大关系》而改变这种统购政策。

对于一个落后的农业国而言，如何不靠牺牲农业和轻工业来支持重工业的快速发展？要回答这个问题，首先要了解一个国家在每个时点上的最优产业结构是内生于那个时点的要素禀赋结构和由其决定的比较优势的，落后国家的产业之所以集中在土地密集的农业和劳动力密集的轻工业，是因为落后国家的资本相对短缺，土地和劳动力相对丰富，在农业和轻工业上具有比较优势；反之，发达国家的产业之所以集中在资本密集型产业，是因为发达国家的资本相对丰富，在资本密集型产业上具有比较优势。既然一个国家在每个时点上的最优产业结构内生于其要素禀赋结构，那么，要发展资本密集型产业，就应该先改变禀赋结构，将资本从相对短缺变为相对丰富。如何才能实现这个目标？最好的办法是在每个时点根据要素禀赋结构所决定的比较优势来选择产业，并在市场经济中依靠有为政府的因势利导，帮助企业家克服软硬基础设施的瓶颈限制，把具有比较优势的产业转变为在国内、国际市场中具有竞争优势的产业，这样才能创造出最多的剩余并且家庭和企业会有最高的储蓄意愿，资本增加、禀赋结构提升和比较优势转换的速度也会最快。这个问题在《解读中国经济》第五讲以及《新结构经济学》一书中有进一步的讨论。

51. 关于中华人民共和国成立初期在经济建设上采用苏联模式的思考

林毅夫：一种流行观点认为，中国在毛主席的领导下，实事求是地选择了"农村包围城市"的革命道路，而在中华人民共和国成立后，则盲目照搬苏联经验，建立了计划经济体制。对此，同学们怎么看？

胡阳子（经济学院）：关于这个问题，我基于自己对温铁军教授《八次危机》的学习，赞同温老的观点。

一方面，中华人民共和国成立初期的资本积累水平特别低下，原始的资本积累难以进行，更难以实现工业化；这时由于世界形势，苏联给予中国援助，将重工业向中国转移，中国利用这个优势积极发展重工业。

另一方面，重工业生产出来的拖拉机没人用，农民是散户，工业和农业两部门无法完成交换，后来进行农业的社会主义改造，搞农业合作社，从经济学上看是节约了交易成本。

如果说毛主席在革命道路上实事求是，找到中国自己的农村包围城市的革命方法是智慧的，那么后来在"一五计划"时照搬苏联模式也并非与之前的实事求是相违背，而是同样基于客观现实的实事求是。

赵佳雯（经济学院）：我前段时间也曾学习过《八次危机》，和胡阳子同学的观点很相似。同时，我还想补充一点。在中华人民共和国成立初期，从世界环境来看，两大阵营的对抗持续存在，中国面临的国际形势十分严峻。为了维持民族独立，发展重工业是必不可少的。正如毛主席著名的那句话："现在我们能造什么？能造桌子椅子，能造茶碗茶壶，能种粮食，还能磨成面粉，还能造纸，但是，一辆汽车、一架飞机、一辆坦克、一辆拖拉机都不能造。"重工业上存在的短板成为我国维持国家安全与民族独立的一大威胁。

而同时，苏联的计划经济模式使其快速地建立起重工业体系并实现了较好的发展，其弊端也并未彻底暴露出来。因而中国"以苏为师"进行社会主义改造和建设，在当时的情况下可能是毋庸置疑的极好选择。

林毅夫：首先，温铁军老师的说法以及赵佳雯同学的补充只说明了中华人民共和国成立后为何选择了重工业优先发展的目标，但是并没有说明毛主席为何也选择了类似于苏联的计划经济模式来发展重工业。因为在20世纪二三十年代开始社会主义革命时，采用俄国的城市工人暴动的方式来建立社会主义国家也被认为是"毋庸置疑的极好选择"，可是，毛主席虽然也选择了建立社会主义国家的目标，但并没有采用城市暴动的方式，而是提出了"农村包围城市"的方式。所以，"苏联的计划经济模式使其快速地建立起重工业体系并实现了较好的发展，其弊端也并未彻底暴露出来"不能解释为何毛主席在选择了重工业优先发展的目标时也采用了苏联的计划经济模式。其次，进行农业合作化并不是因为农民是散户，重工业生产出来的拖拉机没人用，所以用合作化把农民组织起来以便给拖拉机创造需求。实际上，合作化运动和重工业化运动都开始于1953年，在那时，重工业都还没有建立起来，哪里有拖拉机可卖？20世纪70年代提出"农业的根本出路在机械化"后才开始使用拖拉机。所以，合作化运动的目标，一方面是扩大经营规模来增加农业产量，另一方面是便于推行统购，以用价格"剪刀差"的方式把农业剩余动员起来支持重工业。另外，二战后两大阵营的对垒是事实。不过，1949年1月美国国家安全委员会确定美国的目标是阻止中国倒向苏联，并获得时任总统杜鲁门的批准而执行；4月南京解放前，国民党政权迁往广州时，美国大使司徒雷登没有随国民党政权将使馆南迁。从以上情形来看，中国当时并非只有全面倒向苏联一种选择，也因此才有1971年开启"乒乓外交"及1979年中美建交的可能。

黄雯晖（政府管理学院）：中华人民共和国成立初期面临和苏联成立时十分相似的情况：贫穷的农业国家，经济发展落后；面临帝国主义国家的敌视，政治环境不稳定，都需要实现发展经济和巩固政权的目标。中国在进行经济建设方面缺乏经验，但苏联通过计划经济体制和优先发展重工业迅速实现了工业化，那么这一套在苏联获得成功的模式对中国来说无疑是具有很大吸引力的，毛主席采用苏联模式是一个"自然"选择。而在中国"以苏为师"进行社会主义改造和建设的过程中，苏联模式固然帮助了中国国民经济的恢复和工业建设，但也给中国经济带来了遗留问题，其弊端日益显露，故而中国领导人寻求一条更适合本国国情的社会主义建设和发展道路，这同样是一个"自然"选择。在我看来，苏联模式像是一种实验性理论，它已经通过了苏联的检验，而中国采用苏联模式同样是中国在寻求建设社会主义道路时的一次合理的实验，通过对苏联模式在中国的运用对其进行检验，然后排除错误，并以此为鉴。

上述观点如有不当之处，请林老师批评指正。

林毅夫：中华人民共和国成立初期面临和苏联成立时十分相似的情况。若以这一套在苏联获得成功的模式（计划经济体制）对中国领导人来说是一个"自然"选择作为毛主席推行计划经济来发展重工业的理由，那么，中国和俄国同样是在贫穷落后的农业国家发动社会主义革命，俄国以城市工人暴动的方式成功建立了社会主义政权，为何城市工人暴动不是毛主席在革命道路上的"自然"选择？"自然"选择这种解释只看到表象而没有触及现象背后更深层的道理。

黄泓鉴（外国语学院）：林老师您好！关于毛主席是否在经济建设上照搬苏联模式，我认为答案是否定的。在《杜润生自述：中国农村体制变革重大决策纪实》一书中可以看到毛主席关于经济建设思路的转变。毛主席最初主张农村保留富农，城市保留民族资本主义，承认个体经济长期存在，以起到发挥生产积极性、带动经济发展的作用，而不是搞苏联的财产集体化。①因此可以看到，毛主席之后参照

---

① 杜润生.杜润生自述：中国农村体制变革重大决策纪实[M].北京：人民出版社，2005：9，26.

苏联模式,恰恰是经过对中国实践的观察后得出的决定,并非一开始即盲目照搬。在土地改革完成、政权稳固后,中国发展重工业的迫切目标决定了苏联模式的适配性。

林毅夫:确实,毛主席在还没有开始推行重工业优先发展战略时,尤其在新民主主义时期,并没有准备照搬苏联计划经济体制。在新民主主义中,以轻工业为主体的民族资本家被认为在建立社会主义国家后会比之前发展得更好,就像斯大林在1929年之前还没有开始推行重工业优先发展战略时,推行的是列宁的以市场经济为主要特征的新经济政策。所谓"照搬"指的是在1953年开始优先发展重工业后的计划经济体制下的诸多安排,这些安排和斯大林在1929年推行重工业优先发展战略后的诸多安排在本质上是相同的。

郭鹏(数学科学学院):我个人认为,毛主席的选择并不是盲目的。选择怎样的道路,绝不是单纯的经济问题。一个国家的经济决策,是要依赖于政治环境、意识形态的。解放战争时期,美国选择支持蒋介石一方;在全国即将解放的时候,美国大使司徒雷登依然对解放区政府采取强硬态度。而相反,在经历一开始的摇摆不定之后,斯大林选择支持中国共产党。中华人民共和国在成立之初选择向社会主义阵营"一边倒",无疑是一个正确的选择。

而与之而来的是经济决策。中国的目的是建立一个社会主义现代化强国,苏联的成功经验是中国唯一的参照。土地改革后,中国展现出的小农经济是无法迅速完成工业化的。苏联的支持和学习斯大林模式,即国家资本主义,是非常合适的。而所谓的弊病,应该是指后来出现的浮夸风问题,我个人认为,这和苏联模式没有什么关系。

林毅夫:我同意一般人用"盲目照搬"来描述毛主席在中华人民共和国成立以后的道路选择是不正确的,这也是为何我在课上要把毛主席做出这个选择的原因分析清楚。但是,就像对前面黄雯晖同学提问的回答一样,用"建立一个社会主义现代化强国,苏联的成功经验是中国唯一的参照"作为中华人民共和国成立后选择和苏联相似道路的理由则也是不正确的。因为在革命时期,毛主席之前的党的领导人也曾认为城市工人暴动是苏联成功的经验和我们唯一的参照,但是,毛主席却提出了"农村包围城市"的战略并领导中国革命取得了成功。我认为本讲里所主张的观点——毛主席在中华人民共和国成立前选择的道路和苏联不同，在中华人民共和国成立后选择的道路和苏联大致相同，是因为在此之前目标相同但是条件不同，所以道路也就不同，在此之后目标相同而条件也大致相同，所以道路也大致相同——是更好的解释。

赵睿文（元培计划委员会）：林老师您好！针对这一问题，我在阅读了相关书籍并查阅了部分资料后有一些自己的思考。

首先，我认为与游击战时期不同，在中华人民共和国成立后，苏联在经济建设上给予了直接的经济援助，并根据自身的成功经验为中国的经济模式提出了很多的建议（且派遣了大量相关领域的专家学者直接指导）。以此为基础，中国的第一个五年计划完成情况超出预期，带来了很好的结果。因此，无论是学习对象的巨大成功，还是复制其模式后自己取得的斐然成果，都使得毛主席对于这一套苏联模式有更大的信任。

其次，我在阅读相关资料后发现，毛主席在中华人民共和国成立后的领导模式，同游击战时期也有了很大的差异。无论是采取逐级上传还是毛主席亲自到各地考察的方式，信息的传递效率和信息的可靠性都出现了明显的下降。很多地方干部只将政策的良好一面展现给上级，而将弊端或短处隐藏了起来。而由于管辖范围的不断扩大，中央决策层很难完全了解地方情况，在政策的纠偏方面并不能做出有效的反应。因此，中国在开始学习苏联模式后，没能收到有效而准确的反馈，因此难以做出如游击战时期一般的及时调整。

最后，当时的国际环境也在一定程度上影响了中国的整体决策。由于冷战的格局基本形成，在外部环境的压力下，中国也不得不选择和苏联一样的道路。

综上所述，我认为，由于外部环境是两极对峙，迫使中国选择了苏联的经济模式；而内部则缺乏相关人才，羡慕苏联的发展速度，同时缺乏有效的信息反馈。内外部因素的共同作用，最终导致了照搬苏联模式的结果。

林毅夫：赵睿文同学，对于你的看法，我的意见如下：

1. 在革命战争年代，苏联同样给中国共产党提供了很多援助，并派专家来指导，但是并没有妨碍毛主席提出不同于俄国革命道路的"农村包围城市"的主张。

所以，不能用提供援助和派专家来指导解释为何毛主席在中华人民共和国成立后选择和苏联同样的计划经济体制。

2. 中华人民共和国成立以后，上下之间的信息传播不是很通畅，使问题容易积累而造成更大的矛盾，但是，问题最终还是会暴露出来。不过问题暴露出来以后并未使得中央改弦易辙，而只不过是经济管理的体制从中央集权的"条条管"变成分权的"块块管"，在各省的权力较大的"块块管"出了问题以后又变成原来的"条条管"，在1978年之前一直在这两极之间摆动。所以，上下信息传播不通畅也不能解释为何中央决策层当时不做改弦易辙的改革。

3. 如我在前面回答胡阳子和赵佳雯同学提问时指出的，二战以后美苏争霸，美国的政策是阻止中国倒向苏联，所以1949年4月南京解放后，美国大使司徒雷登一直留在南京而没有随国民党政权南迁到广州，表明美国是有意愿和中国维持关系的。中国选择向苏联"一边倒"，既有当时国际环境的客观因素，也有主观因素。

袁佳薇（外国语学院）：我觉得中华人民共和国成立初期并没有盲目照搬苏联模式。首先，尽管苏联提供了五年计划的成功范例，但是中国的五年计划与苏联的五年计划只是形式上相似，但在内容上存在很大区别。苏联的五年计划是优先发展重工业，通过压榨农业和轻工业来帮助工业的发展，造成经济结构不平衡。在工业发展取得巨大成就的背后，其实隐含着农业和工业发展之间的巨大矛盾。中国的五年计划是优先发展重工业，兼顾农业、轻工业的发展，除了发展生产力，还积极调整生产关系，实施"三大改造"。在对资本主义工商业进行社会主义改造的时候，实行"赎买"政策，而不是像苏联一样全部无条件没收。农业和工业之间的矛盾没有那么突出，经济结构始终较为平衡。

同时，从历史上看，中国领导人并没有将苏联的经验尊奉为至高的信条，而实际上是抱着试一试的心态。中国没有像苏联一样实行全面的计划控制，而是根据本国的国情，实行了一种相对松散的计划经济体制。

林毅夫：两者是有量的差异，但问题是是否有质的区别。如我在回答齐乐然同学有关《论十大关系》的提问时所指出的，我国在1953年开始第一个五年计划后直到1978年，除1962—1965年的恢复时期外，在资源配置上是全面倾斜于重工业的，结果造成重工业太重，轻工业太轻，农业受到忽视，轻工业产品和农副产品短缺，只能凭票供应。所以，在改革开放以前中苏两国一些经济措施上的差异，并不能掩盖中苏两国计划经济体制"质"的相同，以及结果的相似。

崔博雄（经济学院）：林老师您好！我赞同您认为中华人民共和国成立之后模仿苏联仍然属于实事求是、因地制宜的观点，但想从必要性而不是收益角度看待这个问题。我认为，出于维护和巩固新生政权的需要，中国模仿苏联从成本上看是最优选择。

您在之前论述中国为什么没能通过在城市内发动工人暴动实现革命成功时说过，发动革命运动需要利用当地百姓和当地统治者之间的矛盾，在俄国发动起义是要利用百姓和沙皇之间的矛盾，而在中国的租界区发动起义是要利用百姓和殖民政府之间的矛盾，得益的反而是蒋介石国民政府。用同样的逻辑，中华人民共和国成立前中共作为在野党，由于自身实力比较弱小，因而胜败乃兵家常事。由于国民党政策加重了人民负担，因此中共政策试错的成本比较低，老百姓还可以支持中共重新组织力量反对强权。试错成本低了，也就可以积累更多的经验，排除了很多在某些地区发生过而在另一些地区未发生过的潜在错误可能，因此整个革命战争时期中共的政策都显得"很有经验"。

但是中华人民共和国成立之后，中共成为唯一的执政党，其自身政策的好坏与人民生活水平直接相关，加上20世纪五六十年代中国的外部环境并不太平，导致中共政策的试错成本很高，可供尝试的机会也很少，这样的结果就是，一方面显得"没有太多经验"，另一方面模仿一个与自己目标、条件都类似的而且成功过的苏联的政策，是很合适的。

因此，我认为出于维护和巩固新生政权的需要，中国模仿苏联从成本上看是最优选择。

林毅夫：崔博雄同学，你的关于试错成本的观点很有新意，可以用在分析很多现象上。就照搬苏联计划经济体制这件事而言，你的说法是有道理的，不过前提是政府已经把重工业优先发展作为目标。那么，既然在目标相同、条件也相同的国家已经有非常成功的经验，就没有必要自己再去尝试其他模式，而且尝试其他办法也必然失败，因为如果没有政府的动员和直接的资源配置，在市场经济中不符合比较优势的产业根本建立不起来。

张春峰（国家发展研究院）：我认为中国没有完全照搬苏联的经济制度（各地仍有自主性），但是不得不说，中国当时的经济制度和苏联的经济制度在很多地方很相似，尤其是计划经济这个特点。单独针对相似的这一部分，我认为当时选择这样的制度设计的原因在于两个方面。

1. 路径依赖：社会变革通过器物、制度、价值三个维度开始在中国进行。中国在种种原因下，选择了社会主义而不是资本主义的社会制度，那么按照当时的理解，社会主义对应的经济制度即为计划经济，这一点可以从各种社会主义流派的思想中看出。

2. 调整路径依赖：毛主席以前没有打过游击战，但是最后也创造了游击战的打法，这样一个例子说明毛主席并不循规蹈矩，并且拥有因地制宜的能力，但是我认为其前提在于，毛主席已经吸取了前期城市内部、租界内部工人运动失败的教训。前面的工人运动失败是路径依赖，后面的游击战是对于路径依赖的调整。只有在充分认识到路径依赖的错误之后，才能进行上述调整。当时毛主席在一线，信息不对称的程度很低。但是中华人民共和国成立之后，各地蓬勃进行的人民公社化运动，并没有给毛主席提供认识到计划经济危害性的机会。各地媒体均是报道经济蓬勃发展，而且又有苏联的亮眼表现，以及国内原子弹研制成功、人均预期寿命大幅提高等佐证。所以，最终，调整经济制度路径依赖的改革并没有发生。

林毅夫：作为知识分子，能自己提出一些逻辑自洽的假说是一个很重要的能力，不过要知道，一个现象可以用许多内部逻辑自洽的理论来解释。那么，自己提出的假说和现在已有的假说中，到底哪个真正揭示了现象的本质及其决定因素和关键机制呢？可以用我在《本体与常无》一书中倡导的"三归纳"方法来检验。只有能经得起历史纵向、当代横向和多现象综合检验的理论假说才有可能是真正揭示了现象背后的道理的假说。

就你提出的假说而言，我的反馈如下：

1. 新加坡的人民行动党属于第二国际，北欧国家的政党也是社会主义性质，但它们并没有推行计划经济。所以，并非选择社会主义制度就必然选择计划经济。另外，印度、埃及以及拉美的许多国家在采取进口替代战略时并非社会主义政党执政，但也采取了类似于计划经济的体制。所以，计划经济体制的存在应该有更根本的原因。

2. 毛主席自然是从前期城市工人运动的失败中吸取了教训，但是，为何毛主席一上井冈山就打游击战（那还是在革命的早期）？为何与毛主席同一时期在中央苏区的领导人没有吸取教训，直到遵义会议才认识到毛主席在井冈山和中央苏区的经验是对的？所以，毛主席提出"农村包围城市"以及游击战等，固然有前期经验的影响，但毛主席的实事求是精神和创新能力也是关键。然而，为何在"大跃进"失败导致三年严重困难后，直到十一届三中全会后才进行路线调整、实行改革开放？信息不对称、路径依赖的说法经不起上述经验事实的检验。所以，在毛主席的有生之年不调整路径也应该有更深层的原因。

3. 我在课堂上对中国为何采用计划经济体制以及为何直到1978年才进行改革开放的解释是经得起历史纵向、当代横向和多现象综合检验的，建议你再阅读《解读中国经济》的有关章节以及《经济发展与转型：思潮、战略和自生能力》一书中对上述问题的分析，并和你的假说做对比。

柏艾辰（政府管理学院）：林老师对于中国历史的分析鞭辟入里，充分结合史实（不像很多读物的分析是从主观出发来"塑造"历史），让我无论在方法上还是在知识上都有很大收获。关于林老师在课堂最后提出的问题，我有一些不成熟的观点，还请老师指正！

首先，毛主席之前能够提出不同于俄国革命道路的主张，而在搞经济建设的时候却以模仿苏联模式为主，可能的原因是在革命道路上已经有了一个试错的过程，而在经济建设上却没有。秋收起义之前，在攻打城市过程中已经有了惨痛的教训，证明继续如此下去是不行的。然而，在经济建设方面，此前民国时期实际可以看作"自由资本主义"的试错阶段，而事实证明这是不行的。从当时的经验来看，苏联提供了后发国家发展的最好范本，因而中国在经济建设上效仿苏联与"农村包围城市"的革命道路，其实都是基于之前试错的经验做出的选择。

其次，中国在经济政策上对于苏联也并非完全效仿，就像钱颖一先生的经典论述，中国的M形社会中，经济控制的严格程度要比苏联低得多，覆盖范围也比苏联小得多，因此不能说是完全效仿，只能说是在现有经验约束下的理性选择

（当然可能也有中华人民共和国成立初期控制能力不足的原因）。

综上所述，毛主席之所以在经济建设上较多地效仿苏联，可能更多地源于现有经验的制约，而其之后更为激进的政策则需要考虑更多政治因素，与讨论中华人民共和国成立初期的经济模式选择并不相同。游击战的创造也是基于前期失败的教训，并非凭空产生。

林毅夫：柏艾辰同学，你的说法有一定道理，我的反馈如下：

1. 如对前面几位同学提问的回答，用前期试错来解释为何毛主席主张"农村包围城市"固然有一定的道理，但不能解释为何和毛主席同一时期的其他革命领袖直到遵义会议党面临危急存亡之际才接受毛主席的主张。这证明毛主席比同一时期的其他革命领袖更解放思想、实事求是。

2. 钱颖一和许成钢老师提出的 M 形管理体制（而非苏联的 U 形管理体制）比较好地解释了为何中国向市场经济转型比苏联向市场经济转型容易，是有贡献的。但是，为何中国选择了 M 形管理体制而苏联选择了 U 形管理体制？这个选择应该是内生的。从这门课所依据的新结构经济学理论来看，中国的计划经济安排和苏联略有不同：优先发展的重工业项目需要大量的补贴，中国由于人均自然资源远少于苏联，可以用来补贴重工业的资源禀赋远小于苏联，因此，中国的中央政府只能补贴少量的大型项目，其他项目由地方政府负责，地方政府的补贴能力低，推动的项目不能偏离当地的比较优势太多，所以形成了 M 形管理体制；而苏联由于可以动员的自然资源多，能补贴的重工业项目多，所以在经济管理体制上可以"一杆插到底"，形成了 U 形管理体制。在给定重工业优先发展的目标以后，中国采取 M 形管理体制而非 U 形管理体制也是一种实事求是的选择。但是，毛主席在采用计划经济体制上较多地效仿苏联不在于现有经验的制约，而在于我们在课上谈到的，相同目标和相同条件下，有效的手段也必然大同小异，这种大同小异也是解放思想、实事求是的理性选择的表现。就像对于计划经济的利弊，我们现在已经认识得很清晰了，但即使有这些经验，中国今天要克服美国对中国不具有比较优势的高科技产业的"卡脖子"问题，所能采用的也只能是具有计划经济特质的新型举国体制。

马尧力（外国语学院）：林老师您好！您在课程第三讲"近代的屈辱和社会主

义革命"中条理清晰地论述和说明了中国近现代的救亡图存之路，勾勒了中华民族陷入屈辱境地和努力实现复兴的波折历程，给我带来了深刻的启发。其中，您提出的"为什么中华人民共和国成立后在经济建设上采用苏联模式"这一问题尤其值得我们关注。您提到，苏联采用重工业优先发展战略的目标与中国一致，遇到的困难相同，解决方法相同，因此中国实行重工业优先发展战略是一种实事求是的行为。对于这个问题，我在进行了一些研究和思考后，有如下一些想法，还请您指正。

中华人民共和国成立之初在学习苏联计划经济体制时具有一定的灵活性，从自身实际情况出发，在引进吸收的同时注重本地化创新。中国没有像苏联一样实施非常全面、严密的计划经济体制，而是采取了一种抓大放小的策略，在对重大建设项目和主要事业进行平衡控制的同时，在其他方面给了地方一定的自行安排的空间。毛主席在《论十大关系》中就提出，"有中央和地方两个积极性，比只有一个积极性好得多。我们不能像苏联那样，把什么都集中在中央，把地方卡得死死的，一点机动权也没有"。

因此，中国不能算是完全盲目照搬苏联的经济体制和模式。中国计划经济所具有的这种稍显零碎、松散的特性，在快速集中资源实现工业化目标的同时，也给一些自发市场经济留下了少许空间，为中国改革开放后的经济腾飞保留了一些"火种"。

王博贤（国家发展研究院）：我认同中国并未完全盲目照搬苏联模式的观点。Qian 和 Xu（1993）在论述 U 形结构和 M 形结构时指出，苏联各地区之间有严格的产业分工，相互依存度高，而中国则在各省内部形成了较为独立、完整的工业结构。这是对毛主席关于处理好中央和地方关系、调动地方积极性的观点的较好佐证。我认为，也正因中国各省内部形成了较为独立的工业结构，改革开放初期在沿海地区设立经济特区、开展经济试点并逐步向全国推广才成为可能。这在各地区间呈高度依存关系的苏联是较难想象的。

林毅夫：马尧力同学、王博贤同学，我同意你们的看法。就像我前面回复柏艾辰和其他几位同学的提问时指出的，中华人民共和国成立后采用苏联的计划经济体制，并不是盲目照搬，而实际上是在中国当时所要追求的重工业优先发展战略目标和具体的禀赋条件之间的根本矛盾与苏联推行计划经济时的根本矛盾相同的情况下理性选择的结果。由于是理性的选择，所以，在"大同"之下也根据中国的具体情况做了一些"小异"的调整。另外，关于苏联采取 U 形结构而中国采取 M 形结构，我在回答柏艾辰同学的问题时已经指出，这是两国资源丰富程度的差异导致在补贴违反比较优势的重工业上的能力不同所内生的结果。

成瑞林（经济学院）：林老师您好！请问"各省内部形成了较为独立的工业结构"是如何推导出使试点"逐步向全国推广成为可能"的呢？我感觉这里的推导有一些跳跃，恳请您指教！

林毅夫：成瑞林同学提出了一个好问题！我国在计划经济时期的分工程度低于苏联是事实。但是，我国的重工业主要在东北和"三线"地区，沿海地区大多是轻工业，所以，并不是像钱颖一老师所说的，各省内部有独立的工业结构。沿海地区在改革开放以后之所以成功，是因为发展了符合当地比较优势的劳动密集型产业，而不是因为沿海地区有独立的工业体系。如果钱颖一老师强调的"独立的工业体系"是沿海地区成功的主要原因，那么同样有所谓的"独立的工业体系"的中西部地区和东北地区也应该同样成功。

钟卓宏（信息管理系）：林老师您好！关于这个问题，我的想法是在革命时期和经济建设时期中国和苏联所处的环境不同导致了毛主席决策上的不同。

革命时期中国所处的环境与苏联是不同的。新民主主义革命时期，革命面临着三重任务：反帝、反封建、反官僚资本主义。从抗日战争时期的游击战到解放战争时期的"农村包围城市"，中国面临的外部环境是列强一直以来的欺压、日本的入侵，这一点是中国与苏联最大的不同；面临的内部环境是，共产党与国民党的斗争，这与俄国推翻沙皇的封建统治不同，经验上确实难以借鉴。内外环境的双重挑战给中国留下了更大的难题。

中华人民共和国成立后所面临的经济建设环境与苏联当时的经济建设环境相对来说相似，从革命后的发展形势来看，两国的工业基础相对比农业基础薄弱。苏联通过优先发展重工业实现了由农业国向工业国的转变，巩固了国防实力。中华人民共和国成立后，共产党接下了国民党留下的"烂摊子"，国民经济百废待兴，同时中国的国际地位依旧较低，因此，参照苏联模式优先发展重工业是顺其自然的，也是合乎情理的。毕竟，这是一条在苏联已有成效的、可以发挥计划经济体制优势的快速发展道路。

林毅夫：如我在回答前面多位同学提问时所说的一样：第一，问题是为何在遵义会议之前，中国共产党是采用苏联的城市革命的道路，而不是毛主席主张的"农村包围城市"的道路。第二，中华人民共和国成立后，主要目标（资本密集的重工业优先发展）和主要矛盾（资本短缺的农业经济）与苏联相同，所以采取的实现工业化的计划体制也相同。即使在没有内战和外敌入侵等破坏所造成的"烂摊子"的印度和拉美等国家，在相同的资本相对短缺的禀赋条件下追求相同的重工业优先发展目标时，所采用的也是大同小异的计划经济体制。所以，"烂摊子"不是中国采用计划经济体制的主要原因，决定性的原因是中国和苏联的主要目标及主要矛盾相同。

管雨婷（考古文博学院）：卓宏好！我赞同你的观点。革命时期的决策与"同情对象"有关，租界的大量存在是这种不同的很大原因。而中华人民共和国成立后则不同——苏联本身也是一个农业国家，因此中国和苏联的情况相同；而列宁时期实行新经济政策，斯大林时期实行重工业建设，两者的目标也是相同的。这在老师随后的课程中也有提及。

成瑞林（经济学院）：卓宏、雨婷，你们好！我也赞同你们的观点。对于这种观点，林老师也有详细的讲解，可参照《解读中国经济》第69—71页的内容。

林毅夫：很好！很高兴你读书读得这么仔细。

王依婷（经济学院）：我认为革命胜利后中国在经济建设上照搬苏联模式，是因为受到主客观条件的限制，主要是客观条件的限制。

1. 当时世界上社会主义国家中只有苏联有经济发展的先例可循，且当时中国与苏联曾经的状况较为类似，苏联模式不失为一种良好的参考范例。

2. 中华人民共和国成立初期受到资本主义国家的封锁。学习苏联模式是中国抵御资本主义国家封锁和寻求苏联援助的需要。中华人民共和国成立初期苏联也确实在经济上给予了中国大量援助，如苏联的重工业投资在国内形成了工业化高潮。中国在经济上对苏联有一定的依赖性。

3. 缺乏社会主义的建设经验确实是一部分原因，但不是主要原因。缺乏经验并不意味着就要照搬外国的经验。

以上是我的看法，还请老师指正！

林毅夫：我同意中国缺乏经验不意味着应该照搬外国的经验。无论是国内还是国外的经验和理论，其是否有价值取决于要达到的目标和限制条件是否与产生这些经验和理论的国家或社会相同。如果不同，经验和理论会变成一个国家、社会和个人实现目标的负担而不是优势。为避免经验和理论成为实现目标的负担，我强调知识分子在思考问题时需要有"常无"的心态。

王依婷（经济学院）：谢谢林老师！您说得很对，经济学理论不像数学公式那样可以轻易套用，因为条件总是极端复杂、多变并且难以定义。以往的经验应该是一种参考而不是束缚。再次感谢您！

林毅夫：很好！很高兴你也有此认识。在一个快速变动的社会里，一名知识分子要对国家和社会的发展起到建设性的作用，需秉持"常无"的心态，要自己从真实世界的现象出发，了解其背后的道理，要避免以现有的理论或过去的经验作为出发点来看真实世界的现象。

李宙怡（光华管理学院）：关于本讲最后提出的问题，我认为可能是中国在当时对国防的强烈需求导致苏联优先发展重工业的成功经验显得实事求是、值得效仿。同时，由于国际形势等原因，中国在当时也不具备国际贸易、国际分工的可能性，无法按照比较优势进行发展。

但是我没有理解的是，《共同纲领》指出，新民主主义革命联合了小资产阶级、民族资产阶级，而在中华人民共和国成立后对资本主义工商业进行了社会主义改造，这又是出于什么原因呢？

林毅夫：在1939年年底、1940年年初提出新民主主义时只想到要发展生产力，并未想到要优先发展重工业，等到1953年重工业优先发展成为国策，在资本短缺的农业经济的基础上,重工业的优先发展需要对各种价格进行扭曲,并由国家直接控制由这种扭曲所形成的剩余的使用,以行政手段将有限的资源配置到违反比较优势的重工业上。如果不对资本主义工商业进行社会主义改造,就不能保证剩余归国家所有和国家依其战略目标来加以使用。这个问题在第四讲中会有详细的讨论。

52. 确保国家安全和发挥要素禀赋之间的平衡点在哪里?

唐睿清(社会学系):林老师您好!在讨论到中华人民共和国成立初期以重工业为主、以建设完整工业体系为目标的赶超战略时,一方面,您指出,所谓的"照搬苏联"并非不实事求是,而是受到当时理论思潮的影响,出于严峻的国际形势和"让中国屹立于民族之林"的愿望,选择了向重工业倾斜的发展战略——因此应该认为这是当年基于中国实际情况的考虑;另一方面,您也提到,由于重工业优先发展战略与中国作为落后农业国的要素禀赋特征之间的矛盾,围绕赶超战略,不得不利用计划手段扭曲价格信号,通过农业集体化、人民公社运动以及统购统销、城乡二元体制等政策,将农村的剩余转移到城市以支持工业建设——而这导致了我国城市工业的发展在很大程度上是由农村剩余的转移来支持的,也导致了农村的持续贫困。您的论述给了我颇多启发,我也有几个问题想跟您请教。

1. 赶超战略具有历史合理性,但同时也造成了较为严重的负面影响,那么我们应该如何客观地评价这一时期的政策?这些问题是这一政策内生的,还是说只是这一政策后来越走越远,没有在两者之间找到一个平衡点?您认为对于这种"赶超"的思维是应该全面地排斥,还是应该在建立自己的工业体系、确保国防安全与发挥要素禀赋、谋求迅速发展之间找到某个平衡点(比如把这种扭曲要素禀赋的代价控制在某个范围内)?如果有这样的平衡点,那么这个平衡点应该在什么位置?

2. 在第一代中央领导集体采取这样的赶超战略的时候,我想他们不可能意识不到这是对于部分群体(尤其是农民)利益的选择性牺牲,但我想他们会不会是基于"先苦后甜"的思维——通过强制手段降低农民的消费水平,以牺牲一代人的社会福利为代价,进行资本的积累和工业体系的建设,尽管过高的资本积累是以牺牲现在的社会福利为代价换取将来的社会福利,并且违背了社会福利最大化的原则,但是却有可能使得下一代的情况更好?能否将这种赶超战略理解为由中央主导的,通过代际福利转移,以一代人的结构性牺牲换取后代更好的社会福利的尝试?那么,我们是否应该认为,并非以毛泽东为代表的第一代中央领导集体不懂得发挥要素禀赋的优势以谋取福利的最大化,而是其伦理价值体系所给出的评价标准并不是总的经济效益最大化,在当代的社会福利与后代的社会福利上,他们面临的无差异曲线与我们不同——即强制性牺牲一代人的部分社会福利,换取民族复兴、后代幸福、完整的工业体系等,在他们看来是可以接受的?想知道林老师如何看待这种观点。

林毅夫:唐睿清同学,你提的问题很好。对此我的看法如下:

1. 实施赶超战略既有当时政治和国防方面的考虑,也有主观愿望以及思潮和理论认识的影响。对于产业结构的内生性,直到我提出新结构经济学以后才有清楚的理论分析(但尚未成为学界的共识)。在对产业结构的内生性缺乏认识的情况下,许多诺贝尔经济学奖获得者都是赶超战略的支持者,一般知识分子就更是这样,所以才形成了思潮。

2. 从毛主席和梁漱溟关于"大仁"和"小仁"的辩论来看,确实,毛主席当时认为发展重工业、打美帝是大仁政,照顾农民是小仁政。后来,邓小平同志作为第二代领导集体的核心,推动了改革开放以及中国特色社会主义的全新战略道路,不仅避免了像苏联一样在斯大林之后沿着同样的道路一直走到不可持续,而且为我国带来了经济的快速发展,加速了民族的伟大复兴。

3. 我们在了解重工业优先发展所付出代价的同时,也不能否认这个战略为我国打下了坚实的国防安全的基础,否则,在遇到当前百年未有之大变局的国际环境时,我国的选项会比现在少很多。但是,我们也不能因为这个战略为我国改革开放后的国防安全提供了保障,就不去分析清楚实施这个战略所付出的代价。事后来看,尤其清楚了产业结构内生于要素禀赋结构之后,我们可以看到,一个发展中国家要快速追赶上发达国家,最好的办法是按照每个时点的要素禀赋结构所决定的比较优势来选择产业和技术,在有效市场和有为政府"两只手"的有机结合之下,把比较优势变成竞争优势,以快速积累资本,改变比较优势,并在技术创新和产业升级时充分利用后来者优势。在此大前提下，可以一方面发展少量有"杀手锏"意义的战略型产业以自保；另一方面，可以如邓小平在1978年推动改革开放前后所做的那样，主动采取措施以创造有利条件融入国际贸易体系。因为二战后争霸的双方是美国和苏联，在1949年前后我国是被双方争取的对象，我国是有一定的主动权的，而不同的选择对后来的发展轨迹和绩效的影响是不同的。当然，这些考虑都是"事后诸葛亮"。

郭梦岩（医学部教学办）：林老师您好！二战之后，中国内地选择了"重工业第一位"，"亚洲四小龙"选择了发展经济。目标不一致，但都达到了——前者原子弹研制成功，后者实现了经济腾飞。

中国作为一个大国，效仿苏联的重工业发展经验有理有据。但是，实现了初步的工业计划，有了国防的基本保障，且与其他发展中国家的人民生活水平差距逐步拉大之后，矛盾也逐步凸显，供需越发不平衡。如果国家想为进一步发展工业募集资金，是否应先将发展重心转移到民生上，一方面缓解人民生活的困难，另一方面带来资金积累，之后再将财富投入工业生产呢？

林毅夫：是的，理论上应该这样。这也是邓小平在1978年以后的思路。他提出"发展是硬道理"，主动裁军百万，先经由对外开放和出口导向、符合比较优势的轻工业的快速发展来积累资金，等有了更多的财力以后，再去加大对重工业和军事工业的投入。

53. 中苏发展路径不同的原因是什么？

徐寒冰（外国语学院）：林老师您好！《解读中国经济》第三讲的结尾讨论到苏联在1929年实行了重工业优先发展战略，巩固了国防，并且回避了重工业发展条件与农业国家条件之间的矛盾，为中华人民共和国成立初期的发展提供了宝贵经验。但是苏联之后的发展路径却和中国大相径庭。苏联的农业、手工业等产业始终没得到发展，时至今日，重工业、军工业仍然是俄罗斯的支柱产业；而中国的第一产业生产率提高很快，第三产业的占比也在逐渐提高，产业结构不断升级。请问导致中苏发展路径不同的原因是什么？

林毅夫：好问题！我认为其原因是苏联的自然资源极其丰富，苏联是世界上人均自然资源最丰富的国家之一，可以用开发和出售自然资源所得到的收入来补贴没有效率的重工业，并进口粮食和轻工业品以满足国内的需要，所以，苏联可以"一心一意"甚至是"一意孤行"地集中力量发展重工业。中国则由于自然资源贫乏，无法在优先发展重工业的同时，靠进口来满足人民对粮食和轻工业品的需要，所以，在20世纪60年代就出现了研发推广现代良种的农业绿色革命，70年代开始推广袁隆平的杂交水稻，1978年改革开放以后则大力发展符合比较优势的轻工业。在1978年以前，人民收入水平低，第三产业的发展有限；改革开放以后，中国首先以第三产业来解决知青回城的就业问题，并且随着收入水平的提高、服务业需求的增加，服务业也不断发展。我在2007年的马歇尔讲座中对此有深入的讨论，建议你参考《经济发展与转型：思潮、战略和自生能力》一书。

张梦洁（国家发展研究院）：林老师您好！您在课程第三讲和第四讲中谈到，中国对于苏联经济体制的照搬并不是盲目的选择，而是基于重点发展重工业的目标，在一定程度上结合了我国国情的选择。回顾历史我们可以看到，苏联后期因为计划经济体制带来的物资短缺，人民的生活面临极大的困难，经济发展也处于停滞甚至倒退的阶段，最后采用"休克疗法"，给经济和社会造成了更大的创伤。而我国通过双轨制等方法，从计划经济逐渐转型到市场经济，如今更是走出了一条给人民带来幸福生活的中国道路。造成中苏初始道路相似、最后结果不同的因素是什么呢？

针对这一早期道路相似而最后结果不同的历史路径，我有几个猜想：

1.中国的计划经济程度并不如苏联彻底，导致最终由计划经济向市场经济的转型也相对容易。针对课程内容，我进一步猜想，可能中国在实行计划经济体制之初的目的就与苏联有所不同，是出于优先发展重工业的政治需要而选择相应的计划经济体制，其本质还是结合中国国情的（也有可能是执行力不够或者国内环境的一些现实状况阻碍了更彻底的计划经济体制的建立）；而苏联的路径可能更脱离苏联实际，更多的是出于实现共产主义图景的需要。因此，与苏联相比，中国的计划经济体制更多的是按需而行，改革起来也相对容易。

2.中苏两国的资源禀赋和工业禀赋不同。中国的农产品和轻工业生产禀赋较好（劳动力基础好），而苏联的重工业基础较好，化工原料等资源丰富。因此，中国在早期大力发展重工业是以牺牲市场化为代价的"缺啥补啥"，而苏联是出于政治诉求等目的对重工业进行强化发展。因此，中国重点发展重工业后经济水平的提升更大，并且有较好的农产品和轻工业生产禀赋来弥补实施这一策略后的人民生活物资短缺问题（特别是农村体制改革几经探索后），而苏联重点发展重工业后经济水平的提升并没有那么大，也没有足够的禀赋来解决向重工业倾斜所带来的民生问题。

3. 国际环境的影响。早期中国基本处于一个"自闭"发展的阶段，且在美苏博弈中处于较安全的第三方位置；而苏联在冷战中消耗巨大。

4. 后来者的红利。苏联的探索给中国提供了经验，帮助中国避开了一些不正确的方向。

5. 领导者的战略高度不同。苏联的领导者可能不如中国的领导者高瞻远瞩，从而在一些决策上犯错更多。

希望您能评价一下我的这几种猜想，并告知我您对于中苏最后结果不同这一问题的看法。谢谢老师！

林毅夫：确实，在转型前中国的计划经济程度（或者说，扭曲的程度）不如苏联。以汇率扭曲为例，在中国，货币的官方汇率和市场（黑市）汇率的差距一般为30%左右，而在苏联则可以达到10倍以上。什么原因造成这种现象？我认为扭曲程度越高，不仅越需要用行政手段来配置资源，而且也越需要对所要优先发展的产业进行更多的补贴。在2007年的马歇尔讲座中，我论述到这种补贴的能力取决于人均自然资源的拥有量和人口的规模，苏联是人均自然资源最丰富的国家之一，人口也有2亿左右，所以扭曲的程度也更高。如果你对这个问题感兴趣，可以参考《经济发展与转型：思潮、战略和自生能力》一书。

能对一个有趣的现象提出合理的猜想是做好研究的最重要一步。一个猜想是否合理，不能仅看这个猜想的内部逻辑是否自洽，还要看其能否经得起经验事实的检验。我在《本体与常无》这本方法论对话中，提出了历史纵向归纳、当代横向归纳和多现象综合归纳三个方法。历史纵向归纳是检验变化发生的时点是否和猜想一致，当代横向归纳是看同一时代不同国家的现象是否和猜想一致，多现象综合归纳则是看根据这个猜想所做的推论是否在真实世界中都存在。你提的几个猜想——实现共产主义图景的需要;苏联的重工业基础较强;中国处于"自闭"的发展阶段而苏联不是;后来者红利;苏联的领导者不如中国领导者高瞻远瞩——在内部逻辑上是说得通的,但是经不起上述的经验检验。例如,中国对实现共产主义的图景也有很强的意愿,人民公社被认为可以帮助中国"一步跨进共产主义";1929年时的苏联和1953年时的中国同样都是一个贫穷落后的农业国家,苏联的重工业是在1929年后才发展起来的;在1918年社会主义革命成功以后,苏联是被动地受到资本主义国家的包围,而1949年中华人民共和国成立以后则是主动选择向苏联"一边倒";中国是所有社会主义国家中率先推行改革开放的国家,并没有后来者红利,在转型后发展符合比较优势的轻工业确实有后来者红利,但是这个红利苏联也可以有,同时,苏联还有中国通过渐进双轨制改革取得稳定和快速发展的经验可供参考的红利。但是,苏联并没有采用渐进双轨制改革而是采用了"休克疗法";戈尔巴乔夫以政治体制改革作为抓手,这在国际上尤其在20世纪80年代被认为是比中国经济改革优先于政治改革的做法更高瞻远瞩,在国内学界也还有不少人支持这种看法,关于这一点可参考《解读中国经济》附录五"我到底和杨小凯、张维迎在争论什么"。中国的改革开放和发展的经验是一座理论创新的金矿。如何挖掘这座金矿?建议你参考《本体与常无》,这是我诸多著作中最重要的一本。

54. "少数例外"的发展路径

崔荣钰(信息管理系):林老师您好!在《解读中国经济》中,您提到二战以后新独立的许多国家都推行了重工业优先发展战略;几乎所有发展中经济体都千篇一律地推行重工业优先发展,"只有少数几个例外"(第70—71页)。我想知道这"少数几个例外",在当时冷战背景和主流经济学倡导发展中经济体应优先发展重工业的情况下,采取了何种发展战略?它们出于何种考量以及实践结果如何?

成瑞林(经济学院):荣钰好!我个人猜想,这几个例外是否指的就是日本和"亚洲四小龙"?这几个经济体的面积不大且人口和资源较少,这使得它们想发展重工业也有心无力，从而不得已走上符合比较优势的发展道路。

林毅夫：同意成瑞林同学的猜想！对崔荣钰同学提出的问题，第五讲会有系统的讨论。总的来讲，日本和"亚洲四小龙"在二战以后推行的不是重工业优先发展战略，而是规模小的、传统劳动力密集型产业优先发展的战略，随着经济的发展和资本的积累，才逐渐向资本更密集、规模更大的产业升级。"亚洲四小龙"未推行重工业优先发展战略，确实是如成瑞林同学所说的，因为其面积不大且人口和资源较少，想发展重工业有心无力；日本虽然资源也不多，然而人口在1950年时有8 400万，并不算少，不过二战后日本受到美国的军管，无法发展和美国直接竞争的重工业，而仅能发展符合其比较优势的劳动密集型产业，所以，未推行重工业优先发展战略也是"非不愿也，是不能也"。不过它们的成功发展经验给我们总结成败经验以实现"从必然王国向自由王国的飞跃"提供了基础。

55. 关于计划经济体制失败原因的另一种思考

金骁枫（外国语学院）：中华人民共和国成立后，中国开始推行计划经济体制，举全国之力优先发展重工业，以期早日实现"超英赶美"的目标，然而我个人认为，这样的做法与中华民族的传统秉性是不相符的。

中国有着绵延几千年的封建统治历史，长期的重农抑商政策导致广大农民表现出强烈的小农意识。百姓偏安一隅，在自己的土地上耕作，满足温饱后就不再有更高的追求，因而也缺乏自律，不希望受人管束。清朝灭亡后，帝制虽除，但农民的传统思想却难以在短时间内有所改变。如果按照计划经济时期的要求，一切归集体所有，服从集体的命令，一来农民习惯了独来独往，不愿遵守纪律，二来极有可能产生"反正不愁吃喝，让别人去劳动，我便怡然自得"的心理，久而久之，生产效率也会受到极大的影响。不知我这样的解释是否有一定道理？

林毅夫：金骁枫同学能提出自己的见解很好，不过提出的见解是否成立，应该经由历史纵向、当代横向和多现象综合的检验。第一，你所说的中国传统农民的那些特质在任何农业社会里基本都是存在的。第二，你所说的这些特质无法解释改革开放以后发展的劳动密集型加工出口产业所用的都是农民工，但是不妨碍这些产业的成功。任何一个现象都可以由许多看似合理的理论或观点解释。作为一名有志于推动社会进步的知识分子，我们不要满足于一种观点能够解释所关心的现象，而应该有批判的思维，经由上述的历史纵向、当代横向和多现象综合的检验来找到一个现象的真正决定因素。

56. 从路径依赖角度对重工业优先发展战略和进口替代战略的思考

徐棨（城市与环境学院）：林老师您好！您在《解读中国经济》一书中提到，中国内地、苏联在初期采取的重工业优先发展战略和众多拉美国家采取的进口替代战略具有相似性，都希望率先建立完整的重工业体系，但是在取得一定发展成效的同时出现了一些问题；而您在《比较优势与发展战略——对"东亚奇迹"的再解释》一文中提出，"亚洲四小龙"采取的比较优势战略是一种更优的发展战略。

基于此，我尝试从路径依赖和打破路径依赖的角度思考。采取进口替代战略的国家和地区，往往在减少对外贸易依存度的同时，逐渐形成了一种对已有产业体系和资源禀赋的强大依赖性，形成了相对难以打破的路径依赖，而进口替代战略和重工业优先发展战略则成为路径形成的"偶然事件"：在发展初期，能够取得很好的效益，形成了发展过程中的固定路径；但是随着发展程度的逐渐提高，由于进口替代战略所带来的通货膨胀、重工业体系抵御外部冲击的能力下降以及路径依赖导致的自主创新、转型能力下降等因素，发展的效益增长越来越慢，产生了各种问题。而"亚洲四小龙"的资源禀赋相对稀缺，反而降低了其对重工业体系的依赖度，基于自身（可能随时间发生变化的）比较优势，通过人力资本等优势选择一条更容易发生路径打破、创新转型的发展道路，因而保证了经济发展的可持续性。

以上是我的理解，还请老师批评指正。

林毅夫：如果路径依赖在解释一个国家和地区的发展成败上那么重要，那么如何解释中国在1978年改革开放以后迅速取得的成功？如我在回复金骁枫同学所提出的上一个问题时指出的，我们在思考问题时，要避免以所谓的"理论"替代自己对现象的观察和思考。

57. 如何评价政府调控经济的行为？

卞铖（国家发展研究院）：林老师您好！其实我一直有一个疑问，就是我们该如何去评价政府调控经济的行为。在经济学中，我们一般都认为政府对经济的调控会降低效率。那么，政府做出经济调控行为一定是包含了对其他因素的考量。比如中华人民共和国成立初期，在经济几乎瘫痪的情况下，仅靠市场的自发调控是无法发展需要大量资金、运转周期长的重工业的。但同时，我们也看到，苏联盲目发展重工业，加速了自身的解体。即使在现在，普通民众甚至经济学家对于政府调控经济的某项具体政策的评价也往往是仁者见仁、智者见智，经常是谁也说服不了谁。那么，对于政府调控经济的行为，我们是否能给出量化的指标，在事前或者事后做出较好的评价呢？

陈佳颖（经济学院）：卞铖同学你好！我最近正在学习财政学课程，对政府调控经济方面也比较感兴趣。首先，我认为政府调控经济并不一定会降低资源配置的效率，因为在现实生活中由于市场竞争不完全（如垄断）、外部性、信息不对称、生产要素无法充分流动等，会大量存在市场失灵的情况，此时需要政府制定和推行相应的财政政策来促进资源的有效配置。凯恩斯主义认为市场的自发行为并不能趋向充分就业、物价稳定和适度的经济增长，政府的宏观调控在促进宏观经济稳定方面可以发挥积极作用。至于如何评价政府调控经济的效果，我认为这的确是一个复杂的问题。一方面，经济学作为一门社会科学，并不像物理学等自然科学那样，可以通过控制实验来进行验证；另一方面，评价标准可以是千人千面的，很难有一个统一的价值判断。

林毅夫：卞铖同学，市场配置资源会有最高的效率、政府对经济的调控会降低效率的假说是有许多前提的，包括市场交易不存在信息不对称、成本、外部性等等，但是市场失灵是常态，在一个动态发展结构不断变迁的经济中更是如此。所以，我同意陈佳颖同学对你的回复。总的来讲，就像阿瑟·路易斯（W. Arthur Lewis）所讲的，由于政府干预导致经济发展失败的案例可以累牍连篇地写，但是，尚没有一个成功的国家不是有一个明智而积极有为的政府。所以，作为经济学家，我们既不能把一些以在严苛的、理想的、在真实世界里不存在的假设作为前提的理论当作真理来接受，也不能因为有许多政府干预失败的案例就要求政府不作为，而是应该去研究成功的条件是什么，失败的原因又是什么，形成比较全面而又符合真实世界状况的理论，以帮助人们认识世界，改造好世界。但是多数经济学家由于接受了政府调控会降低效率的新自由主义的观点，就不去研究上述问题。新结构经济学认为，"市场有效以政府有为为前提，政府有为以市场有效为依归"，也就是说，由于市场失灵的普遍性，如果政府不去消除市场失灵，市场就不会有效，政府积极作为的目的就是让市场有效，超过了这个目标的政府干预则会像你所说的降低效率，所以也应该加以避免。因此，在经济发展中，市场和政府"两只手"都需要用，而且它们相辅相成，难点在于如陈佳颖同学所指出来的，市场失灵是一个复杂的问题，其发生的地方、形式因经济发展程度不同所内生的产业、技术、软硬基础设施的结构特征不同而有差异。目前主流经济学对这方面的研究有限，这些问题则是新结构经济学的主要课题之一，在《解读中国经济》第五讲中会有些介绍，在《新结构经济学导论》一书中有更详细的讨论。

58. 关于我国初步工业化过程中形成的户籍制度的疑问

刘光伟（国家发展研究院）：林老师您好！在关于我国初步工业化照搬苏联经验的问题解答上，您着重介绍了我国为发展重工业而对农业采取的一系列措施及形成的农业制度，其中关于户籍制度，您主要提及的是为了防止农村人口向城市流动导致粮食生产下降。

我查阅了户籍制度的一些基本资料，在我国进行工业化的时期，户籍制度处于严格控制期，您提到这一时期城市工业化进程加快，工人需求增大，需要农业通过规模经济的方式保证生产来供给城市工人所需，故逐步实行户籍制度。我的疑问是，工业化进程加快，应该也代表着劳动力投入要增加，所以对生活必需品（如粮食）的需求增大，但是在严格限制农村人口向城市流动的情况下，是如何增加劳动力投入的呢？适当的人口流动应该是有利于工业化发展的，为何当时我国不选择设置一定的迁徙门槛以提高流动成本，而是选择严格控制人口流动呢？

穆飏（外国语学院）：林老师您好！我和光伟同学有着同样的问题。除此以外，我还想问，当时的农村依靠什么样的"激励"来留住农业人口，以至于在"剪刀差"的大环境下，农村能够继续为城市的工业化发展提供资源呢？

林毅夫：刘光伟同学，确实，在工业快速发展的初期阶段，城市需要大量新增劳动力，所以，如你所料，在20世纪50年代初农民进城并没有受到严格限制，城市人口从1949年的5 765万人增加到1960年的1.3073亿人。大跃进失败后，两千多万名进城农民被动员回农村，城市人口降到1962年的1.1659亿人，此后户籍制度才严格执行。户籍制度不仅是"为了防止农村人口向城市流动导致粮食生产下降"，而且是为了减少城市人口增加而带来对口粮和其他低价生活必需品的需求的增加。

穆飔同学，当时户籍制度把人留在农村依靠的是行政手段，农民外出办事要"路条"，在城里住旅店需要有介绍信，买饭需要有粮票，等等，甚至农民因缺粮而出外逃荒乞讨也需要有公社开的介绍信。统购制度下的"剪刀差"则是一个强行的任务，农民只能执行。所以，在1978年年底开始出现大包干的家庭联产承包责任制时的顺口溜是"交够国家的，留足集体的，剩下都是自己的"，明显还是把完成国家的统购任务作为首要任务。

59. 户籍制度是否已不符合当今中国的发展现状？

于士翔（化学与分子工程学院）：林老师您好！在课堂上您谈到，中华人民共和国成立初期，为了实现从一个落后农业国向工业国的转变，实行了"三位一体"的经济体制。这一体制包括农产品统购统销、农村公社化、地区粮食自给自足以及城乡隔绝的户籍制度。这一系列政策是基于当时中国资本严重短缺的经济现实，为了优先发展资本密集的重工业而实施的。

随着中国经济的发展与产业结构的变革，中国不再以重工业发展为中心，也逐渐摆脱了传统农业经济的桎梏。这一套经济体制中的大多数措施与政策现已不再实行，但是户籍制度却留存了下来。您提到当时户籍制度存在的原因是城市中就业不足，而城市就业不足的原因是城市中发展的重工业资本密集，但创造的就业机会少，不能接受更多劳动力的输入。可是如今城市的经济要素比当时丰富得多，就业机会也十分充足，户籍制度存在的经济原因似乎已不复存在，而户籍制度本身对人口流动的约束力也大大降低，似乎这一制度已经不符合中国经济发展的现状了。请问当今中国户籍制度存在是否仍有着深刻的经济原因？还是说，当今的户籍制度只是政府管理的需要呢？

林毅夫：确实，户籍制度是到了应该改的时候，目前的困难则在于城市和农村之间公共服务水平的差距。城市越大，其公共服务越好，如果户籍制度骤然放开而且所有居民有平等的权利获得公共服务，则大量农村人口和小城镇人口可能会进入大城市，一方面造成大城市所在地政府的财政支出大量增加，另一方面也会造成拥挤，引起现有居民的不满，甚至可能因为就业的增加速度赶不上进城人口增加的速度而在大城市出现失业和贫民窟等社会问题。所以，目前的做法是不取消户籍制度，但不阻止非户籍人口进入城市，非户籍人口必须以高于户籍人口的价格获得公共服务，这样只有能实现就业并且能够支付较高公共服务价格的人才会进城，以获得一种在扭曲条件下的次优（second best）。这个问题的最终解决有赖于城乡之间以及大小城市之间公共服务的均等化，以及有些公共服务（如基础教育）的经费由中央政府支付等，到那时就可以彻底取消户籍制度。

参考及推荐阅读文献

[1] 杜润生.杜润生自述：中国农村体制变革重大决策纪实[M].北京：人民出版社，2005.

[2] 林毅夫.本体与常无：经济学方法论对话[M].北京：北京大学出版社，2012.

[3] 林毅夫.解读中国经济：聚焦新时代的关键问题[M].北京：北京大学出版社，2018.

[4] 林毅夫.经济发展与转型：思潮、战略和自生能力[M].北京：北京大学出版社，2008.

[5] 林毅夫,蔡昉,李周.比较优势与发展战略——对"东亚奇迹"的再解释[J].中国社会科学.1999(5):4-20+204.

[6] 林毅夫,付才辉.新结构经济学导论[M].北京：高等教育出版社，2019.

[7] 恰亚诺夫. 农民经济组织[M]. 萧正洪，译. 北京：中央编译出版社，1996.

[8] 温铁军. 八次危机：中国的真实经验1949—2009[M]. 北京：东方出版社，2013.

[9] Qian Yingyi, Xu Chenggang. The M-form Hierarchy and China's Economic Reform[J]. European Economic Review, 1993, 37(2-3): 541-548.

第四讲
赶超战略和传统经济体制

60. 关于中华人民共和国成立初期重工业优先发展战略的思考

路畅（外国语学院）：林老师您好！根据您在第四讲中的讲解，中华人民共和国成立后采取的和苏联类似的优先发展重工业的战略是两国相同的目标、国情和重工业发展的基本特征使然，因此您认为这样的政策是"实事求是"的，并不是盲目照搬苏联经验的产物。我认为，这一切政策背后的原动力是我国当时对于社会主义发展的路线和模式的认识与斯大林时期的苏联有极大的相似之处。也就是说，在列宁和斯大林的模式中，当时的中国选择了后者，因此我认为同样需要对这种模式的选择是否"实事求是"进行一定的讨论，我认为这是认识中华人民共和国成立后方针政策的根本出发点。希望能得到您的解答！

林毅夫：我说中国选择和苏联相同的计划经济体制是"实事求是"，这个说法的前提是中国选择了在一穷二白的基础上优先发展重工业。社会主义国家在还没有推行重工业优先发展战略时（例如，在列宁时期）并没有采用计划经济体制。中国选择重工业优先发展战略有主观的愿望，也有历史的必然。许多非社会主义国家，如印度、印度尼西亚、埃及、巴西、阿根廷等，在二战以后也选择了和我国相同的战略，采用了大致相同的体制。另外，如在课上讨论的，认识相同也不见得就会采用相同的路线和模式来实现。例如社会主义革命，对于这个革命的目标和必要性的认识是相同的,但是俄国在列宁领导下选择的是城市暴动的路线,中国在毛主席领导下选择的是"农村包围城市"的道路。中苏两国对于计划经济向市场经济转型必要性的认识也是相同的,但是,中国采取的是渐进双轨制,苏联采取的是"休克疗法",前者带来经济稳定和快速发展,后者则导致经济崩溃和危机不断。所以,在相同的"认识"之下,只有采取实事求是、符合国情的方式,才能达到"认识"所预期实现的目标。

61. 关于比较优势理论与重工业优先发展战略的思考

穆飏(外国语学院):林老师您好!根据您在第四讲与第五讲中的讲述,发展中国家必须改变传统的发展思路,在市场经济的基础上按照比较优势发展,利用在要素禀赋结构和技术产业水平上与发达国家的差距,发挥后来者优势,加速经济发展。

那么,结合中华人民共和国成立初期的国情,我国是否应该优先发展劳动密集型的农业、林业以及部分轻工业?其中,轻工业建设时间短、投资少、资金周转快,用汇少、换汇多,还可容纳较多劳动力、解决劳动力就业问题,因而能够有效提升人民收入和生活水平。继而,用出口轻工业制品、农林业产品或者自然资源所赚取的外汇去引进先进技术,利用这些产业的剩余来发展重工业。

但是我又想到了当时的中国国情。刚从战争年代中走出来的中国,多多少少会有优先发展重工业以抵御外部敌人的倾向。并且,重工业自身的特点使得其发展在当时需要依靠国家的强硬政策去支撑,仅仅依靠民族资本是很难实现的。

所以,将理论结合实际,我的设想是,中华人民共和国成立初期应该鼓励并侧重于农业、轻工业的发展,再用这些具有比较优势的产业的剩余去投入重工业的发展,从而逐步地建立重工业体系。又或者说,在初期国家发展战略的选择上,在农业、重工业与轻工业之间是否应该有一个比例协调的问题,而并非简单地优先发展哪一个、挤压哪一个?

林毅夫:采取重工业优先发展战略,更重要的决定因素是发展思路的问题,因为印度、印度尼西亚、埃及以及拉美和非洲的许多国家在同期都采取了这个战略，虽然它们面临的外部环境和我国不同。而且，外部环境也在很大程度上取决于我国的选择。例如，1978年以后邓小平同志积极争取国际和平环境，为此主动裁军百万。所以，如我在回答前面多位同学的提问时所指出的，不能把我国在20世纪50年代优先发展重工业的战略选择完全归因于外部环境，它更多的是我国自己的主观愿望和对于如何才能实现民富国强的认识所致。从现在的认识，尤其从新结构经济学的视角来看，一个国家的产业结构是内生于其要素禀赋结构的，那么要发展资本密集型的重工业以实现民富国强，就需要先提高要素禀赋结构中的资本丰富程度，最好的途径则是在市场经济中发挥政府的有为作用来克服在产业升级、结构变迁中必然会存在的软硬基础设施的瓶颈限制，以帮助企业家把要素禀赋结构所决定的具有比较优势的产业发展成具有竞争优势的产业。这种方式能够创造最大的剩余，实现资本的最快速积累，经济发展的绩效会最好。在这个过程中，也要像邓小平同志那样，主动创造有利于我国发展的外部环境，并保持一定的军事力量以保证国防安全。

62. 优先发展重工业是否改变了我国的要素禀赋结构？

王子澳（物理学院）：林老师您好！您提到中华人民共和国成立初期，由于资本稀缺、劳动力丰富，因此应当选择优先发展具有比较优势的劳动密集型产业，而不是违背要素禀赋结构的重工业。您也提到在发展具有比较优势的产业过程中，会潜移默化地改变要素禀赋结构，从而改变生产可能性边界。我的问题是：既然中华人民共和国成立初期大力发展了重工业，且因为举国体制使得重工业发展较迅速，那么这个过程中是否影响了国家的要素禀赋结构？如果影响了，对后来发展劳动密集型产业的政策是否有积极影响，或者是否利大于弊？

林毅夫：中国在推行重工业优先发展战略时，资源存在错误配置，人们的劳动积极性也较低。优先发展的产业不符合比较优势，不能创造剩余；符合比较优势的产业能创造剩余，但是得不到资源来发展。因此，整个经济的剩余少，资本的积累就慢。但是，人口和劳动力的增长并没有慢下来，要素禀赋结构中劳均资本量未见提高，甚至呈现下降。因此，在1978年开始改革开放时，劳动力就更显得是丰富的要素，但是，很难说这种要素禀赋结构的变化对改革开放后发展劳动密集型产业的政策有积极影响或者利大于弊。如果可以选择的话，我国最好在20世纪50年代初从战争的破坏中恢复以后，就采取符合比较优势的战略来发展劳动密集型产业。

63. 如何客观评价早期的计划经济体制？

赵佳雯（经济学院）：我感觉高中历史课本中对中华人民共和国成立后计划经济体制的认识，相比较而言更突出了它给中国带来的问题，而对于它的积极影响，比如让中国建立了相对完备的工业体系，只是略有提及，更没有体现工业体系对于中国后来的发展具有的重要意义。所以，我身边很多人对计划经济都持相对负面的态度。从我个人现在的认识而言，我认为计划经济的确给中国带来了一些问题，但是它的确是在当时的环境下为了发展重工业所能采用的最好的体制。

林毅夫：对计划经济体制的评价确实应该三七分。因为有了计划经济，我国才能在一穷二白的基础上建立起完整的工业体系、独立的军工和安全的国防，才能在20世纪60年代成功试爆原子弹，70年代成功发射人造卫星。有了这样的基础，中国才有独立自主走自己的道路的可能，这一点在百年未有之大变局的当下表现得更为清楚。但我们也要认识到为了取得这一成绩所付出的巨大代价，主要表现为人民生活长期得不到改善，与发达国家在经济发展水平上的差距不仅没有缩小，反而继续扩大。在1978年时，按当时的汇率计算，我国的人均GDP仅为156美元，尚达不到撒哈拉沙漠以南非洲国家平均数的三分之一，所以我国才要在1978年年底开始改革开放。从理论上，我们需要弄清楚为何中国有能力在一穷二白的基础上迅速建立起完整的工业体系，也需要了解为何有了现代化的工业体系，人民生活却长期得不到改善。这样的理论探索既是客观评价过去的功过所需要的，也是未来少走弯路所必需的。

64. 关于早期优先发展重工业和当今农村改革的思考

张梦洁（国家发展研究院）：林老师您好！在听了您对中国早期经济体制的解释之后，我开始有了这样的想法：中国早期为了追求优先发展重工业而采取了扭曲的经济制度，其本质上也是"优先发展城市""优先发展东部"这种有侧重的发展策略在产业上的体现，以暂时牺牲轻工业和农业的发展来实现重工业的赶超，这一决策也产生了一些高昂的代价，就是农村的贫困和农民的生活困难。

现在中国的城市化和工业化（包括轻工业和重工业）已进行到一定程度，那么势必要对农村和农业在之前的牺牲做出补偿。的确，现在乡村振兴战略也被屡屡提及。但是应该采用什么样的方式和力度来振兴乡村呢？尽管科技兴农等措施在实施和生效，但好像也难以彻底推广，而资本在城市聚集的现实也驱使着农村人口来到城市，农村的部分土地也随着城市化进程而逐步转化成工业用地，农村的人口和土地似乎处在流失的状态，农村的范围也逐渐缩小。

当今农村改革到底应该去向何方呢？一些学者之前提出了美国大农场的体制，而温铁军提出了走生态农业的道路，建设不仅仅拥有农业的新农村。您认为怎样才是农村的新出路呢？还是说，农村就应该在工业化和城市化中逐步被"蚕食"，仅有保证农产品供应所需的土地即可？

希望您能评价一下我的看法，并在农村改革的方向上提出您的建议。谢谢！

林毅夫：改革开放以后的地区发展战略，如东部率先发展、中部崛起、西部大开发等，虽然也有"优先"的含义，但不同的是，改革开放前的重工业优先发展战略支持的产业违反比较优势，优先发展的产业中的企业缺乏自生能力，需要政府的各种保护补贴才能生存。由于它们需要的补贴超出了政府的财政能力，以致政府只能以扭曲各种价格信号的方式和市场垄断来给予暗补，并用行政手段来配置资源。在改革开放以后的各种地区发展战略中，中央所给予的支持主要是基础设施建设或是政策的放开，产业的发展属于地方的责任，而地方的财政补贴能力低，发展的产业不能偏离地方的比较优势太远，基本上是按照各地的比较优势来发展。所以，改革开放以后的政府政策总的来说符合在市场经济中政府应该发挥帮助企业克服软硬基础设施瓶颈以帮助企业把具有潜在比较优势的产业发展成为具有竞争优势的产业的要求,这也是改革开放以后中国经济能够实现稳定和快速发展的主要原因之一。在这个过程中,全国的软硬基础设施的"欠账"很多,中央财政力量有限,不能"遍地开花",只能区分先后次序,有重点地逐一针对各地的主要问题来施策,所以才会有前述的不同区域发展政策的提出。至于农村的发展问题,我们在本课程的第六讲中会有详细的讨论。总的来说,农民收入的提高有赖于城市产业的发展给农民的流出创造足够的就业机会,土地则应该流转到留下的农民手中以扩大其经营规模,龙头企业和农业合作社帮助解决农产品的市场流通问题,政府则需要提供技术、生产和生活的公共基础设施等,这些也正是乡村振兴的主要内容。

65. 优先发展重工业和提高人民生活水平是否存在矛盾?

郑柳依(元培计划委员会):我国内地的计划经济体制对于集中力量优先发展重工业是成功的,但是与"亚洲四小龙"相比,在提高人民生活水平上并不成功。实行计划经济体制的发展中经济体在生活水平上赶超发达经济体的愿望与优先发展重工业、巩固国防的愿望是否不可兼得?"亚洲四小龙"实现东亚奇迹,是不是与它们的经济体量小、没有发展重工业的必需有关?

林毅夫:事实证明是两者不可兼得。"亚洲四小龙"发展好不仅是因为没有发展重工业,而且是因为政府或当局在符合比较优势的产业的发展上发挥了积极的因势利导作用。不过,经济体量小不是决定因素,发展思路和政策才是决定因素,因为改革开放以后我们的发展思路转变了,尽管经济体量很大,也取得了良好的发展绩效。

66. 劳动参与者增多是否会导致生活水平提高?

王笑坤(外国语学院):林老师在课上提到城市生活水平指标从1952年到1978年翻了一番,主要是因为劳动参与者增多。这一方面是由于大量妇女参加了工作,另一方面是由于儿童成长为劳动力。我非常认同第一个观点,在"妇女能顶半边天"的号召下，中国妇女大量参加工作，这也是目前中国参加工作的女性比例与世界水平相比较高的原因。同时，由于农村妇女在旧社会也要参加农业生产活动，因此这一号召并未导致农村劳动参与人数的增加。而在城市，在旧社会，妇女主要承担居家相夫教子的责任，很少有人抛头露面，因此在这一号召下，城市妇女大多参加工作，城市劳动参与人数增加较多。而对于1952年前后出生的儿童在20世纪70年代成长为劳动力这一点，我认为还是值得质疑的。因为与儿童成长为劳动力相伴随的是原来青壮年的老去，二十多年的时间实际上出现的是代际更迭。要想使这一点（劳动参与者增多导致生活水平提高）成立，就必须证明在1952年前后我国出生率更高，由此使得20世纪70年代新增的劳动力比退休的老人更多。不过这一点也符合常识，因为在结束长时间的战争之后，50年代初期确实应该会有一波"婴儿潮"。

林毅夫：没错，你的推论——"要想使这一点（劳动参与者增多导致生活水平提高）成立，就必须证明在1952年前后我国出生率更高，由此使得20世纪70年代新增的劳动力比退休的老人更多"——是正确的。国家统计局的资料确实证明了这一点，在20世纪50年代和60年代，人口出生率和人口自然增长率都比70年代高将近一个百分点，所以，劳动人口所需要抚养的人在70年代小于在50年代。

67. 关于三年严重困难原因的进一步思考

张骁哲（法学院）：林老师您好！我非常赞同您在课上所讲的农民退社权被剥夺所产生的囚徒困境。我曾经在一本书中看到过另一种解释：1957年左右中苏关系恶化导致中国重工业发展遭受重大打击。为了弥补这一不足，大跃进运动如火如荼，在农业上的表现就是虚报产量现象严重，这使得中央对于形势过分乐观，从而从农村调配了更多的资源来支援重工业，再加上旱灾的影响，很多地方出现了饥荒。而严重困难时期过后生产率之所以没有回升，是因为农民一直处在饥饿状态，难以正常劳作，而后者又进一步加剧前者，使得人口下降到刚好维持生存并且保持最低生产率的状态。请问您对于这种解释有什么样的看法？

林毅夫：对于任何一种经济现象都会有许多理论可以解释，那么到底哪种解释才揭示了这个现象背后真正的原因？我们要看其他相关现象。例如，如果饥饿是公社化运动后中国农业生产率长期低下的原因，那么1978年年底安徽阜阳小岗村的农民实行包产到户的"大包干"制度时，应该也是处于饥饿状态的，可是实行"大包干"制度后生产率水平马上提升了50%，其他生产队实行"大包干"制度也有同样的效果，所以，解释生产率高低的因素应该是农业生产制度安排所带来的生产积极性的不同。

对于一个现象会有各种看似合理的不同解释。作为一名知识分子，不要把凡是发表的观点都认为是正确的观点。如何判断孰是孰非？建议你参照我前面回答张梦洁同学的提问时所建议的历史纵向归纳、当代横向归纳和多现象综合归纳三个方法来检验那些看似合理的解释。如果想娴熟地运用这些方法来观察现象，自己提出真正揭示现象背后的决定因素和关键逻辑的假说，以及判断别人提出的看似合理的解释是否真正揭示了现象背后的道理，建议你参考《本体与常无》一书中的讨论。

杨榕雨（艺术学院）：林老师您好！退出权的丧失使得重复博弈变成了一次性的博弈，自我监督对懒惰社员的约束无法维持，对于每个人来说，不努力才是最优的结果，由此农民的生产积极性极大地丧失了。对于这一观点我十分赞同，但是我有几点疑问：首先，1964年的生产率没有回复到1958—1959年的水平，是不是也受到人口减少的影响？其次，1958—1960年受大跃进的影响，数据可信度也存在一定的问题。最后，如果1958—1960年的数据不太可信，可以比较1953—1957年的数据，其背后应该也有产权的影响。在农业社会主义改造的第二阶段，由于规模效应提高了农业的生产效率，同时初级合作社阶段家庭仍然保留了产权，具有比较强的激励性。此外，关于三年严重困难的产生，我个人觉得也与食物获取权的丧失有关，包括过高的粮食征购率和地区粮食自给自足，农民缺乏粮食交换自由。

林毅夫：杨榕雨同学，你提出的问题很好，我的反馈如下：

1. 劳动力（人口）的多少影响的是产出总量的多少，但不影响生产率水平的高低，因为在计算生产率水平时已经把劳动力变化的因素考虑进去了。

2. 高级社时期的产权安排与人民公社和生产队时期的产权安排一样，土地和生产工具都归集体所有，所以，不能用产权理论来解释为何人民公社和生产队时期的生产率水平低于高级社时期。

3. 饥荒主要发生在生产粮食的农村而不是不生产粮食的城市，确实和食物获取权有关，可参考 Lin and Yang (2000)。

赖富捷（国家发展研究院）：林老师构建了博弈论模型以解释生产率的降低：对农民退社权的限制。这是政府决策失败的一个表现，即把退社的农民当成"反动分子"——实际上，想要退社的农民却更可能是那些努力农耕的人。而三年严重困难，应该还与政府在救灾方面的低效率有关。

林毅夫：是的，1959—1961 年农业危机导致的饥荒集中在产粮的农村，不产粮的城市虽然每人的口粮定量减少，但还是能得到保证，原因在于当时政府政策的城市偏向，以保城市居民和工业发展为主要目标。可参考 Lin and Yang (2000)。

袁野（信息科学技术学院）：林老师您好！关于三年严重困难的原因，还有一种看法是，浮夸风等大跃进时期的现象，导致了地方统计上的误报、瞒报，使中央无法得到真实的统计数据，从而在调度上出现了很严重的问题。同时，大跃进时期的"大炼钢铁"等行为也极大地消耗了资源和生产资料。您对这种观点怎么看呢？这方面的因素在多大程度上导致了饥荒的发生呢？

林毅夫：浮夸风和征收过头粮等是当时饥荒集中在农村而不是在城市的重要原因，但是，在 1959—1961 年间全国各地都发生农业减产并且在 1962 年取消人民公社后生产率水平仍然长期低于 1952 年合作化运动开始前的水平，主要原因则是在人民公社运动以后农民退社权被剥夺导致的激励机制的改变。

68. 关于农业危机和大跃进运动关系的思考

曾庆（化学与分子工程学院）：林老师您好！历史记载以及经历过这次农业危机的老人的回忆中，都有提到在那段时间，普遍存在虚报粮食产量的现象，导致政府提高了收购粮食的数量，而农民实际剩余的口粮很少，从而出现了粮食不足的情况。这让我联想起了大跃进运动。从现在来看，当时政府所提出的粮食产量的确是不切实际的。鉴于大跃进运动与农业危机的时间高度重合，我想请问老师：应当如何理解这两者之间的关系呢？是政府提出的不切实际的产量目标以及地方的虚报损害了农民的生产积极性和切身利益，进而作为一个因素导致了农业危机，还是像课上讲的，由于公社本身缺乏激励，增产运动（不考虑当时浮夸的数据，仅仅从这次运动的本身目的出发）的失败是客观上的必然结果呢？

林毅夫：1958 年的虚报粮食产量问题只发生在个别地方，并非全国的现象，但减产是全国的现象。从 1958 年年初在河南开始出现人民公社，到 11 月人民公社制度在全国普及，农民的退社权被剥夺是全国各地农村共同发生的问题。对于 1959 年全国范围内的粮食减产，这种组织方式的变化应该是主要原因。同时，虚报产量即使对个别地方的粮食生产产生了干扰，这种现象也只发生在 1958 年，但是农业生产率水平的下降却是 1959 年以后在全国长期存在的现象，直到 1978 年开始推行家庭联产承包责任制后才有了根本性的好转。综上所述，农民的退社权被剥夺才是 1959 年开始的农业危机及此后农业生产率水平受到抑制的主要决定因素。

69. 关于退社自由的剥夺与合作化运动的失败

林在恺（国家发展研究院）：林老师您好！在第四讲中您提到，在 1961 年后全要素生产率并没有恢复到原有的水平，是因为在合作化运动开始时社员有退社的自由，但是发展到后期，由于政治上的原因，社员的退社权被剥夺了。退社权对于勤劳的社员而言是威胁偷懒社员的有效工具。由于偷懒的社员没有得到惩罚，其他社员的生产积极性随之降低，最终导致了合作化运动的失败，全要素生产率一直处于低位。

关于您的这个假说我想提出一个疑问：退社权是威胁偷懒社员的唯一手段吗？在家庭联产承包责任制出现以前，社员没有退社权的状态持续了很长一段时间。在这个过程中，是否有一些方法和手段来惩罚那些偷懒的社员呢？例如，一旦发现并核实确实存在偷懒的情况，就对其采取"倒扣数倍工分"的惩罚措施，减少其分配量。1962年后的生产队大约由20～30个农户组成，规模和监督难度应该都不是很大。如果惩罚措施还包括对后续各种福利分红的影响，在重复博弈下，社员偷懒的动机应该会大大减少。

林毅夫：确实，从理论上来说，努力工作的社员的"退社"不是可以用来惩罚不努力工作社员的唯一手段，但在农业生产劳动的努力程度难以准确衡量的条件下，则成了唯一有效的手段。例如，对不努力的社员扣工分的做法在理论上可行（这也是按劳分配的前提），但是，如课堂上讨论的，农业生产活动非常分散，难以观察每位社员的努力程度，不同的工作之间难以有客观的计量标准，等等，按不同的劳动努力程度和质量给工分实际上行不通，因此，毛主席说"评工计分"是烦琐哲学。在生产队时实际上只能记每个社员参加多少天的工，无法记每个社员的努力程度，到了年末分配时，为了评一个人一天的工应该给多少工分，经常整个生产队所有的人每天晚上开会，吵一个月也吵不出结果，而且，越是偷懒的人在那时候会越有积极性吵，可是又不可能把不努力的社员开除出社，到最后只能多数男社员每天给10个工分，多数女社员每天给9个工分。这也是为何具有退社性质的家庭联产承包责任制变为可能后就迅速得到推广，并在很短的时间里在全国普及。

王雪睿（国家发展研究院）：林老师您好！我想问两个问题。

1. 合作化运动开始时，社员有退社的自由。那时，如果社员退社，他们还有什么别的就业机会吗？户籍制度使得退社的农民无法进入城镇工作，那么他们退社后是否会加入另一个合作社？

2. 从数据来看，1952年后的20年，农民在劳动力中的占比很高，达到80%左右，重工业和与重工业相关的产业占比很大，重工业和重工业相关产业产出的商品大部分与提高人民物质生活水平不相关，这会不会造成社会上物资匮乏？即使按照工分制可以实现多劳多得，对于农民来说，能获得的报酬也只有农产品，而计划经济体制下农民也很难用手中的农产品换取其他生活用品。而在合作社制度的初期，战争结束，人们归于平静的生活，劳动的积极性也比较高。随着时间的推移，农民发现自己努力劳动最后能获得的也只有农产品，其他产品还是很匮乏，再加上"出工不出力"的人逐渐出现，自然灾害就像一个导火索一样，引发了粮食减产的问题。在三年严重困难时期结束后,仍存在农民努力生产也很难提升物质生活水平的问题,再加上无法退社,没办法谋求新的工作,也许农民干农活就只是为了填饱肚子。这是否也是合作化运动失败的一部分原因呢?

林毅夫:

1. 在实行人民公社制度之前,农民退社,可以拿到归还的土地和农具,继续当农民。同时,当时城市工业化正如火如荼地进行,农民也还有进城的机会。

2. 在1978年以前的合作化时期,农村虽然物质匮乏,但是有钱还是可以买香烟、油、酒、糖、布、书、钢笔等,如果钱再多一些也可以买"三大件"——手表、自行车和缝纫机。所以,固然当时买一些生活必需品和工业品需要凭票,但相对而言,有钱的人还是可以比没钱的人过得更好、更体面。不过在生产队制度下,推行的是按需分配和按劳分配相结合的分配制度,秋收以后,先按人口分配口粮,剩余的再按劳分配。由于劳动投入的数量和质量监督困难,对劳动的计量主要与性别和上工天数有关,与工作努力程度关系不大,干好干坏差异较小,因此农民在自留地以外的生产积极性也就不高。

张春峰(国家发展研究院):林老师您好!您在课上提出,合作化运动失败的核心原因在于农民的退社自由被剥夺。但是,是否更核心的原因在于缺乏有效的监督方式?

1. 退社自由只是其中一种监督方式,除此之外还有记工分等,如果工分能够有效记录农民的劳动产出,那么合作化运动是否就不会失败?除了退社自由和记工分,是否还有其他监督机制?

2. 在退社自由的年代,退社的比例是否也不高?

3. 用"互助组""初级社""高级社"的三年历史说明"记工分+保留退社自由"不会导致合作化运动失败是否不够严谨?当出现一种新的生产关系的时候,是不是存在这样的可能:农民在最初不够熟悉这种制度,所以"出工不出力"的比例较小,而随着工作时间久了,在"干中学"中学会了偷懒?

林毅夫:

1. 如我回答林在恺同学的提问时所指出的,农民之所以需要退社权,是因为农业生产本身的监督困难，需要有替代的监督机制。安徽省凤阳县曾经派了17位干部到小岗村驻村半年，帮忙改善监督机制，结果也没有解决监督的问题。

2. 在有退社权的情况下，农民的自律替代了监督。当然，就像课堂上所讲的，也可能会有少数人投机取巧，正因为这样的人的存在，1956年才有1%的高级社解体。这些高级社的解体对投机取巧的人是一个警示，有助于避免投机取巧现象的蔓延。

3. 如果农民对于一个新的制度需要时间熟悉，那为何在退社权被剥夺后生产积极性和产量马上下降，在实行家庭联产承包责任制以后生产积极性和产量马上提高？人的积极性的改变是很快的。

4. 如果有退社权的公社推行的时间长了，退社权对不努力工作的社员的遏制效果是否会降低？我想只要退社权不被弱化，那么其遏制效果应该就会存在。以色列的人民公社基布兹长期存在而且很有效率就是一个佐证。

张哲瑞（信息科学技术学院）：《解读中国经济》第94页提到1929年苏联也曾剥夺农民的退社自由，且同样发生了粮食产量减少导致饥荒的情况。那么，为什么当时的中国还是效仿了苏联的做法呢？

林毅夫：因为不知道粮食产量减少是退社自由被剥夺所导致，还以为是被"反革命分子"破坏所导致，以致苏联不断肃反。我国也有类似的"抓革命，促生产"的情形。所以，了解一个现象背后的真正原因对防止同样的现象出现至关重要。

70. 关于农民生产积极性和惩罚机制的问题

敬无为（元培计划委员会）：林老师您好！您在课上通过缺乏惩罚机制的理论来解释农民生产积极性下降，从而造成粮食大量减产的后果，但在已经出现大面积饥荒的情况下，为什么人们仍然缺乏投入生产的积极性呢？饥饿和死亡应当说是一种很严厉而且很基本的惩罚机制，虽然无法激励人们积极生产从而获得大量粮食剩余，但应当能激励人们生产出至少能够保障自身基本需求的粮食。比如，在三年严重困难的第一年出现粮食大量不足的情况下，在第二年情况就应该会有所好转，但是直到取消人民公社之前都出现粮食大量减产的情况。为什么在这种制度下，饥饿和死亡这种惩罚机制会因按需分配而失效呢？

另一个问题是，您在课上提到，在实行家庭联产承包责任制之前农户一直都没有退社权，但为什么在三年严重困难时期之后，饥荒的现象得到了一定程度上的缓解？是因为人口的减少快于粮食总产量的减少，从而使得人均粮食产量有所上升吗？但人口减少的同时劳动力投入也会减少，是什么因素导致粮食总产量减少得更慢呢？

林毅夫：农业减产发生在1959年和1960年，1961年的粮食产量就和1960年持平了。就像你说的，在没有退社权的合作社中，"虽然无法激励人们积极生产从而获得大量粮食剩余，但应当能激励人们生产出至少能够保障自身基本需求的粮食"。但是，在粮食减产的状况下，公社还要完成上交统购粮的任务以保证城市的基本口粮，以致许多地方留下的粮食无法维持基本的生存需求，所以饥荒主要发生在农村而不是城市。请参考 Lin and Yang (2000)。

1961年以后农业生产有所恢复，主要有两方面的原因：一方面，政府在农业生产上开始强调现代科技的重要性，从1962年以前的"既要马儿跑，又要马儿不吃草"，不增加投资，只扩大经营规模，利用规模经济来提高产量的政策，改为不再迷信规模经济，开始重视科技研发和利用良种、化肥等现代化农业技术的政策，并在20世纪70年代提出了"农业的根本出路在于机械化"的口号。另一方面，耕作制度改为"三级所有，队为基础"，土地归公社、生产大队和生产队三级所有，耕作和分配以生产队为基础，队长本身就是农民，与公社社长许多是没有经验的干部比，农业生产的管理有所改善。但是，在缺乏退社权、"干好干坏一个样"的分配制度下，农民的生产积极性仍然受到抑制，所以，农业的生产率水平比推行合作化运动前的1952年低将近15个百分点，直到全面实行家庭联产承包责任制的1984年，才恢复到1952年的水平。

张骁哲（法学院）：林老师您好！我来自山西省平顺县，它是中国第一个合作社的诞生之地。对于合作社的产生，我从小接受的版本是：李顺达、申纪兰等西沟村村民由于一家单干生产率低下，所以集结了大概17户农民，组成互助组，显著提高了生产率，后来中央知道之后在全国推行。当时它们的规模其实很早就扩大到了乡一级，也就是大约上千人。我也曾经听家里长辈讲过，当时确实有偷懒的现象，但是由于在众目睽睽之下，支书等人会经常督促，常常有扣工分等处罚，所以偷懒现象并不是很严重，而且大家其实即使不像对自己的土地一样尽心呵护，也会按时完成该有的生产步骤，粮食也并不会显著歉收，甚至很多人可能没有听说过"退社"这个概念。所以，这些监督机制在当时能够起到有效的监督作用吗？

林毅夫：有时一项制度安排在试点时有效，或是作为全国典型的地方（如大寨）时有效，但是在全国推广以后就失效，这是因为在试点时和作为全国典型地方时，有全国人民看着，所以大家都会好好干。另外，1956年第一届全国人民代表大会通过的《高级农业生产合作社示范章程》里有入社自愿、退社自由的相关规定，各地在动员农民参加合作社时，应该会告知农民这项权利。并且，根据中央农村工作部的相关文件，在1956年时全国有5%的农民退社，导致全国1%的高级社解散。所以，在当时，退社权是农民所享有的一项实实在在的权利。

郭梦岩（医学部教学办）：林老师您好！退出权假说是不是和收益权统一的呢？互助组、初级社、高级社、人民公社的不同在于收益是否为个人或家庭所得。前面三种组织形式下，收益都是可见的，农民明确知道这是自己的资产，有收益权、决策权；到人民公社时，土地收益全部上交，农民等待再分配，土地收益不在农民的控制范围内。

现在的状况也是如此。如果是自家的土地和庄稼，除草的精细程度可能堪比"雕花工艺"，因为使用权、收益权全归自己所有。还有一个例子，农民包租土地时耕种的积极性大于被雇用时耕种的积极性，也是由于收益权不同。

林毅夫：在互助组时确实土地收益直接归农户所有，但是从初级社以后土地收益都是统一到公社或生产队，然后再分配给农户。不同的是，初级社推行的是按劳和按土地及农具、耕牛等分配，高级社推行的是按劳分配，人民公社推行的是按需分配，生产队推行的则是按劳分配，直到实行家庭联产承包责任制后土地收益的分配方式才改为在交足国家、留足集体后，剩下的归农民自己。所以，从收益权来说，高级社和生产队是一样的。

71. 对合作社退出权的一种数学推导

冯卫民（医学部教学办）：林老师您好！对于 1959—1961 年及之后一段时间内我国农业生产的问题以及合作社失败的原因，您用社员丧失退社权和博弈论进行了解释。关于您的观点，我有以下看法：

对于一个 n 人的合作社，此时退社仍然自由，其中一人有消极劳动的现象。按照您的观点，其他社员会退社，那么对于第一位退社的社员来说，退社的成本是规模经济所增加产量的 $1/n$，收益是一人消极劳动所减少产量的 $1/n$。如果他选择退社，说明他认为前者小于后者。

同样，对于另一个 n 人的合作社，此时社员没有退社权，其中一人消极劳动，那么自己的成本是消极劳动所减少产量的 $1/n$，收益是自己可以少付出劳动。所以他选择消极劳动，就说明他认为前者小于后者。

综上，则应该有：少付出劳动 > 一个人消极劳动所减少产量的 $1/n$ > 规模效应所增加产量的 $1/n$。这说明，即使退社自由时，消极劳动的人依旧会消极劳动，因为他不会担心别人退出，毕竟少付出劳动的收益大于规模效应所带来收益的 $1/n$。这样是否就出现矛盾了呢？请林老师指正。

林毅夫：第一项比较是不对的，因为如果合作社解体，对不合作的人来说，成本不是规模经济增量的 $1/n$，而是该增量的 $1/n$ 乘以几十年。

冯卫民（医学部教学办）：是的，第一项中应为规模经济增量的 $1/n$ 乘以几十年。那么同样，后续的几项应该也乘以几十年，更正后如下：

对于一个 n 人的合作社，此时退社仍然自由，其中一人有消极劳动的现象。按照您的观点，其他社员会退社，那么对于第一位退社的社员来说，退社的成本是规模经济所增加产量的 $1/n$ 乘以后续几十年，收益是一人消极劳动所减少劳动的 $1/n$ 乘以后续几十年。如果他选择退社，说明他认为前者小于后者。

同样，对于另一个 n 人的合作社，此时社员没有退社权，其中一人消极劳动，那么自己的成本是消极劳动所减少产量的 $1/n$ 乘以几十年，收益是自己可以少付出的劳动乘以几十年。所以他选择消极劳动，就说明他认为前者小于后者。

综上，则应该有：少付出劳动 > 一个人消极劳动所减少产量的 $1/n$ > 规模效应

所增加产量的 $1/n$。这说明，即使退社自由时，消极劳动的人依旧会消极劳动，因为他不会担心别人退出，毕竟少付出劳动的收益大于规模效应所带来收益的 $1/n$。

所以，似乎将成本乘以几十年并不影响这一推论。因为上述推导过程中每一项成本或收益都是长久的，而不是一次性的。

林毅夫：在有退社自由的合作社，如果一个人选择消极劳动，而导致合作社解散，那么，他一次性的消极怠工的好处要和以后几十年每年 $1/n$ 规模的损失之和做对比。而且，合作社解散以后，怠工的人回去单干，就不能再怠工，那么其损失有很大的概率会大于一次性消极怠工的好处。

在有退社自由的合作社，对于积极工作的人来说，是否只要有一个人怠工就会选择退社？未必，因为存在规模经济的好处。但问题是，如果有一个人怠工且没有得到惩罚，那么很快就会有更多人怠工，怠工人数达到一定数量以后，规模经济就不能补偿那些人怠工的损失，此时，努力工作的人就会退社，合作社就会解散。合作社解散以后，怠工的人回去单干，再也不能怠工，那么，如前面的分析所指出的，对于怠工者，一期或两期怠工得到的好处有很大的概率会小于合作社解散以后几十年每年 $1/n$ 规模的损失之和，这些人就会自我约束而不怠工。

如果没有退社的自由，有些人会因为自己从每期都怠工中得到的好处大于每期因为有人怠工的产量损失的 $1/n$ 所带来的坏处，从而选择继续怠工。

好处或坏处乘以几十年，与只有一年相比，当然会有决定性的影响。

72. 关于退出权假说的几个疑问

唐睿清（社会学系）：林老师好！我读了您关于 1958 年以后生产率滑坡的退出权假说，有几个问题想向您请教。

1. 退社权在实践中的可能性究竟有多大？尽管在 1958 年实施人民公社化前，在章程中有入社自愿、退社自由的相关规定，但是写在纸面上的规定与实际的运行规律之间可能存在较大的出入，名义上的入社自愿、退社自由是否能够真正地落实呢？——特别是在 1953 年实行统购统销以后，如果农民不入社，是否能够正常地生活？退社（尤其是富农退社）会不会被视为不先进而遭到批判？我也了解到在1955—1957年间有过多次的"退社风波",这种现象虽然不少见,但毕竟人数占比不高,且持续时间并不长。因此想请教您,您认为退社权造成的实际影响有多大?还是说,只要存在退社的可能性(即使可能性很小,付出的代价也很大),就能够有效地对投机取巧行为进行约束?

2.您指出,1958年以后,农业全要素生产率持续处于较低的水平,直到改革开放后才逐渐恢复并超过1958年前的水平,而这是其他假说不能解释的。但是,为什么全要素生产率一直处于较低的水平,却没有再次造成类似1959—1961年的严重饥荒呢?

林毅夫:

1.从中央农村工作部的文件上可以看到,1956年有5%的农民退出高级社,1%的高级社解体。所以,在当时,退社权是真实存在的。

2.如果农民能够自律,那么无论从生产还是安全保障来说,集体生产都是比个体生产占优的制度安排,在有退社权对投机取巧行为的制约时,自律行为可以被维持,所以,绝大多数合作社不仅没有解体,而且产量还在增加。

3.1962年以后在生产率水平低的状况下,我国没有出现严重的饥荒是因为:(1)改变了农业发展的政策思路,从依赖规模经济改为依赖现代科技,增加良种、化肥、机械化的投入。(2)不再征收过头粮,城市人口的粮食需求以统购方式无法满足的部分改为从国外进口,同时在农村保留了自留地,如果缺粮,农民可以在自留地上增加生产。

崔博雄(经济学院):林老师您好!有关1959—1961年的农业危机,我有一些困惑。您提出的退出权假说建立在博弈论的基础上,认为由于人民公社的退出权受到限制,因此将懒惰的人开除出公社,使其难以享受规模经济效益这一威胁事实上不可置信。但对于20世纪50年代末农业生产积极性在全国范围内的下降我有两点不解。

一是20世纪50年代末,大跃进运动虽然结束,但是浮夸风仍未被彻底遏制,工业建设计划仍然在轰轰烈烈地进行,怎么可能容许大规模的因为懒惰而消极怠工的情况出现?如果说某一地区的极个别的人这样做尚可以理解,但是怎么会成为全国范围内的普遍现象?

二是考虑乡风民俗问题。我国古代小农经济延续了几千年，在 20 世纪 50 年代末，乡土社会的特点并未完全消失，家族声望和个人声誉的重要性仍然比较高。这就与普遍的消极怠工现象相矛盾。为什么这个时候人们变得不在乎声誉了，即使是在出现农业危机、饿肚子的情况下也没有动力去耕种呢？

林毅夫：

1. 如果在生产队里生产积极性不是普遍很低，为何农民自留地的产出要高于集体土地的产出？为何在实行单干性质的家庭联产承包责任制后产量大增？

2. 在传统农村的乡风民俗下仍然会出现一些不肖子弟，所以，才会有"开祠堂"将不肖子弟赶出家门的制度安排，这种制度安排和我们在课堂上讨论的建立在博弈论基础上的退出权假说异曲同工：如果不允许"开祠堂"将不肖子弟赶出家门、族门，传统农村社会重视家族声望和个人声誉的乡风民俗也会难以维护。在合作化运动以后，由于不能将不努力的社员赶出集体，相当于不能把不肖子弟赶出家门、族门，传统的乡风民俗也就难以发挥作用。

李卓（法学院）：林老师您好！根据您的退出权假说，从 1958 年至 1978 年，因政策剥夺了农民对合作社的退出权，农民丧失了通过退社来惩罚偷懒个体的办法，从而导致了合作社生产效率的极大降低。我认同这一解释，但随之而来的问题是，如果无法退社是这一时期的长期性政策，并导致了 1958—1961 年的农业危机，为何农业危机在 1962 年结束后，虽然生产率未能恢复到 1952 年前的水平，但也并未再次带来大规模的农业危机？

我想也许可以从监督的角度进行解释。从人民公社转变到生产队的形式，农户数量大大减少，故虽然农业缺乏完全有效的监督途径，但初级社的规模使得一定程度的监督仍是可行的，农业生产的规模效应得以发挥。同时，生产技术如化肥的使用、品种的改进等也在一定程度上缓解了农业危机。因此，之后虽然生产率未恢复到 1952 年前的水平，但也未出现第二次大规模的农业危机。

林毅夫：剥夺退社权的影响是使生产积极性一次性地下降到一个水平，然后就停留在那个水平，而不是每年下一个台阶地往下掉，所以，也就不会不断地出现危机。

1962年以后没有再出现饥荒是因为没有其他使生产积极性继续下降的政策措施，而且，政策也从强调规模经济转为强调通过化肥、良种和机械化等方式增加现代技术投入以提高生产率上来。不过，生产队的规模虽然和初级社相当，比高级社小，但是，即使在有现代技术投入的有利条件下，1962年后的生产率水平不仅比初级社和高级社时低，而且也比1952年个体经营时低。所以，对于1962—1978年间劳动生产率水平长期比1952年低15%以上的现象，只能从退社权被剥夺，农民干好干坏一个样，生产积极性受到抑制方面来解释。

董逸帆（国家发展研究院）：我看到之前很多同学质疑退社权导致生产率降低的帖子，也有了一点自己的想法，希望和老师交流。其实我听到这个理论的第一反应也是质疑的。因为以我自己对人性的浅薄理解，"破罐子"是真的不怕"破摔"的，退社是威胁不到那些偷懒的人的。我也做过一些扶贫调研，对于很多贫困户来说，他们想不了那么远，也不会想那么远。

在我看来，退社权被剥夺只是一个导火索，真正起决定作用的是政府的态度。在一个社会里，无论怎样都会不断努力、未雨绸缪、百折不挠的人是少数；同样，那些就是要偷懒的人也是少数；大部分人都是被环境和舆论影响的、介于两者之间的人，他们是很多事情能否做成的决定性劳动力。保留退社权是政府的一种态度，代表政府尊重劳动者自由，谴责偷懒者，维护努力劳动者的权利；剥夺退社权也是一种态度，把监管偷懒者的"难"转变成限制劳动者自由的一刀切的"易"，其实在我看来也算是一种"懒政"了。这种态度上的转变影响了大部分人的行为，从而造成了大家一起"破罐子破摔"的劳动状态。我想这种劳动状态的转变是造成生产率降低的关键因素。退社权或许是一个信号，但我想"冰冻三尺，非一日之寒"。

林毅夫：第一，真正先天就好吃懒做的人是少数的，退社权的重要性并不在于使得那些真正好吃懒做的人努力劳动，而是避免使一般人像你说的那样，受到环境的影响也跟着偷懒。第二，在从互助组变成初级社、从初级社变成高级社、从高级社变成人民公社的过程中，政府并没有"懒政"，因为合作社的规模越大，政府的管理和组织成本就越高。

73. 从产权制度角度对退出权假说的思考和评价

马尧力（外国语学院）：林老师您好！您在课程第四讲"赶超战略和传统经济体制"中对退出权假说的论述引起了我极大的兴趣。您用一个简洁的博弈论与团队理论的模型证明了保持团队成员的自由退出是中国农业合作化维持有效均衡的一个必要条件，一旦这个条件丧失，就会使农村合作团队陷入低效均衡。因此，20 世纪 60 年代初中国农业危机的根本原因是取消了社员的退社权。这一观点给了我很大启发。

同时，在阅读相关文献时，我也注意到从产权保障的视角对您这一理论的一些评价和补充。回顾改革开放前农业合作化的现实情况，随着合作化水平的不断提高，农民在完整产权无法保障的情况下退社成本极高，同时退出合作社也受到种种政策条件的限制，相对于中央和地方政府而言处在一个不平等的地位上。因此，退社权的有效性依赖于相关制度条件的支持，而制度的缺位也会导致退社权失去意义。请问您认为从产权制度的角度来解释农业合作化的成效和 1959—1961 年的农业危机是否合适呢？

林毅夫：

1. 1956—1957 年推行工分制的高级社的产权安排和 1962—1978 年生产队制度下的产权安排是一样的，都是按劳分配，但是，在 1956—1957 年时生产率水平不仅没下降而且还在提高。私有产权在 1953 年以后一直在被弱化，直至 1956 年后被完全取消，但是，1956—1958 年时的生产率水平比退出权被剥夺的 1959—1978 年的生产率水平高 15%～30%。用产权理论无法解释上述现象。

2. 在 1956 年第一届全国人民代表大会通过的《高级农业生产合作社示范章程》中规定的是入社自愿、退社自由，社员退社时，不仅要退回其入社时的土地和农具，而且要把在参加合作社时合作社的各种投资折价分给退社的社员。从实际情况来看，1956 年全国有 5% 的社员退社，导致全国 1% 的高级社解散，所以在当时退社权是一项真实的权利。但是，退社权作为一项权利和概念，在其后的各种文件中消失了，甚至在十一届三中全会通过的《关于加快农业发展若干问题的决议（草案）》中还明文规定"不许分田单干""不许包产到户"，只有到了

1980年的《关于进一步加强和完善农业生产责任制的几个问题》中规定"在那些边远山区和贫困落后地区……要求包产到户的,应当支持群众的要求,可以包产到户,也可以包干到户,并在一个较长的时间内保持稳定……在一般地区……已经实行包产到户的,如果群众不要求改变,就应允许继续实行",退社权才开始恢复。

74. 关于农业合作化的一些思考

徐鸿诚(元培计划委员会):林老师您好!关于农业合作化,您在课上指出,这是农业国发展重工业所不得不采取的措施,是一个内生的结果,不如此就不能解决要素禀赋与发展战略不一致的结构性问题。我在想,这是否也和社会主义对于理想社会的构想有一定的关系?马克思和恩格斯提出要通过示范和提供社会帮助把个体农民的私人生产和私人占有变为合作的生产和占有,而农业集体化在苏联也得到了实践。所以能不能认为是发展重工业的经济需要和意识形态的双重作用使中国走上了农业合作化之路?

此外,改革开放率先在农村实行,农村生产力得到快速提高,这为中国之后的经济腾飞奠定了基础。而农业合作化之路却有着前车之鉴:在苏联,农业产量在20世纪30年代初降低了30%以上,农村因此出现了严重的饥荒,直到1938年才略微超过1928年的水平(但仍未恢复到战前水平)。尽管如此,中国仍然走上了农业合作化之路。由此看来,可否将改革开放前中国经济不尽如人意的表现视为发展战略上的失误?如果20世纪50年代初土地改革之后维持以个体农户为基础的生产,不推行后来的农业合作化,中国经济是否可能更早走上高速发展之路?

林毅夫:

1. 如果意识形态是农业合作化的主要原因,那么政府可以在没收了地主和富农的土地以后,直接将之改为合作社,请贫下中农入社,而不用先把土地分给贫下中农再进行合作化。

2. 城市推行重工业优先发展战略,需要以农补工,而如果农村还保持个体农户的生产组织形式，低价统购政策将难以推行。这是 1953 年陈云到青浦调查时所发现的所谓"农民变了，不愿意交粮"的问题。合作化运动从 1953 年开始是因为我国在同年开始推行重工业优先发展战略。

3. 如果重工业优先发展战略没有改变，维持以个体农户为基础的生产，那么，1959—1961 年发生在农村的饥荒或许可以避免。但是，重工业优先发展战略就不容易落实得那么彻底，很可能就无法在 20 世纪 60 年代成功试爆原子弹，在 70 年代成功发射人造卫星，同时，经济的整体发展水平也不会高。中国和印度的对比应该可以对上述判断提供佐证。

75. 关于农业危机与农业生产率下降之间的相关性问题

于士翔（化学与分子工程学院）：林老师您好！在第四讲关于 1959—1961 年农业危机的讨论中，您论述了农业合作社社员的退社权被剥夺与农业合作化运动失败、农业生产率下降之间的关系。您在书中提到，退社权被剥夺的 1958—1978 年间，中国农业的全要素生产率始终维持在一个较低的水平，直到生产队被取消才开始恢复，直到 1984 年才恢复到农业危机之前的水平。

既然如此，为什么农业危机仅持续到 1961 年呢？我在《中国农村经济统计大全（1949—1986）》中发现农业危机解除的第一年（1962）的粮食总产量甚至不高于农业危机第一年（1959）时的水平。但是农业危机并没有持续下去，而是在 1962 年就结束了。这样看来，虽然退社权被剥夺的确导致了农业生产率大幅下降，但生产率的下降是否并非农业危机的决定性因素呢？

我还看到一种解释，认为 1958—1960 年全国性的浮夸风现象导致粮食征购率上升，大幅增加了农村的征购负担，这一负担上升与农业生产率下降的双重作用导致了农业危机的爆发。对该观点的一个佐证是 1959—1960 年农业危机爆发，农村人口下降的同时，城市人口仍保持上升势头，这似乎说明了在农村被粮食问题所困扰的同时，城市的粮食还是相对充足的。我觉得这一解释似乎更加全面。不知您对这一解释有怎样的看法？

林毅夫：对 1959—1961 年的农业危机要分两个层次来看，一个是生产率下降导致产量下滑并且生产率水平长期没有恢复，一个是缺粮导致死亡率比此前上升而且大多集中在生产粮食的农村。前一个问题是农民积极性的问题，我们在课上已经分析，在对上一个同学的提问的回答中也已经说明。对于第二个问题，你的看法是对的，很好！照理说，缺粮导致死亡率比此前上升，这种情况应该集中在城市而不是农村，不过实际的情形正好相反。这是因为政府的统购统销政策保证了城市的最低口粮要求，在产量减少的情况下，生产粮食的农民在交了统购粮以后自己就不够了。如果你对这个问题感兴趣，请参考 Lin and Yang (2000)。至于农业危机尤其饥荒在 1962 年就结束而不是继续下去，我在前面回答唐睿清同学的提问时已经指出，这是由于：（1）改变了农业发展的政策思路，从依赖规模经济改为依赖现代科技。（2）不再征收过头粮，城市人口的粮食需求以统购方式无法满足的部分改为从国外进口，同时在农村保留了自留地。

76. 关于退出权假说的思考和疑问

卞铖（国家发展研究院）：林老师您好！在听完本章内容后，我对课中提到的退出权假说比较感兴趣，然后查找了一些相关的资料，但是在其中发现了一些问题。

书中提到农民退社权取消的时间是 1958—1978 年，那么我可以理解为 1958—1978 年间粮食生产始终受到退社权取消的影响，但是，根据我找到的数据，在 1962—1978 年间，仅有 3 年的粮食产量为负增长，人口增速在这些年份也并未有太大的差异。同时，在大规模引入新技术后，1962—1966 年的四年中，有三年的粮食产量增长率在 9% 以上，甚至在 1978 年实施家庭联产承包责任制之后的粮食产量增长率也没有如此之高。仿佛这样的数据并不支持退社权假说，也不能否定科技的重要作用。

同时，我看到了一个食物获取权理论，该理论从需求侧的分配角度出发，认为人们获取食物的直接权利和贸易权利受到冲击时会引发饥荒，从而得出当时的"剪刀差"政策必然会导致饥荒发生。

林毅夫：如前面回答于士翔同学的提问时提到的，对 1959—1961 年的农业危机的分析要分成生产率下降和死亡率上升两个层次,对生产率下降并维持在低水平的最好解释是退出权假说。在低生产率的情况下,如果增加投入(例如,增加化肥、良种的投入),那么产量也会增加。人口出生率在1958年时为2.92%,之前几年在3.0%以上,1959—1961年则分别是2.45%、2.09%、1.81%,是显著下降,而不是没有变化。在粮食减产的情况下,饥荒和死亡率上升的情形主要发生在农村而不是不生产粮食的城市,确实和食物获取权有关。请参考 Lin and Yang (2000)。

史乔心(医学部教学办):林老师您好!如您前面所提到的,人口出生率在1959—1961年是显著下降的,而不是没有变化。我想进一步了解人口出生率的下降是否也会在短期内影响生产率。

林毅夫:人口出生率下降在短期内不会影响生产率,因为一个人出生后需要15年或16年才可能成为劳动力。我们在计算生产率时,是以劳动力作为生产要素,而不是以人口作为生产要素。

77. 关于人民公社时期生产率下降原因分析的疑问

毛瑜晨(法学院):林老师在《解读中国经济》一书中通过类似于控制变量的思路对人民公社时期生产率下降的原因进行了分析,最后得出的结论是因为参加合作社的退出权被剥夺,农民从事生产的主观能动性降低。但是我注意到,前面林老师提到的猜想三"人民公社按需分配导致激励下降"的观点,同样认为是农民从事生产的主观能动性下降导致生产率降低。但在这里似乎并不能从林老师给出的条件推导出唯一的结论。

我认为还有以下分析思路可能会对林老师的结论提出质疑:我国的农业生产在1962年之后恢复到生产队模式,监督和管理更为容易,那么这种监督和管理为什么不会抵消掉退社不自由带来的激励下降呢?虽然退社不自由是1961年前后农业生产模式的共同点,但假如把它对激励的影响视作"有效监督"更次一级的影响,似乎对于真正原因的分析还需要考虑其他因素(或者人民公社外部的因素)。希望林老师批评指正!

林毅夫：生产队模式下的监督比公社模式下更容易是没错的，但是，生产队的规模和初级社相当，所以其监督没有比初级社难，但是生产率水平却比初级社低。同时，生产队的分配制度和高级社相同，而在高级社的分配制度下，其生产率水平比初级社高，也比生产队高。能同时解释这些现象的只有退出权假说。

张骁哲（法学院）：毛瑜晨同学你好！我认为退出权假说比猜想三的解释力更强的一点在于，它能够解释为什么在人民公社之前，也就是高级社的时候没有出现明显的生产率下降。至于之后的生产率持续低迷，应该两种假说都能解释。

林毅夫：对于生产率在公社化运动以后持续低迷的现象，似乎"退社说"和"规模说"两种都能解释，但是，"规模说"不能解释为何生产队的规模和初级社相当，但生产率水平远低于初级社。一个理论只有把各种相关的现象都能解释清楚，才是揭示了这个现象背后道理的理论（可以参考我在《本体与常无》一书中关于方法论的讨论）。

78. 关于农村全要素生产率下降的疑问

黄光波（城市与环境学院）：林老师您好！退出权假说提到，由于农民的退社权被剥夺，集体生产的博弈方式发生了转变，农民不再具有生产积极性。我个人理解，这种博弈方式改变导致的积极性降低应该是逐渐的，也即，农民生产的积极性应该逐渐降低，农村的全要素生产率应该逐渐降低。但我们看到农村的全要素生产率在1961—1967年间是逐渐上升的，而在1967—1972年间是下降的（《解读中国经济》第90页，图4.1，"1952—1988年全要素生产率指数"），这与我的上述猜想不符。

1952—1988年全要素生产率指数

我认为全要素生产率在前一时期的上升是由于政府对农业部门投入的增加、农药和化肥的推广以及更高产量农作物的栽种，而在后一时期的下降是由于"文化大革命"的影响。但似乎"文化大革命"对农村地区的影响较少，农村依然是集体生产的模式，因此这一猜想的解释力似乎不是很强。还希望老师解惑。

林毅夫：就像改革开放后实行家庭联产承包责任制后，农民的积极性不是逐渐提高而是一次性地提高一样，在农民被剥夺了退社权以后，其积极性不是逐年降低，而是一次性地迅速降低。1959—1961年的农业生产率水平还受到公社的生产组织、大炼钢铁、饥荒等因素的影响，这些因素在1961年以后不复存在，所以1961年后农业生产率有所恢复。但是，由于退社权一直被剥夺，农民的积极性和农业生产率一直没有恢复到1952年合作化运动以前的水平，这种情形直到改革开放后实行家庭联产承包责任制才得到根本的改观。

李宙怡（光华管理学院）：林老师您好！鉴于全要素生产率是一个索洛余项，由上报的总产出和各要素的数量计算得出；而在层层加码的官员晋升赛中，GDP等统计数据的虚高曾是我国不少地方政府的"传统"。如何确定这样的全要素生产率数据可以真实地反映问题呢？对于1959年起全要素生产率陡降且长期未见回弹的趋势，如何排除如下可能性，即在农业危机前各地都虚报产量，导致总产出数据虚高，而从农业危机开始就"纸包不住火"了？

林毅夫：全要素生产率确实是一个余项，但是只要统计系统不是每年往一个方向不断地"恶化"，那么还是可以进行跨年比较的。如果在农业危机前各地都虚报产量，导致总产出数据虚高，农业危机开始后"纸包不住火"，那么影响的应该只是1959年的全要素生产率，而不可能对全要素生产率产生长期影响。

79. 对"地区粮食自给自足"政策的一点思考

成瑞林（经济学院）：林老师您好！您在第四讲中提到"地区粮食自给自足"是一项比较令人困惑的政策，请问这是统购统销政策造成的结果吗？

在《解读中国经济》一书中，您提到由于统购统销，余粮省不愿多生产粮食，缺粮省希望多调入粮食。请问这种情况是真实存在的吗？一方面，余粮省的粮食要不要多生产，是由农民决定的，而对于农民来说，在其他政策不变的情况下，其劳动生产率应当保持在一个固定的水平，余粮省的粮食产量不应当下降；另一方面，即使存在统购统销，缺粮省多生产农副产品和经济作物，和余粮省进行交换，也并不会影响剩余从农村向城市的转移。

如果和统购统销政策无关,那么"地区粮食自给自足"是否仅仅是一种不符合经济规律的政治指令?

林毅夫:在人为压低的统购价格下,多缴粮等于多缴税,所以,余粮省在粮食生产量超过在20世纪50年代确定的调拨量以后,不愿意多生产粮食去上缴中央,即使本省的人口增加使粮食需求量增加,也只会生产足够多的粮食满足原来规定的上缴量,以及本省的人口口粮的需要。缺粮省多调入粮食则等于多拿到补贴,因此希望中央多从其他省份调入,但是在余粮省不愿意多上缴粮食的情况下,缺粮省在20世纪50年代确定的粮食调入数量水平下,如果人口增加、需求增加,只能自己多生产。并且,在改革开放之前,农民若自己将农产品从一个地区运到另外一个地区去交换或销售,会被视为"投机倒把"行为而受罚。所以,就形成了各个省份粮食自给自足的情形。

赵惠媛(国际关系学院):请问林老师,"地区粮食自给自足"是否可以理解为在统购统销的宏观政策之下各地之间博弈的自然结果?

如果是这样,按照当时国家的动员能力,为什么不颁布强制性指令去实现余粮省和缺粮省之间的资源最优配置,而是默许了这样一种低效情况的存在呢?(我查阅了相关资料,1949年后,中国建立的是一个高度集权的统收统支模式,中央第一次放权是在1958年,这比"地区粮食自给自足"的现象要晚。按说在此之前,地方的财税自主权是很低的。)

林毅夫:主要原因与在合作社里农民的努力程度难以监督一样,粮食生产是一个有机的过程,时间长,容易受到天候、环境等自然因素的影响。如果强制余粮省每年增加调拨量给人口不断增加的缺粮省,那么,在天候、环境出现不良状况时,余粮省在农村就可能出现和1959—1961年一样的困难的情形;如果在自然条件不好时可以少缴粮,那么余粮省抓粮食增产以补贴缺粮省的积极性就不会高,可以把增产不如预期的原因归咎于难以监督的天候等自然因素,中央无法一块地、一块地去检查是否属实,也就无从惩罚。所以,这种要余粮省牺牲自己的利益每年增产去满足缺粮省不断增加的粮食需求的制度安排也就不可行。

总的来说,中国是一个大国,由于信息和执行成本的问题,除一些中央直接抓的大项目外，经济社会的治理模式一般是由中央定框架性政策，地方在执行上有相当大的自主权。

80. 关于人民公社后的生产队制度的问题

郭鹏（数学科学学院）：在人民公社失败之后，农村回到了生产队组织形式，在生产队制度下是允许队员自由进出的，但全要素生产率仍没有恢复到人民公社之前的水平，请问其原因是什么呢？我试着提出两个猜想：一是人民公社制度破坏了生产力，使其难以恢复到之前的水平。但是这一生产力水平一直持续到了1984年，所以该猜想不太可信。二是人民公社制度破坏了"自由进出"的原则，再次建立生产队时，已经默认队员不能自由进出了。

林毅夫：在生产队制度下，队员不是自由进出的。所以，1978年安徽凤阳小岗村推行"大包干"是偷偷摸摸的，而且还立了血誓——如果生产队长因为同意推行"大包干"而坐牢，队里其他成员答应抚养其子女至18岁。

许鹏程（地球与空间科学学院）：林老师您好！您在课上提到，在实行人民公社运动后，农村生产力水平大大下降，甚至导致了三年严重困难。我的疑问在于，在人民公社运动失败之后，为什么不重新实行高级社制度，而是实行生产队制度呢？也就是说，为什么要坚持取消退社自由呢？既然"一五"计划已经证明了高级社可以满足优先发展重工业的要求，而且会使农民的境况更好，为什么不恢复以前的高级社制度呢？

林毅夫：生产队的分配制度和高级社一样，都是按劳分配，所不同的是，在高级社时入社自愿、退社自由。如果允许农户退社单干，将会使统购统销政策难以执行。所以，单干在当时被认为是"资本主义复辟"。1978年十一届三中全会通过的《关于加快农业发展若干问题的决议（草案）》中仍明文规定"不许分田单干"和"不许包产到户"。

许鹏程（地球与空间科学学院）：可是在"一五"期间我国不也已经开始实行统购统销了吗？还是说"一五"期间的统购统销的实施成本比较高，集体生产的话就可以免去挨家挨户收粮的人力成本？抑或是"一五"期间统购统销政策并没有得到很好的施行呢？

林毅夫：首先，"一五"期间统购统销政策逐步推行，先从粮食和棉花开始，后来不断扩大范围到芝麻、花生等。其次，扩大合作社的规模，从初级社到高级社，当时的认识是合作社不仅在生产上有规模经济，而且统购统销政策的实施成本也会较低。

81. 人民公社后为何没有恢复退社权或推广"包产到户"模式？

钟卓宏（信息管理系）：林老师您好！关于您在解读1961—1984年中国农村生产率水平仍未恢复的现象时谈到的，在合作社成立初期，政府规定合作社入社自愿、退社自由，而到了人民公社时期就剥夺了农民的退社权。在三年严重困难发生后，中国农业生产率受到了极大的打击，政府应该也看到了生产积极性的降低，并且在之后的十几年中，我们引进了新的科技，但生产率仍不见明显起色。那么为何在这十几年中，政府仍然没有恢复社员的退社权或者放弃这种生产模式呢？同样，为什么苏联在剥夺农民退社权，导致生产率滑坡严重、饥荒严重后，同样坚持了集体生产呢？希望能得到老师的指点。

林毅夫：如果在1962年允许单干，绝大多数农民会选择单干，低价统购政策将难以推行。而且，农业合作化是毛主席提出的路线。当时的情况下，也不太可能完全否定农业合作化，而是在看到农民生产积极性低时，采取政治动员的方法：一方面，树立正面典型，号召大家学大寨、学雷锋；另一方面，"抓革命，促生产"，打击阶级敌人，"割资本主义尾巴"。

崔荣钰（信息管理系）：林老师您好！我有一个问题想请教。人民公社的政治意愿是好的，希望通过合作化实现规模效应以提升产量，但事与愿违。三年严重困难以后，一些省份基层开始试验，探索出了"包产到户""借地度荒"，也发现了贫下中农在自留地里劳作的收益要远胜于公田。这些成效农民和地方官员清楚，中央决策层也并非毫不知情，存在赞成"包产到户"的现象。但为何当时没能及时推广并延续这些"正确的探索",早一步实现中国经济的转型?如何避免上层有良好的政策意图,却无法转化为经济和民生效益的问题?

林毅夫:是的。如我对上一个问题的回答,在没有放弃重工业优先发展战略的条件下,我国当时必须维持低价统购政策,而低价统购政策和单家单户的农业生产制度不配套,同时,农业合作化是毛主席提出的路线,当时也不太可能完全放弃和否定。

82. 计划经济下农村人民公社与城市单位制的比较分析

蔡煜晖(社会学系):林老师您好!您在课上讲到,为了在极低的经济水平上推进高速工业化,国家通过实行计划经济进行强制积累。一方面,国家对主要农产品实行统购统销,促进农业集体化,通过"剪刀差"的方式实现工业化的原始积累。由于政府压低价格购买农产品,农民不愿扩大生产,也会减少投入,因此国家开展了合作化运动,并逐渐建立起人民公社。另一方面,在城市中实行单位制,通过单位对工人数量、工资总额以及社会生活的方方面面进行控制。计划经济切断了城乡之间的市场联系,户籍制度将城乡人口截然分开。

虽然城市工人被压低的工资也可以被视为"剪刀差",但单位也为个人提供了各种福利和保险,这些社会保障和激励是农民并不享有的,这是不是人民公社与城市单位制的不同之处?除此之外,有学者认为,尽管农民的经济活动受到越来越多的行政干预,但农民一直享有自负盈亏的自由,制度化、组织化程度都较差,所以,即使是农村人民公社具有某种"单位"特征,也没有成为完全意义上的单位。但是此时农村已有较为健全的基层组织,从农业合作化的产生与发展也能看到政府在农村强大的动员能力,这与农村组织化程度较低之间似乎存在矛盾。

我的问题是:作为计划经济在农村的组织基础,人民公社可以被看成农村的"单位"吗?农村人民公社与城市单位制最大的区别在何处?

林毅夫:农村的"单位"和城市的"单位"的最大差异是前者为集团,后者为国有,国家对其的权利和义务不同,保障程度也不同。农村的"单位"在交完了国家的税收和完成统购等任务以后，其余的产出留给集体分配；城市的"单位"则是产出全部归国家所有，再由国家分配所需的物资。固然，在农村很穷的生产队也有"吃粮靠返销、生产靠贷款、生活靠救济"的保障，但这种保障的水平比城市低得多，产生了量变到质变的差异，城乡户口代表两种不同的、有很大鸿沟的身份。

参考及推荐阅读文献

[1] 林毅夫.解读中国经济：聚焦新时代的关键问题[M].北京：北京大学出版社，2018.

[2] 中华人民共和国农业部计划司.中国农村经济统计大全（1949—1986）[M].北京：农业出版社，1989.

[3] Lin Justin Yifu and Yang Dennis Tao. Food Availability, Entitlements and the Chinese Famine of 1959-61[J].Economic Journal, 2000,110 (460): 136-158.

第五讲
东亚奇迹与可供替代的发展战略

83. 对重工业优先发展战略的再审视

许鹏程（地球与空间科学学院）：林老师您好！按照您在这一讲中的介绍，对于发展中经济体来说，遵循比较优势来发展经济是目前最好的做法。但是当我重新审视优先发展重工业这个战略目标时，却产生了几点疑问。

首先，从政治角度来说，优先发展重工业有利于维持稳定的外部环境，而良好的外部环境也是经济持续发展必不可少的条件。若发展中经济体真的直接遵循比较优势来发展的话，又有多少发展中经济体的进程不会被打断呢？

另外，有学者强调改革开放前的赶超战略为中国后来的发展打下了工业基础。在您看来，这份重工业基础对中国后来的经济发展起到了多大的作用？也就是说，如果不考虑政治因素，从一开始就实行比较优势发展战略，那么当今中国经济会呈现多大程度上的差异，又能达到怎样的水平？如果这一作用足够大，是否说明要不要一开始就实施比较优势发展战略也有待商榷？还是说，优先发展重工业真的就只是一个探索上的错误？

林毅夫：

1. 如果是一个小经济体，按照比较优势来发展，其进程是否会被打断？我想不会。因为小经济体不会对现有的国际霸权产生威胁，"亚洲四小龙"的成功追赶就是例子。二战后发展中国家发展进程的中断，一般是国内政策失误导致的结果。但是，我国是大国，是否也有按比较优势发展的可能？就像我在第三讲中回答同学们提问时指出的，二战后国际格局中的主要矛盾在苏联和美国之间，我国是被苏联和美国争取的对象。作为驻中国的大使，司徒雷登在1949年4月南京解放后留在南京而不是随国民党政权搬迁到广州，就是为了争取中国不加入苏联的阵营。所以，在中华人民共和国成立之初，我国对于是沿着新民主主义的市场经济道路按比较优势来发展还是沿着从1953年"一五计划"开始的计划经济道路来发展，是有一定的选择权的。历史没有"如果"，我国是选择了一边倒向苏联，并采取了优先发展重工业的计划经济道路。

2. 优先发展重工业的道路选择让我国在20世纪60年代成功试爆原子弹、70年代成功发射人造卫星，这是了不起的成就，也为我国在当前百年未有之大变局中追求中华民族的伟大复兴提供了安全保障。不过，如果没有经济实力的支撑，军事实力再强也是不可持续的，正如苏联那样。所以，小平同志成为第二代领导核心以后，能够提出"和平与发展是当代世界的两大问题"的判断，并主动裁军百万，把工作重点转移到经济建设上来。正是由于这个了不起的战略转轨，我国才有了过去这四十多年的快速发展，总体实力（包括经济实力和军事实力）都有巨大的提升，今天才能成为全世界第二大经济体、第一大贸易国。

3. 如果不考虑政治因素，中华人民共和国成立以后就实行类似1978年以后的政策，我国现在的总体实力（包括经济实力和军事实力）是否会更强？答案应该是肯定的。韩国就是一个好的例子。在20世纪50年代，韩国的人均GDP和我国处于同一水平，韩国现在的人均GDP已经超过3万美元，我国才刚超过1万美元。而且，从韩国的例子来看，也不是需要先有重工业的赶超才能保证后来的经济持续发展。随着经济实力的提升，科技实力和军事实力也会有相应的加强。当然，同粮食安全一样，一个国家的国防安全也不能完全依靠别人的善意，尤其对于像我国这样的大国来说更是如此。就像我在第三讲中回答唐睿清同学提问时指出的，从"事后诸葛亮"的角度来考虑，中华人民共和国成立初期，可以一方面以实行市场经济、按照比较优势来发展作为大前提，另一方面像我国现在对战略型产业的支持一样，以财政手段支持有"杀手锏"意义的军工产业（如核弹的自主研发），在初期这种投入可能很小，随着经济的快速发展，投入和效果就会越来越大。

杨榕雨（艺术学院）：重工业优先发展战略不符合中华人民共和国成立初期的要素禀赋结构，违背比较优势，导致了更低的城市化水平、突出的三农问题以及更高和更持久的城乡差距，但是因为重工业牵涉到国家的国防和经济安全，所以即使违反比较优势也必须由中央政府提供财政补贴来发展。但是改革开放前的重工业优先发展是不是也一定程度上阻碍了后来的重工业发展？首先，为了发展重工业，包括教育在内的非生产性建设投资被尽可能地压缩，导致技术创新所需要的人力资本的培养和积累有限，客观上影响了后来的重工业发展。其次是重工业优先发展结合当时国情是必要的，问题是否在于遏制了企业的自主能力并导致了反馈制度的失灵？重工业优先发展使得从事农业和轻工业者的个人经验被忽视，知识无法最大化地传递给那些需要的人，农业部门的信息传递是自上而下的，没有人能够通过额外途径将不符合实际的信息反馈到上面。

林毅夫：发达国家的重工业是符合比较优势的，企业有自生能力，能够在国内、国际市场中有竞争力并发展壮大，所以发达国家发展重工业不妨碍它们的经济发展、资本积累、技术进步；而发展中国家的重工业违反比较优势，结果正好相反，由于企业没有自生能力，建立起来以后靠保护补贴来生存，没有发展的后劲，很快就变成"古董"，需要更多的保护补贴才能生存。并且，由于把有限的资本用于发展重工业，轻工业、农业的发展不仅得不到必要的资本，反过来还需要以其微薄的产出来补贴重工业的发展。当时存在的问题并不是缺乏信息反馈，政府对工人缺乏积极性、企业缺乏效率的情形是清楚的，所以才会树立正面典型，一方面号召大家"学雷锋"，另一方面"抓革命、促生产"；对政府经济管理缺乏效率也是清楚的，所以才会在中央集权和地方分权中摇摆，导致了"一放就活，一活就乱，一乱就收，一收就死"的活乱循环；对农业的生产效率低、农民缺乏生产积极性的情况同样是清楚的，才会提出农业的根本出路在机械化、"割资本主义尾巴"、给农民一定自留地等政策。但是，这些措施没有针对问题产生的根本原因，只是治标不治本，从而资源错配、工人和农民积极性受到抑制、经济运行效率低的问题一直存在，直到改革开放以后，改变了发展的思路，这种情况才有根本性的变化。

84. 赶超战略和比较优势战略孰优孰劣？

敬无为（元培计划委员会）：林老师您好！您在课上提到：按照比较优势发展，能够使得企业具备自生能力，从而快速积累剩余，实现快速发展；相反，我国的赶超战略虽然实现了"两弹一星"等成就，但因为不符合比较优势而需要政府补贴，从而付出了高昂的代价。

我的理解是：许多国家在决定优先发展重工业时，提高劳动生产率水平是重要考量因素之一，但并不是唯一的考量因素。重工业与国家的国防安全息息相关。在二战刚刚结束、冷战不断升级的历史时期，未来仍然充满不确定性，而许多发展中国家同时也是军事落后的国家，因此它们优先发展重工业也是为了保障国家的独立与安全而采取的无奈之举。按照比较优势发展也许能实现更快速的增长，但当时的国际环境并不能保障国家有和平发展相关产业的条件。理解偏颇之处，还请老师和同学们指正！

林毅夫：在二战后摆脱殖民地半殖民地地位、取得政治独立的发展中国家都采取了赶超战略，如埃及、印度、印度尼西亚、加纳、坦桑尼亚等，这些发展中国家并没有在国防安全上受到威胁，采取这种战略更多的是受思潮的影响。当时的政治精英普遍认为，发展中国家必须有和发达国家同样先进的产业，劳动生产率、工资和生活水平才能和发达国家一样高，所以发展中国家必须迅速把和发达国家一样先进的产业发展起来，只有这样才能赶上发达国家。如果你去看看尼赫鲁、纳赛尔、苏加诺、恩克鲁玛等二战后第一代领导人的论述，你就会了解，他们之所以采取赶超战略，是认为要赶上发达国家，就必须发展和发达国家同样先进的产业。不仅这些发展中国家的政治领袖、社会精英等有这样的愿望，主流经济学界也给他们提供了"理论武器"。第一代发展经济学理论——结构主义由于缺乏对产业结构内生于要素禀赋结构的认识，认为在发展中国家这些先进的产业不能自发地靠市场配置资源发展起来，是发展中国家的市场失灵所致，只能靠政府直接动员资源、配置资源来发展，所以就建议发展中国家采用和我国计划经济相似的政府主导的资源动员和配置模式来发展这些先进的产业。我想这种社会思潮才是我国和其他发展中国家采取违背比较优势发展战略的主要原因。当然，国防安全等考虑也是要有的，不过二战后的国际格局主要是美苏争霸，我国当时应该如1978年开始改革开放时一样，有相当大的国际空间可以腾挪来维护国家安全。

石家豪（环境科学与工程学院）：我认为赶超战略与比较优势战略作为两个出发点不同的战略，并不存在孰优孰劣，在不同的情形和要求下均存在其特有的价值，所以不能一概而论，而应该结合每个国家的具体情况进行分析。

首先，赶超战略在国防安全上的重要性是毋庸置疑的。例如在我国的经济建设初期，重工业优先发展战略使得我国国防实力大大增强，在一定程度上稳定了发展的边防环境（尤其是在打赢抗美援朝战争之后）。此外，由于重工业的巨大牵引作用，我国的经济得到了较大的发展。同时，正如林老师所讲，赶超战略在一些人均自然资源丰富、人口众多的国家可以起到更大的作用，持续更长的时间。但我认为落后国家在发展的早期实行赶超战略貌似是不可避免的，毕竟先稳定外部环境才能真正安心发展经济。

其次，实施比较优势战略是为了缩小与发达国家的要素禀赋结构差距，是为了实现较为长期的发展目标。这个战略在长期内会获得较大的效果，是一个可以持续的长期战略，其优势不言而喻。

林毅夫：首先要澄清两个事实。第一，我国打赢抗美援朝战争时并未开始实施赶超战略。抗美援朝战争从1950年开始，持续了两年多；而我国是在1953年才开始推行重工业优先发展的赶超战略。第二，赶超战略使我国在处于很低收入水平时，就拥有了先进的原子弹和人造卫星，但是并未使得我国经济得到较大的发展，所以，我国在1978年时人均GDP还不到撒哈拉沙漠以南非洲国家平均数的三分之一，是人均GDP全世界倒数第三的最贫穷国家之一。如果不是1978年以后开始实行改革开放，改变发展思路和战略，我国不可能达到今天的发展水平。当然，这并不是说我国不需要国防安全，但是重工业优先发展不等于国防安全。例如，韩国也需要国防安全，但是这并不妨碍韩国按照比较优势来发展经济，所以，今天韩国的人均GDP超过3万美元。如果我国在20世纪50年代就像1978年以后一样，在维持必要的国防安全的基础上按照比较优势来发展经济，那么我国的经济总体水平会数倍于现在的水平，也会更有实力发展军事和国防产业。

正如我在回复敬无为同学的提问时指出的，赶超战略在二战以后是一种社会思潮，当时的发展中国家，不管是社会主义国家还是非社会主义国家，不管是大国还是小国，不管国防是否可能受到威胁，采取的都是大同小异的赶超战略。在那样的社会思潮下，我国采取重工业优先发展的战略具有时代的必然性。

石家豪（环境科学与工程学院）：林老师，我还有一点疑惑，我国在进行必要的国防投资的同时是否还有足够的精力去利用比较优势发展经济？也就是说，在中华人民共和国成立初期，政府的重心放在国防建设时，是否还会有多余的人力物力去制定一些必要的政策或措施以推动符合比较优势的产业的发展？同时，在苏联答应援助我国基础设施建设又撤离后，我国应该有顺应苏联思维继续实施重工业优先发展战略的目的，这可能也与之前苏联的"误导"有很大的关系。

林毅夫：

1. 在一个国家的资本这一要素禀赋短缺的情况下，更多地将其投入资本密集型产业，剩下的能用于发展轻工业和农业的资本就很少。在农村很多地方，农民甚至连耕牛（一种农业生产资料，也是一种资本）都买不起，犁地只能用人拉；轻工业也是如此。这才导致农产品、生活必需品短缺，只能凭票供应。

2. 二战后发展中国家采用重工业优先发展战略，是有受到苏联在20世纪三四十年代成功经验的影响的，但是更主要的是基于自身赶超的愿望，这种愿望在孙中山的《实业计划》里已经表现得淋漓尽致，在其他发展中国家也普遍存在。你可以参考《经济发展与转型》一书，该书中对发展中国家的赶超思潮有比较详细的讨论。

85. 后发优势的发挥是否有限制条件？

黄雯晖（政府管理学院）：林老师您好！按照新结构经济学的解释，在资本相对稀缺的发展中国家进行自主研发的成本高，产品竞争力相对低，而发挥后发优势，借鉴发达国家的经验和技术引进，提高产业升级和技术创新速度，是对于发展中国家来说更好的选择。

关于后发优势的发挥，一些经济学家认为是有其限制条件或者先决条件的。比如，Abramovitz（1986）提出"社会能力"的概念，认为如果技术落后国家的社会能力发展到足以有效利用技术领先国已经使用的技术，它们就具有比发达国家更快增长的潜力；Cohen 和 Levinthal（1989）提出"吸收能力"的概念，认为除了"初始知识差距越大，追赶潜力越大"，技术的吸收能力也会影响落后国家对发达国家的追赶。请问林老师如何看待后发优势的限制条件？

林毅夫： 以我在非洲、中亚等地区的发展中国家的实践经验来看，具有比较优势、成熟的、劳动密集型的产业，都有足够的学习和吸收能力；缺乏足够的吸收能力或社会能力的是那些违反比较优势的资本、技术密集型产业。例如，2011年我建议埃塞俄比亚吸引东莞最大的女鞋生产企业华坚去投资，华坚11月决定投资，隔年1月就开始生产，3月产品就出口到美国。Abramovitz 以及 Cohen 和 Levinthal 缺乏对新结构经济学所揭示的产业结构内生性的认识，其观点是建立在发展中国家发展和发达国家相同产业的基础上，但那样的产业是违反发展中国家的比较优势的。就像要一个小学生去学大学的微积分、数论等，当然只有一些天才的学生才有能力学会。如果是按部就班，从算数、代数逐级而上，那么每个学生只要努力应该都能学会。所以，发展中国家在利用后来者优势时，需要遵循新结构经济学的主张，根据自己的比较优势来选择产业和技术，如果能做到这样，任何发展中国家对要引进的技术都有足够的学习和吸收能力。

86. 关于经济利益和政治安全之间的平衡问题

柏艾辰（政府管理学院）： 林老师您好！从纯经济学角度来讲，根据要素禀赋来选择要发展的产业能够达到经济最优。然而，如果把政治等其他因素考虑进来，无疑世界贸易并不是完全自由的。以新冠肺炎疫情为例，我们看到西方很多国家并没有全产业链，在口罩等物资生产上都有很大困难。这也让我感到，我们考虑的往往是在平常时刻的经济最优，而没有把危机、战争等特殊情况考虑进来。从历史的角度讲，假如我们没有通过重工业优先发展战略来实现国防安全，外国并不会出口最先进的武器给我国，而国家在面临生存安全时，经济利益往往就会被放在次要位置。

因此很希望请教老师：如何做到经济利益和政治安全之间的平衡？如何看待

我国的"18亿亩耕地红线"等类似的战略举措？如果考虑到国防、安全保障等其他因素，不按照要素禀赋发展产业，应该以什么为限度？

林毅夫：

1. 如果一个国家什么东西都要自己生产，包括应对疫情、自然灾害、国防安全，供应链在国内要一应俱全，那就会回到封闭经济。如果发达国家这么做，其结果将是生产力的大倒退，人民生活水平将会大幅度下降，我想这样的政策不会得到人民的支持。如果发展中国家这么做，其生产力就会像我国改革开放以前一样，长期得不到提高，这样的经济也不可持续。1978年开始改革开放时，常用的一个说法是"我国的经济到了崩溃的边缘"。

2. 安全是需要的，但是，需要一方面争取国际和平的环境，一方面把所谓的国家安全的领域限制在很小的范围。如果范围扩大了，经济不发展，安全也很难得到保障。例如，苏联从国防产业来说一点也不比美国差，但是，由于国防产业违反比较优势，国家的力量都用在这上面，经济发展绩效差，人民生活水平长期得不到提高，人民的失望导致了苏联的解体。苏联解体以后，俄罗斯失去与美国争霸的能力，降为现在的"二流国家"。另外，1978年开始改革开放以后，我国把重点放在按照比较优势发展经济，才使得我国变成世界第二大经济体、第一大贸易国，我国比1978年以前更有实力来发展军事工业和国防产业，我国现在应该比1978年以前更安全。

3. 像新冠肺炎疫情这样偶然发生的灾害，需要国际合作来解决。例如，武汉有一千多万人，在人口规模上已与世界上许多国家相当，而其人均GDP也已经超过12 535美元的高收入国家的门槛。然而，不管武汉自己多努力或做多少准备，武汉绝不可能靠自己来克服新冠肺炎疫情所带来的挑战，是全国的支援才使武汉的疫情迅速得到控制。所以，像新冠肺炎疫情那样的灾害，需要靠国际合作来克服，而不是靠自己平时就做好一切准备来克服。今天（2020年3月26日），我刚和其他19位国际著名经济学家和公共卫生专家（包括4位诺贝尔奖获得者）给二十国集团的领导人写了一封公开信，呼吁在二十国集团的领导和合作下，全世界共同努力来克服新冠肺炎和其他可能存在的自然灾害的挑战。

87. 关于要素禀赋结构发展对产业结构作用的疑问

赵惠媛（国际关系学院）：林老师您好！您在课上已经说明，一国根据自己的初始要素禀赋结构采用比较优势发展战略可以较快地积累资本，资本的积累又反作用于要素禀赋结构，该国再选择新的符合比较优势的产业，由此循环往复，实现产业升级。

我有一点疑惑：在产业已经过渡到较为高端的研发核心技术、第三产业等时，那些较为低端的产业在自由市场中必然因为不符合比较优势而被淘汰，即使国家有意保留和扶持，也会呈现疲软衰颓现象。那么在这种情况之下，可能会造成产业结构的不平衡和经济发展的隐患（比如美国如今实业经济衰落，所以才会倡导"制造业回流"）；在发生重大安全事件时，也会显得捉襟见肘（比如瑞士在生物医药领域的技术十分先进，却没有足够的口罩生产产能，在2020年新冠肺炎疫情肆虐、西欧各国皆求自保甚至拦截物资的情况之下显得无能为力）。

是否由于要素禀赋（尤其是难以改变的矿产和土地资源）的限制，每个国家只能以牺牲结构为代价发展相对利润最高的产业，其余的只能依靠国际市场的自由度（也就是说，在发生影响国际社会之重大事件时，可能出现发展被"扼制"的情况）？

林毅夫：你的问题和政府管理学院柏艾辰同学的问题相似，可参考我对柏艾辰同学问题的回答。总的来讲，按照比较优势以"充分利用国内国际两个市场、两种资源"来发展经济，是最有效率、能最快提升经济发展和人民生活水平的方式。即使在2020年新冠肺炎疫情肆虐之下，真正缺医少药的也是发展中国家而不是发达国家，所以，除了涉及国防安全以及被美国"卡脖子"的领域，中国不得不违背比较优势走自主研发之路外，按照比较优势发展是一条最能够实现稳定和快速发展的道路。

88. 劳动密集型还是资本密集型？

丘艺昕（国家发展研究院）：林老师您好！在观看了您的第五讲课程视频之

后，我对于您提出的按照比较优势发展经济的观点非常赞同。1952年我国GDP占美国的8.3%，在接下来的50年中，该比例最高也才10%左右，而2018年我国的GDP已经达到了美国的66.3%。同时，由于人口老龄化，我国劳动力占人口的比重在下降，因此现在我国应该由发展劳动密集型产业转向发展资本密集型产业，但是这一过程中所带来的失业怎么办？由于这次新冠肺炎疫情，我们都看到我国作为口罩第一生产大国所带来的优势，而美国、英国、德国等发达国家都在为口罩而发愁。所以，尽管需要政府补贴，我国是不是仍应该保证一定数量的劳动密集型产业？此外，老师在课程的最后提到，根据国际贸易理论，我国的要素价格应该趋向一致。但是现在我们看到东西部发展的不平衡。是否可以把这些劳动密集型产业向西部转移，就像之前利用比较优势发展西部一样？

林毅夫：

1.随着资本的积累，比较优势从劳动密集型产业转向资本密集型产业，发展资本密集型产业是否会导致失业率提高？其实不会。当比较优势从劳动密集型产业转向资本密集型产业时，如库兹涅茨曲线所描述的，总劳动力中在制造业就业的比重会下降，在服务业（包括生产性服务业和生活性服务业）就业的比重会不断上升。所以，只要经济发展得好，失业率不会提高，日本、新加坡、德国、北欧国家长期维持很低的失业率就是例证。

2.收入水平要不断提高，产业结构就必须不断升级。试图去保留劳动密集型产业，会影响结构调整和收入增加。对像新冠肺炎疫情这样的偶发冲击，应对的办法不是让高收入国家保留口罩生产这样的劳动密集型产业，而是国家要有一些应急的安全储备，并且保持国际贸易的畅通。

3.国际贸易理论中的要素价格趋同的前提是没有交易费用，这种情形在现实中不存在，所以要素价格趋同是一个趋势，而不是现实。我国东西部发展不平衡，西部工资水平较低，确实有一些劳动密集型产业可以转移到西部，像近几年我在新疆和田推动的承接东部劳动密集型产业转移所取得的成绩就是一个例子。但其潜力有限，因为中西部的工资差距也只有30%左右，而且我国的人口主要集中在东部，西部也无法吸纳东部所有失掉比较优势的劳动密集型产业。随着我国整体收入水平的不断提高，劳动密集型产业主动往海外工资水平低的地方转移，或是国际买家的订单转移带来的被动的产业转移,将是不可阻挡的趋势。

袁野(信息科学技术学院):林老师您好!您在课程中提到,对于劳动力成本比较低的发展中国家,应该发挥自己的比较优势,发展劳动密集型产业来积累资本。但是劳动密集型产业的可替代性较高,这样会不会带来一种风险,即发展中国家的经济会更容易被发达国家的资本操控?例如,发达国家可能会通过政府补贴等手段来破坏企业与发展中国家(如中国)的合作,从而达到制裁的目的或者政治目的。中国作为发展中国家,该如何降低这样的风险呢?

林毅夫:

1. 如果发达国家要其企业生产违反比较优势的劳动密集型产品,政府就必须长期给予企业补贴,如果各种劳动密集型产品都要自己生产,其结果就会像发展中国家要其企业生产各种违反比较优势的资本密集型产品一样,需要各种扭曲和补贴,效率会非常低,企业缺乏竞争力,进而导致经济增长不可持续。即使发达国家自己不生产,改为从其他发展中国家进口,在没有政府干预前它就可以从其他发展中国家进口,国内的进口企业过去不愿意这么做,代表从其他国家进口会更贵。所以,不管是自己生产或是为了政治目的改为从其他发展中国家进口,实际上都是"搬起石头砸自己的脚"。

2. 除美国外,其他发达国家并没有争霸世界的政治野心,即使美国愿意"搬起石头砸自己的脚",其他发达国家也不会愿意为了美国的利益而去补贴其国内企业生产违反比较优势的各种劳动密集型产品。所以,发展中国家按照比较优势来发展产业,即使产品不能卖到美国,也可以卖到其他发达国家和发展中国家。因此,尽管当前存在中美贸易摩擦的风险,但按照比较优势来发展经济,使自己的产品在国内国际市场上有最大的竞争力,还是中国的最好选择。

89. 比较优势能否自发地发挥作用?

孙唯一(地球与空间科学学院):林老师您好!关于您所讲授的新结构经济学理论,我初步的理解是:不同国家存在不同的要素禀赋结构,在改革开放前,我国的劳动力相比于资本要丰富得多,如果此时发展重工业等资本密集型产业,违背比较优势，就必须进行长时间持续补贴或者价格扭曲。改革开放后，我国通过市场机制逐渐消除价格扭曲，更多地发展劳动密集型产业，此时比较优势带来最大的剩余，剩余的积累逐渐改变资本和劳动力的相对结构，从而促进产业升级。

那么，我有一个小小的疑惑：比较优势能否自发地发挥作用？也就是说，对于一个资本相对于劳动力明显短缺的国家，价格扭曲的阶段对于初始资本积累是否为必需的？如果越过这一阶段，比较优势能否自发地发挥作用？

我产生这一疑惑的主要原因在于世界上存在很多持续处于贫困状态的国家或地区，如果一条初始极其平坦的等成本线仍然必定和一条等产值线相切，那么是否意味着比较优势可以自发地发挥作用？就像中国改革开放之初，人均资本存量非常低，还是逐渐发挥出了比较优势。但目前我对于"一些没有主动扭曲价格的国家或地区持续处于贫困状态"以及"价格扭曲的阶段是否必要"这两个问题仍存在疑惑。望老师指正！

林毅夫：好问题！在第五讲"东亚奇迹与可供替代的发展战略"中，我提到按照比较优势来发展产业，可以使得要素生产成本最低，但是市场上的竞争是总成本的竞争，除要素生产成本外，总成本还包括由硬的基础设施（如电力、道路）和软的制度安排（如金融、法律）所决定的交易费用。如果总成本低，企业就有竞争力，经济就能发展好。要使得企业家按照要素禀赋结构所决定的比较优势来选择产业，则必须有一个能够反映各种要素相对稀缺性的价格体系，这种价格体系只有在竞争的市场中才能存在。所以，要按比较优势发展经济，必须有"有效的市场"；要在市场中有竞争力，还需要有"有为的政府"来帮助企业家解决软硬基础设施不断完善的问题。

如果"有效的市场"和"有为的政府"两只手一起有机地发挥作用，在发展早期，资本短缺、劳动力丰富，发展劳动密集型产业所需资本很少，并不需要扭曲资本的价格来积累初始资本（如果那样做，反而不利于经济的发展）。许多发展中国家劳动力多，劳动密集型产业发展不起来，长期陷于贫困之中，是因为没有一个"有为的政府"来帮助企业家解决硬的基础设施和软的制度安排的完善问题，所以具有比较优势的产业在市场上没有竞争力，发展不起来，贫困问题就不能得到解决。

改革开放前我国推行的是资本密集型的重工业赶超战略，改革开放初期我国推行的是双轨制：对原来违反比较优势的资本密集型产业实行"老人老办法"，继续给予转型期的保护补贴，以维持稳定；对符合比较优势的劳动密集型产业则放开市场和准入，允许乡镇企业、私营企业和外资企业投资，并积极因势利导，设立工业园、加工出口区，提供合适的基础设施和营商环境等，使其在国内国际市场具有竞争力，迅速发展起来。后者的快速发展，积累了资本，使比较优势逐渐提升到资本密集型产业，使得原来违反比较优势的产业逐渐变为符合比较优势，为取消保护补贴创造了条件，保护补贴就从"雪中送炭"变成了"锦上添花"，应该予以取消。所以，我国在转型期得以实现稳定和快速发展，并创造了向完善的市场经济体系过渡所需要的条件。

从上述分析中可以了解到，不管是经济发展还是经济转型，市场都很重要，但是通过"有为的政府"来克服市场失灵、维持经济稳定也同样重要。

90. 关于比较优势与自生能力的闭环逻辑

张春峰（国家发展研究院）：林老师您好！您在课件中提到，不符合比较优势的企业便不具有自生能力，这是赶超战略失败的原因，也是发展中国家不能选择发展以技术创新为核心的企业的原因。

但是我有几个疑问：

1. 是否这样的推论过分关注静态问题，而忽视了问题的动态变化？技术的回报率长期来看是显著为正的，很多企业失败是因为没能熬过周期，但在政府的补贴下，自生能力是可以在长期中获得的。

2. 以我国成功研制出原子弹为例，这是否明显代表着赶超战略的成功，而非比较优势战略的成功？

3. 如果进一步追问的话，比较优势与自生能力是否描述的是现有产业结构与要素禀赋的匹配问题，而非如何发展的问题？

林毅夫：

1. 产业结构是内生于要素禀赋结构的，在资本少的时候去发展赶超产业，虽然在国家扶持下能把这样的产业建立起来,但是这样的产业没有竞争力,不能创造剩余,而具有比较优势的产业也会因为得不到必要的资本而发展不起来,所以也不能创造剩余,导致的结果是整个经济剩余很少,资本积累会非常慢,比较优势升级会非常慢,在那些赶超产业里的企业要获得自生能力也会非常慢。所以,根据所谓的动态比较优势理论以保护补贴去发展幼稚产业,通常是幼稚产业总"长不大",总需要补贴,结果欲速不达;相反,如果按照比较优势发展,在政府的因势利导下,比较优势变成竞争优势,剩余创造得多,资本积累、要素禀赋结构升级和比较优势的提升会非常快。所以,按当前的比较优势发展,一步一个脚印,看似慢,其实反而能更快地使先进的资本密集型产业变成这个国家的比较优势。

2. 从技术角度来看,我国在20世纪60年代试爆原子弹、在70年代人造卫星上天是成功的。但是,整个国家的资本是有限的,把有限的资本更多地配置给不符合比较优势的产业,导致的结果是符合比较优势的产业得不到必要的资本,也难以发展,这也是为什么我国劳动力那么丰富,但是劳动密集型产品在1978年以前不仅不能出口,而且在国内也短缺,需要凭票供应,以及为什么到1978年我国的人均GDP还不及世界上最穷的撒哈拉沙漠以南非洲国家平均数的三分之一。所以,我们为此技术的成功所付出的代价是非常巨大的。

3. 总的来说,如果你清楚了产业结构是内生于要素禀赋结构的,你就会了解,在国防安全不受威胁的前提下,按照要素禀赋结构所决定的比较优势选择产业,使得企业具有自生能力,是积累资本、为比较优势的动态变化创造条件的最佳途径。

91. 按照比较优势发展和 H-O 理论有哪些不同?

成瑞林(经济学院):林老师您好!您在第五讲中提到,经济体应当按照要素禀赋结构的特性进行发展,这样会有最高的资本回报率,从而提升要素禀赋结构,实现产业升级。而赫克歇尔-俄林理论(H-O理论)也认为,一个国家应当生产和出口由相对丰裕的要素生产的产品,进口由相对稀缺的要素生产的产品。请问您的理论和H-O理论之间有哪些不同之处?

林毅夫：两者有相同的地方，都是以要素禀赋结构作为理论的基础。但是，H-O 理论认为贸易双方所拥有的技术和产业是相同的，不同的是根据要素禀赋结构的不同来决定哪个产业多生产并出口，哪个产业少生产并进口。而在第五讲以及我倡导的新结构经济学中，发达国家和发展中国家由于要素禀赋结构不一样，它们拥有的合适的产业和技术也不一样。并且，H-O 理论的讨论只限于贸易，新结构经济学则从一个经济体的要素禀赋结构出发，内生了该经济体的产业结构、技术结构，并进一步内生了该经济体的硬的基础设施和软的制度安排。同时，从新结构经济学的视角来看，一个经济体里的许多扭曲也是内生的，有些是不同结构的变化所需的时间和协调的难易程度不同造成的，有些则是政府的干预造成的。并且，在不同发展程度的国家，由于内生的结构和扭曲，关系到经济运行的货币、财政、金融、产业组织、创新、劳动、环境、区域等在有共性的同时也会有许多特殊性，所以，新结构经济学实际上是对现代经济学的一场结构革命。建议你参考《新结构经济学导论》一书中的相关讨论。

92. 发展中国家推行比较优势战略是否会永远落后？

郑柳依（元培计划委员会）：林老师您好！关于比较优势战略我有一点疑问。按照比较优势战略的理论，发展中国家只要按照要素禀赋结构的特性进行发展，就会在开放的国际市场上有更强的竞争力、更高的资本回报率和更快的资本积累，从而能够实现要素禀赋结构的提升和经济发展的赶超。按这种方式，一个发展中国家是否会赶上发达国家？会不会永远落后？

林毅夫：你提这个问题是因为没有了解"一个国家的产业结构内生于一个国家的要素禀赋结构"这个根本道理。一个国家如果违背要素禀赋结构所决定的比较优势去进行赶超，虽然产业水平看似先进，但是效率会很低，创造的剩余会非常少，资本积累和比较优势的变化会非常慢，结果是欲速不达。反过来说，如果发展中国家按照要素禀赋结构所决定的比较优势发展，会有竞争力，创造的剩余多，资本积累快，要素禀赋结构和比较优势的提升快，而且在技术创新和产业升级时可以发挥后来者优势，所以经济发展会比发达国家快，实现"小步快跑"，迅速追赶发达国家。以我国的经验来说，按购买力平价计算，在1950年时我国的人均GDP是美国的4.7%，在赶超战略下，到1978年时我国人均GDP才只有美国的5.3%，提高得很有限；1978年以后，我国改变发展战略，更多地按照比较优势发展，到2008年时我国的人均GDP已经达到美国的21.6%。哪种战略更有利于追赶发达国家？从这两个时期经验的对比来看，答案应该是明显的。至于发展中国家会不会永远落后呢？只要快速发展，等到收入水平和发达国家接近时，发展中国家能引进的技术都已经引进了，要素禀赋结构也赶上发达国家的水平了，要继续发展，自然需要转向自主研发新技术，那时也有能力自主研发新技术了。

张骁哲（法学院）：林老师您好！您在上课时讲到发展中国家应该利用自己特有的要素禀赋来发展具有比较优势的产业，而不应该盲目照搬发达国家，逻辑非常严谨、清晰。但是我有一个问题：发展中国家一般都会面临劳动力相对廉价的情况，如果把重点放在发展劳动密集型产业上，这些产业往往利润非常低，比如在苹果手机的制造过程中，组装环节的利润可能仅仅是科技利润的数十分之一，那么发展中国家与发达国家的差距岂不会一直加大？也就是说，发展中国家是否会由于自己的缺陷而很难追赶上发达国家？

林毅夫：

1. 劳动密集型产业虽然每个单位产品的利润水平低，但是所需要的资本很少，从而资本的投资回报率可以非常高，而且可以让大量劳动力从生产力水平低的农业转移到生产力水平高的制造业，能创造的剩余会比重工业赶超或者停留在农业经济大得多，所以资本的积累可以很快。根据这种比较优势来选择产业的发展中国家的经济发展速度会非常快。

2. 发达国家发展处于世界前沿的高科技产品需要靠自主研发，研发投入非常大，成功的概率非常低。如果成功了，确实就像微软、英特尔一样，是"一本万利"，但是绝大多数研发投入是不成功的。所以，就整个国家而言，靠自主研发取得新技术的国家，总体利润水平并不高，经济发展的速度也不快。

3. 发展中国家由于按照比较优势发展，经济增长速度会快于发达国家，因此也就能够不断缩小和发达国家之间的差距，就像我国改革开放以后的情形那样。

4. 在思考这个问题时的一个最大"盲点"是不了解一个国家具有比较优势、

能够变成竞争优势的产业是内生于这个国家的要素禀赋结构的,如果不提升要素禀赋结构,使其从资本相对短缺变成资本相对丰富,就采用赶超战略去发展资本密集型产业,则会欲速不达。能最快创造剩余、积累资本的发展路径是在市场经济中政府发挥积极有为的作用,克服各种软硬基础设施的瓶颈限制,帮助企业家将由要素禀赋结构所决定的具有比较优势的产业变成市场上具有竞争优势的产业。如果你对这个理论和思路感兴趣,可以参考《新结构经济学导论》一书。

毛瑜晨(法学院):林老师您好!关于发展中国家推行比较优势战略是否会永远落后的问题,您提到某些产品在发达国家已经淘汰不用或因不符合比较优势而不再生产,这时中国如果仍不放弃这个产品,就必须自己去开发和研究新技术、新产品,因此仍然有自主创新的动力。

但是在开放的经济体系中,一种产品的淘汰几乎是在各国共同发生的,这样的话,即使落后国家拥有比较优势,似乎也没有激励继续在这个领域进行研究开发了,而是会转而投入新产品的开发,那么这种自主创新的激励是不是就难以实现了呢?

林毅夫:有些产品在发达国家已经淘汰不用。例如,智能手机出来以后,功能手机(feature phone,有固定功能,可以上网、听音乐、发微信、通话、发短信等,但不能自己加载其他软件)在发达国家基本已经不用了,但是,在非洲等发展中国家每年还有几亿部的市场,在国内则被称为"老人机",也有一定的人群在使用。所以,不见得对某种产品的淘汰会在各国一起发生,对这类被发达国家淘汰的产品,如果在全世界还有足够大的市场需求,并且仍然符合我国的比较优势,我国的生产企业自然要投入研发以保持领先。再如,家电产业在20世纪初是美国的主导产业,60年代到90年代是日本、荷兰和德国的主导产业,但是美国、日本、荷兰、德国现在已经不生产家电,目前生产家电的主要国家则是韩国和中国。由于家电在全球还有巨大的市场,为了赢得这个市场,韩国和中国在家电上都需要有大量的研发投入。

93. 关于比较优势战略实施的条件

马尧力（外国语学院）：林老师您好！我在学习第五讲"东亚奇迹与可供替代的发展战略"后，理解了新结构经济学通过比较优势战略对东亚经济发展奇迹的解释，深受启发。但我想，一个发展中经济体如果按照比较优势发展，从成熟技术入手实现经济追赶，缺乏对高精尖技术的研发投入，是否只能实现从低收入向中等收入的转型，而不能实现从中等收入向高收入的转型呢？同时，中国作为一个内部差距巨大、结构层次多元化的经济体，是否能够因地制宜，根据不同地区和行业的要素禀赋结构选择自己的发展战略？

林毅夫：

1. 一个发展中经济体如果按照比较优势发展，开始的时候，所有产业都落后于发达国家，可以以技术引进作为创新的来源，但是到了中等收入水平以后，按照比较优势，产业就可以分成五类：（1）还在追赶发达国家的产业；（2）处于世界前沿的产业；（3）失掉比较优势的产业；（4）以人力资本为主、研发周期短的换道超车型产业；（5）与国防安全和经济安全相关的战略型产业。第一类产业还可以用技术引进作为新技术的来源，第二、四、五类产业都需要自己研发新技术。第三类产业要考虑的则是怎么退出或转移。可以参考《新结构经济学导论》一书中有关产业政策和怎么避免陷入"中等收入陷阱"的文章。

2. 正如你已经注意到的，中国作为一个内部差距巨大、结构层次多元化的经济体，各个不同地区的发展程度和要素禀赋结构不同，上述五种产业所要求的要素投入结构也各有不同。如果各地都推行比较优势战略，那么，各地都会按照行业和该地区的要素禀赋来发展合适的产业。所以，即使各地区的战略相同，发展的产业也会不同，政府要发挥因势利导作用的着力点也会不一样。

94. 政府如何发挥在比较优势战略中的作用？

毛瑜晨（法学院）：林老师您好！在第五讲中，您提到政府在比较优势战略中的作用有三个，第一是对信息的收集和传播，第二是协调，第三是对企业的外部性进行补偿。但是值得思考的是，政府对企业进行协调的实际效果如何保证？

例如，政府如何提前掌握产业的相关信息（这在某种意义上是不是一种主导设计权力而非仅仅对信息的收集）？

再如，政府可能为避免投资过剩而限制企业投资，而企业在获得相关产业信息之后，如果拥有自主选择权，必然会选择具有比较优势的产业，此时政府或许会设置行业准入门槛进行限制，但这种限制减少了产业内的企业数量，企业进行自主创新的可能性不也会降低吗？

林毅夫：

1. 当然不能保证政府的积极有为一定成功。不过，如果政府不作为，例如不完善产业升级所需的相应的基础设施，失败的概率就会更高。这是在20世纪80年代新自由主义盛行以后，拉丁美洲、非洲国家普遍出现"去工业化"的主要原因。也就是，取消了政府的保护补贴以后，旧的进口替代产业垮了，在没有政府帮助企业克服新的产业升级时所需的软硬基础设施的瓶颈限制下，新的具有比较优势的产业在市场中难以自发发展起来。

2. 政府行为是"主导"还是信息收集，要看政府提供相关信息的目的是什么，是为了去发展不具有比较优势的产业还是去发展符合比较优势的产业。如果是前者，政府除了提供信息还要提供保护补贴，所以，这种政府行为可以称为"主导"。如果是后者，政府只提供信息，并不提供保护补贴，政府所做的只是节约企业重复收集信息的费用，而且，随着要素禀赋结构的变化，比较优势升级，企业也有产业升级的意愿，所以这种信息的提供属于"因势利导"。

3. 政府对具有比较优势的产业不用限制投资，政府可以把新的符合比较优势的产业是什么、国内外市场有多大、现在国内已经有多少企业进行了投资、还有多少企业准备投资、产能已经形成了多少等信息对社会公布，让企业自己决定是否要投资。只要企业用自己的钱来投资，银行贷款的利率是市场利率，企业和银行就都不会是盲目的，并且，即使有一些过度投资，造成一定的产能过剩，也是市场竞争所必须有的前提。就像20世纪90年代我国的彩色电视机、电冰箱以及美国的互联网产业，只要符合比较优势，在竞争过后留下来的就会是在国内国际市场上具有很强竞争力的产业和企业。

95. 如何判断企业是否具备自生能力？

刘若淇（国家发展研究院）：老师在课上提到，有自生能力的企业在正常经营管理下不需要外力的扶持和保护就可以获得正常的利润，没有自生能力的企业无法在自由竞争市场中获利，从而推论出，没有自生能力的企业既然能够获得利润，那么一定是由于外力的保护和扶持（这种外力主要指政府的保护）。

这个定义是在自由竞争市场这一假定下的，但是在现实中并不存在完全的自由竞争市场，政府的力量并不能完全剔除，所以我们能观察到的只是一些企业获得了政府的帮助，但是如何确定这些获得政府帮助的企业在自由竞争市场下无法生存呢？（因为有自生能力的企业也可能获得政府的帮助。）

"由于政府干预造成没有自生能力"这一推论是不是由于我们将获得政府干预的企业都认为是没有自生能力的企业？

林毅夫：如果说有一些企业获得了政府的帮助（例如给予先行者的激励）而有盈利，能够生存，但是不知道其是否具有自生能力，那么，取消了政府的帮助以后，不就水落石出了吗？如果企业具有自生能力，能够继续获得社会可接受的利润率，就会继续存在；如果企业不具有自生能力，不能获得社会可接受的利润率，就无法继续经营下去。这也就是为何新结构经济学的产业政策主张给先行者的激励必须是短期的、有限的，例如公司所得税上的"三免两减"。

96. 如何使企业遵循比较优势？

郭鹏（数学科学学院）：林老师您好！您在课上提到，使企业遵循比较优势的方法，就是控制各种要素的相对价格，而控制各种价格信号的方法就是实行市场经济体制。这也是为什么各个成功的东亚经济体采取的都是市场经济体制。

我的问题是，采用计划经济的方式，难道不可以最直接控制各种要素的相对价格吗？您也提到了，由政府来收集信息是更准确、更高效的方法。那么，为什么不能采用计划经济体制，让收集好信息的政府直接对各种要素进行调配呢？

林毅夫：首先，使企业遵循比较优势发展的方法，我提到的不是"控制"各种要素的相对价格，而是各种要素的相对价格必须反映各种要素的相对稀缺性。其次，一种要素有成千上万种使用方式，也有成百万、上千万的企业想用，不同要素之间又存在各种替代的可能，并且人的需求会变，生产的技术、流通的方式等也会变，这些变化会导致对各种要素的需求的变化。要把这些影响各种要素的供给和需求的信息都收集起来并计算清楚，将来的量子计算机能否做到尚不清楚，至少目前的计算机是做不到的，只能在市场中靠竞争来决定各种要素的相对价格以反映各种要素相对稀缺性的信息。

97. 关于比较优势战略在国家和地区层面的适用性问题

严蕴（社会学系）：林老师您好！在课程中您提到统购统销政策之下，中国各个地区粮食要自给自足，一个竞争性假说是这偏离了各个地区的比较优势，生产率水平因此下降。书中老师对此给予的反驳理由中有一条提到，在粮食自给自足的前提下，若各地区提高了自己对粮食生产的科技投入和基础设施建设投入，地区间在比较优势上的差异就会缩小。而且从统计数据来看，违背比较优势只能解释生产率损失的15%。我的问题是，既然地区在不符合比较优势的部分增加投入可以缩小比较优势上的差距，为什么国家不适合这样做呢？是因为粮食是人生存的根本，在必须自给自足的规定下，地区不得不加大投入生产粮食，而国家没有这种强制性，所以有更优的选择（即采取比较优势战略）吗？

还有一个问题是，为什么对于一个国家的产业来说，比较优势很有解释力，而对于地区之间，比较优势就没有那么强的解释力了？我的想法是比较优势取决于要素禀赋结构，地区的粮食生产是一个牵涉范围较小的竞争，因此对于资本积累从而改变要素禀赋结构的作用有限。希望得到老师的指点。

林毅夫：

1. 在给定地区粮食自给自足的政策前提之下，省长负有抓"米袋子"的政治责任，在粮食生产不具有比较优势的省份，为了生产足够的粮食以满足省里口粮的需要，就只能增加投入，包括科技、水利、化肥等。在土地、气候等自然条件适合生产粮食的情况下，粮食单产高的省份不必在后天做同样的努力，所以，导致的结果是从粮食单产来看，具有比较优势和不具有比较优势的省份的单产差距会缩小（可参考 Justin Yifu Lin and Guanzhong Wen, 1995, "China's Regional Grain Self-sufficiency Policy and Its Effect on Land Productivity," *Journal of Comparative Economics*, 21, 187-206）。如果不实行地区粮食自给自足的政策，各地按照比较优势来发展，随着人口增加，粮食需求增加，具有比较优势的省份会有积极性以科技、水利、化肥等投入来增产以满足全国的需要，同样，这些投入在有比较优势的省份的效率会比不具有比较优势的省份高。从全国的角度来看，按照比较优势来发展是比较好、比较有效率的政策。

2. 在没有政府政策干预的情况下，中国历来是有全国的粮食市场的，所以才会有"两湖熟，天下足"的说法。各地的农业生产是会按照比较优势来进行的，西北和内蒙古以畜牧业为主，西南以药材、经济作物为主，华北主要生产小麦、杂粮、棉花，长江以南则主要生产水稻。工业方面，除"三线建设"时期外，各地的工业基本上也是按当地的比较优势来发展的。

98. 如何从比较优势角度看待教育和就业？

董逸帆（国家发展研究院）：林老师您好！我们是从国家战略的角度分析一个国家应该采取比较优势战略还是赶超战略，但是在教育和就业方面呢？我们知道现在有很多专业，比如化学、生物专业，压力大，回报低，就业难，却一直在扩招。在一定程度上，可以认为它们并不符合比较优势。但是从另一方面看，研发是需要投入和竞争的，很多人认为，只有保有一定的竞争者基数，才能提高研发的成功概率，所以这些专业的扩招还在继续。可是这却让很多同学在毕业后，既不能进入已经近乎饱和的专业圈，又很难有时间和精力去积累社会更需要的其他专业知识和实践。最终，行业待遇越来越差，竞争越来越激烈，已经在圈子里的人为了不被淘汰，只能选择更多地去招收廉价劳动力（同时，因为这些专业的本科和研究生一直在扩招，所以招收廉价劳动力也很容易），从而造成一种恶性循环。不知道林老师怎么看待这种不符合比较优势，却通过这样一种逻辑不断生长的现象呢？

林毅夫：我国每年经管类专业的招生人数有一百多万人，化学、生物、物理等专业的学生人数和经管类专业相比其实少得多。那么多学生报考经管类专业，可能是看到当投行家可以有上百万甚至上千万的年薪，但是有多少经管类专业毕业的学生可以当投行家？其实是凤毛麟角。大多数经管类专业毕业生也就是在一个公司、企业或政府部门当一般职员。再如读中文专业的学生，有几个人成为著名作家？一样是凤毛麟角。其实，各个专业（包括生物、化学、物理等）都是相同的。随着教育的普及，各个专业的学生都会越来越多，不能期望每个毕业生都是在他的专业里"成龙成凤"的人，这是教育普及所带来的副作用之一。但是，随着经济的发展，各行各业对人力资本的需求会越来越高，如果没有教育，就是想当一般职员都有困难。有许多研究发现，在美国，是否受过大学教育是最大的阶层门槛：受过大学教育的群体的收入水平还能随着经济的发展不断提高，虽然和收入前1%的群体之间的差距在扩大；未受过大学教育的群体的真实收入几十年没有增加，工作和生活境遇越来越差。这种状况还有很强的代际传递的特征。所以，在现代社会，除少数天才外，接受大学教育还是人生最好的选择。在教育和职业选择上，我给学生的忠告是，不要赶热门，要先想清楚自己做哪些事或学哪些学科得心应手，然后在得心应手的事和学科中选自己真正喜欢的。这样，做起来、读起来事半功倍，而且做或读本身就是一种享受，就不会有成败得失的纠葛，也会不眠不休、不怨不悔、"为伊消得人憔悴"地去做，到最后，各行各业成功的人总是这种做起来得心应手而又不眠不休去努力工作的人。这样的工作若正好属于热门行业很好，即使不属于热门行业也很好。说到底，行行出状元，只要能做得出色，结果一定不仅是个人的内心满足，而且会有很高的社会认可度。

99. 关于政策性负担的成因及其对发展战略的影响

唐睿清（社会学系）：林老师您好！您指出，发展中国家要想实现收入水平的追赶，就应该依据自己的要素禀赋实施比较优势战略。赶超战略必然会导致一大批企业承担大量的政策性负担而失去自生能力。我有两个问题想请教林老师。

1. 我们应该怎样理解这种政策性负担的成因？比如，中华人民共和国成立初期的地缘政治环境可能要求中国必须建立起更加完整的重工业体系和进行原子弹等的研发，那么赶超战略是否在某种意义上并不只是出于"一种愿望"，而是必须承担的政策负担？

2. 目前中国是世界上人口最多、经济总量第二的国家，以及世界上为数不多的社会主义国家之一。这种国家的性质是否意味着中国所需要承担的政策性负担必然大于很多体量更小的国家？是否意味着即使中国想要实施比较优势战略，可能也无法像体量更小且实行资本主义制度的国家那么"彻底"？需要承担的这些政策性负担对于中国发展战略的选择有没有影响？如果有，这种影响的程度有多大？

林毅夫：

1. 发展战略是国家的一种选择。如果选择了赶超战略以后，要优先发展的产业违反比较优势，这些产业中的企业在开放竞争的市场中就没有自生能力，企业就不会去投资，所以，它们的存在是国家战略选择的结果，这些企业具有战略性政策负担。当某些国家（例如许多欧美、拉美国家）想发展一些超越发展阶段的产业（例如欧美发达国家的军事工业，或是拉美发展中国家的进口替代战略下优先发展的资本密集型产业）时，由于违背了比较优势，其企业同样也有战略性政策负担。

2. 我国作为一个社会主义大国，可能无法像体量更小且实行资本主义制度的国家那么"彻底"地遵循比较优势来发展，你的这一点观察是有道理的。不过，在了解到发展不具有比较优势的产业所要付出的代价以后，需要有政治智慧，在保证国防安全的前提下，要尽量按比较优势来发展经济，因为没有安全，发展会变成不可能，没有发展，安全也不会有保障。按照比较优势发展经济的前提是有能够反映各种要素相对稀缺性的价格信号体系来引导企业的产业技术选择，这种价格体系只有在竞争的市场中才能得到，所以，政府在发展国防安全所需的赶超产业时，也要保证市场的有效运行。要做到这一点，必须把对国防安全所需的赶超产业的支持限定在财政的直接支持上，不能采用在计划经济时期所用的对各种市场进行干预扭曲的"暗补"形式。这样才能同时达到安全和发展两个目的。

100. 关于国家要素禀赋结构的疑问

刘光伟（国家发展研究院）：林老师您好！您提到一个企业选择的产品以及生产这个产品的技术应该取决于这个国家的要素禀赋结构，不能一味地认为发达国家采用的资本密集型技术就是好的，对于这一点我很认同。但是我比较疑惑的是一个国家的要素禀赋结构在相当长时间内应该是不会发生变化的，例如我国处于劳动密集型的阶段，这一点在相当长的时间内都不会改变，但新技术研发也是国家发展所必需的，这种情况下需要国家补贴支持发展的企业是必然存在的，该如何权衡这类企业与其他企业的比例呢？此外，要素禀赋结构的概念只适用于国家吗？能否通过政策的调控以及资源的倾斜，实现一个国家内部某个要素禀赋结构与整体相反的区域的发展呢？

林毅夫：

1. 如果按照比较优势发展，剩余会最多，资本积累会很快，要素禀赋结构和比较优势都可以变化得很快，我把这样的发展方式称为"小步快跑"，每一步看似小，积累起来反而快。反之，用政府保护补贴支持企业去发展不具有比较优势的产业、采用不具有比较优势的技术或超越阶段研发新技术，成本会很高，利润和剩余会很少，资本积累、要素禀赋结构和比较优势的变化反而会很慢。比较我国改革开放前和改革开放以后的实际情况应该就可以很清楚地看出这一点。

2. 要素禀赋结构的概念不仅适用于一个国家，也适用于一个省、一个市、一个县。各国、各地要发展好，都应该基于各地的比较优势。

刘光伟（国家发展研究院）：谢谢林老师！我国近几年已经成为制造业第一大国，这也是我国充分利用比较优势和劳动密集型禀赋结构的体现。近几年我国加快产业升级转型可以理解为我国的资本积累已达到一定的存量，要素禀赋结构在发生变化吗？

林毅夫：没错。随着经济的快速发展，资本不断积累，比较优势不断变化，产业和技术水平也要不断提高。随着资本的积累，劳动力从相对丰裕变为相对短缺，资本从相对短缺变为相对丰裕，产业也要不断向资本密集型、技术密集型的方向发展。

101. 要素禀赋结构是经济增长的决定性因素还是影响因素？

钟卓宏（信息管理系）：林老师您好！您在本讲中提到，拥有不同要素禀赋结构的国家应该选择相应的符合比较优势的产业来发展，以实现成本最低。当下，美国等发达国家的资本劳动比较高，比较适合发展技术研发等资本密集型产业，而像中国这样的发展中国家，资本劳动比较低，比较适合发展如组装、零部件生产等劳动密集型产业。

我的思考是，近年来美国的 GDP 增速一直处于 2%～3% 的水平，中国的 GDP 增速处于 6%～7% 的水平，这能否说明不同禀赋结构对经济增速有一定的影响？与资本密集型产业相关的，例如技术的研发，它的周期较长、难度较大（受限于已有技术的水平、参与技术研究的人员数量、资本的投入等因素）；而相比之下，劳动密集型产业中，劳动效率的提升、劳动力的流动、结构的调整都相对容易，并且周期不长，所以资本劳动比较低的国家的经济增长速度相对较快。而随着要素禀赋结构的升级，原本资本劳动比较低的国家的资本劳动比上升，最终也面临全要素生产率提高的难题。要素禀赋结构也许不是经济增长的决定性因素，但是不是其中一个影响因素呢？

林毅夫：发达国家的经济增长率比较低，除技术研发周期长外，更重要的是技术创新和产业升级都必须靠自己的研究和开发，投入大，风险高，成功的概率低，每年可用的新技术、可进入的新产业很少，所以，总体而言，技术进步和产业升级慢，生产率的提升也就不快。发展中国家的产业和技术都在世界的前沿之内，如果按照比较优势发展，在技术创新和产业升级时可以利用后来者优势引进发达国家已经用过的、成熟的但是比自己现在所用技术更好的技术，或是进入附加值比自己现在生产产品的附加值高的成熟产业。靠这种方式，发展中国家技术创新和产业升级的成本和风险都会比自己发明低得多。所以，发展中国家如果懂得利用这个优势，可以有几倍于发达国家的增长速度。我国改革开放以后的快速发展就是一个典型的例子。当然，一个发展中国家如果把可以引进的技术和产业都引进了，那么，这个国家就和发达国家一样，必须自己发明新技术、新产业。不过到那时，这个国家也已经变成了发达国家。

102. 关于要素禀赋的度量指标问题

崔荣钰（信息管理系）：林老师您好！我想请教一个问题。根据自生能力的概念，产业结构的最优水平内生于要素禀赋结构。因此要优化产业和技术结构，必须改变要素禀赋结构。在实证研究中，如果希望将要素禀赋结构处理为一个解释变量，应该如何度量？

在提到要素禀赋时，经济学家一般指资本和劳动两种要素的相对丰裕程度。老师也讲过，以资本拥有量与劳动拥有量的比值来定义要素禀赋结构，人均收入水平也是反映要素禀赋结构情况的一个很好的指标。但一个经济体的禀赋包含多种要素，还有资源、企业家才能等。比如20世纪60年代，荷兰发现了大量石油和天然气，这种自然资源相对拥有量的突变如何体现在要素禀赋结构之中？是否要视具体研究的情况，从多维度选取指标，来反映要素禀赋结构？

林毅夫：好问题！新结构经济学对于禀赋的定义如下：一个决策者在做决策时，凡是给定的、对决策有影响的变量（包括生产要素、人力资本、社会资本、基础设施、制度、文化等）都是禀赋。生产要素则包括土地（自然资源）、劳动和资本。在这些禀赋中对一个国家的产业和技术选择的最关键决定因素是要素禀赋结构，因为要素禀赋结构影响要素的相对价格，并由此决定什么产业和技术符合比较优势，符合比较优势的产业和技术能够使得企业的生产有最低的要素成本；其他禀赋决定的主要是交易费用，或是在同样符合比较优势的产业中，哪个地方、哪种产业会比较容易发展起来。一个地方在考虑产业和技术选择时，如果涉及的是资源密集型的农业和矿业，那么拥有这类产业生产所需的土地或矿产资源是一个必要的条件；如果涉及的是制造业，则可以把土地要素舍象掉，只考虑资本和劳动这两个要素，因为相对于资本和劳动，土地资源所需很少，在成本中比重很低。衡量一个国家或地区的人均资本拥有量时，如果有好的数据，那么可以直接衡量资本和劳动的拥有量，如果没有好的数据，则可以用人均GDP作为代理指标，因为人均GDP代表平均劳动生产率水平，后者取决于产业和技术水平，而这两者是内生于要素禀赋结构的。有关禀赋的内涵和衡量的问题，可以参考我与王勇、鞠建东合作的《关于新结构经济学禀赋内涵的探讨》一文。

103. 人口政策是否客观上有助于我国要素禀赋结构的升级？

于士翔（化学与分子工程学院）：林老师您好！在第五讲中，您提到要想在转变产业结构的同时维持效率最大化，就要从改变外生的要素禀赋结构入手，而长期来看，要素禀赋结构可以随着人口的增长和资本的积累而变化，要素禀赋结构的升级主要取决于资本积累的速度。

我国在 1982 年将计划生育政策定为基本国策，通过限制生育年龄、限制一个家庭生育的子女数量来限制人口增长。最初，这样的政策能够降低家庭在子女上的消费，从而提升了每个家庭的剩余，应该可以提升资本积累的速度，促进要素禀赋结构的升级。但随着时间的流逝，原来的青壮年劳动力步入老龄，从事生产劳动的劳动力数量降低，而养老需求增大。这似乎又导致了家庭的剩余流向养老消费，导致资本积累减速。您认为计划生育这一人口政策是否有助于要素禀赋结构的升级呢？

林毅夫：计划生育会降低出生率，减少每个家庭子女的数量，家庭基本吃穿的开支会减少，不过是否增加家庭的剩余则未必，因为子女数量少了，家庭可能会增加对孩子的各种养育和照顾的开支，其所导致的家庭剩余是正是负，需要细致的经验研究。不过总的来讲，计划生育导致早期人口结构中需要抚养的人口比例下降，等到人口老龄化以后，需要抚养的人口比例上升，应该是客观的事实。对于改革开放以后要素禀赋结构快速升级而言，我想另一个重要机制是我国在发展上转为按照比较优势发展劳动密集型产业，创造了大量的就业机会，使得劳动力得以从生产力水平较低的农业配置到生产力水平较高的制造业，并且，随着资本的积累、比较优势的变化，利用后来者优势，不断升级到生产力水平更高的产业。这两种机制何者更重要，可以用计量方法来检验，直观的判断则是后者更重要。

104. 遵循比较优势原则是否会导致产业"空心化"？

喻兆峰（医学部教学办）：林老师您好！您在课上提到，根据要素禀赋的不同，每个国家有其最优的产业结构。而在产品和要素市场充分竞争的环境下，企业家就会自发地按照比较优势来生产产品。随着经济中剩余的积累，要素结构发生改变，于是产生了产业结构升级。

而按照一般情况，随着生产力的发展和技术进步，第三产业的发展会逐步超过第一产业和第二产业，最终形成以第三产业为主体的产业结构。在这个过程中，第二产业（或制造业）在国民经济中占比的下降似乎会导致一些问题，如美国随着发展产生了实体经济疲软，"铁锈州"工人失业，工业制造产品依赖进口从而产生贸易逆差等问题，以至于如今美国开始倡导"制造业回流"。这种情况是随着要素禀赋结构的提升和产业结构的升级所必然发生的吗？如果不是，应该如何避免这种情况呢？

林毅夫：

1. 在要素禀赋结构变化、产业结构相应升级的过程中，一些过去具有比较优势的产业会失掉比较优势，这时，政府应该给那些失掉比较优势产业的地方提供产业升级所需要的因势利导，以发展符合新的比较优势的产业，给失掉比较优势产业里的工人提供必要的培训，让其有能力到新的产业就业。德国的鲁尔工业区和美国的"铁锈州"一样，原来都是钢铁业的主要产地，鲁尔区现在则是德国高科技产业的基地，并没有出现美国"铁锈州"的问题。其差别在于政府是放任不管，还是根据产业升级和调整的需要做政府所应该做的事。

2. 美国现在提出"制造业回流"，希望把中国出口到美国的一些产业吸引回到美国，总的来说，不会成功。因为中国出口到美国的产品以劳动密集型产品为主，美国在这类产业上总的来说没有比较优势。

穆飔（外国语学院）：林老师您好！我也有和兆峰同学类似的疑问。拿美国"制造业回流"来说，根据比较优势原则，美国总体上是不是只能依靠进口劳动密集型产品，并不断开发自己新的比较优势，继续产业结构调整升级？那么，产业结构升级理论上是不是一个无限的过程，"空心化"促使一个经济体去开发新的比较优势，新的比较优势反过来又推动了一些产业的"空心化"？（但在实际中会有科技、知识方面的瓶颈。）请老师不吝赐教！

林毅夫： 从经济的动态发展来说，确实是只要新的比较优势不断被创造，旧的比较优势就要不断被淘汰。18世纪中叶英国的工业革命是从纺织业开始的，如果英国因担心产业"空心化"而把纺织业保留到今天，那么英国现在的收入水平会比我国低。如果你将来到哈佛大学留学或访问，去了解波士顿在19世纪中叶的产业，你会发现是纺织业！如果美国因担心产业"空心化"而把纺织业保留到今天，那么美国今天的收入水平也不会高于我国。同样的担心发生在20世纪60年代的日本和80年代的"亚洲四小龙"，但是，这些产业如果保留下来，日本和"亚洲四小龙"的收入水平也不会比我国内地高。所以，要担心的不是如何使失掉比较优势的产业保留下来以避免"空心化"，而是如何不断随着经济的发展、资本的积累，根据要素禀赋结构和比较优势的变化使产业升级到新的比较优势产业上去，以创造更多高收入水平的就业机会。对于发展中经济体来说，产业和技术水平与发达经济体有差距，可以尽量利用后来者优势来进行技术创新、产业升级；对于发达经济体来说，产业和技术水平已经处于世界前沿，那么就要通过科学的进步来给技术创新、产业升级创造条件，而科学的进步尚无止境，所以人类的发展也尚无止境。并且，随着收入水平的提高，人们工作的时间会越来越短，休闲的时间会越来越长，所以对生产服务业和生活服务业的需求越来越大，越来越多的人在第三产业就业是必然的。如果有一天科学的进步到了止境，那么前述的产业结构和就业结构的调整就会到了止境。同时，如果后发经济体也都追赶上来了，那就达到世界大同的理想境界了。不过，世界大同只是一个遥远的、未可及的理想。

105. 发展中国家应如何参与全球产业链？

严蕴（社会学系）： 林老师您好！学习完这一讲后我有一些思考和疑问。目前跨国企业是全球产业链的中枢，控制着核心技术、知识产权、供应链和生产体系。处在全球产业链中游的企业和市场，其生产和消费受制于跨国企业的企业战略等。同时，发达国家处于全球产业链的最中心地位，通过尖端技术、全球物流网、金融霸权来控制着全球产业链。请问这种控制网络是否会影响发展中国家比较优势的发挥呢？我之前看过一篇文章，文章认为，面对这种形式，中国应该拥有自有可控的另一套产业体系,即在积极融入全球分工的同时也拥有一套不受该规则支配的产业体系,这样就可以在全球化中充分发挥比较优势,同时也可以发展技术,在全球产业链中从中低端向高端转移。您认为这种说法是否合理?

林毅夫：

1. 跨国企业之所以是全球产业链的中枢,控制着核心技术、知识产权、供应链和生产体系,是因为这些跨国企业来自发达国家,这些环节是发达国家的比较优势。对于发展中国家来说,除牵涉到国防和经济安全的少数产业或关键技术外,如果在不具备比较优势的时候去发展所谓的"核心技术",结果会是投入大、收益低,欲速则不达。华为之所以能有今天的成就,也是从组装和生产外围部件开始,发挥比较优势,积累了金融、人力资本、内部管理能力和市场销售渠道以后,才逐渐升级,进入产业链的核心技术、知识产权、供应链和生产体系。一个企业要想发展好,就需要遵循比较优势原则;对于一个国家来说,也是同样的道理。

2. 如果对于一切产业,中国都要有自己的一套体系,其结果必然是把中国自外于国际大市场,结果会得不偿失。所以,除牵涉到国防和经济安全的少数产业或关键技术外,根据比较优势来组织生产,以充分利用国内国际两个市场和两种资源（包括技术、金融等资源）,是最好的原则。

3. 要记住产业结构内生于要素禀赋结构的道理。除牵涉到国防和经济安全的极少数产业外,一切考虑都应围绕如何能够有最强的竞争力,创造最大的剩余和资本积累,以最快速地改变要素禀赋结构和提升比较优势。这是新结构经济学所强调的要根据"自己有什么、能做好什么",然后在市场经济中依靠企业和政府的力量,把能做好的做大做强,而不是主流理论或是社会上盛行的许多观点那样,总是以"发达国家有什么、能做好什么"为标准,希望现在努力去拥有发达国家拥有的,做发达国家做的。这样的努力尽管出发点很好,但结果往往是欲速不达,出于好心干了坏事。

106. 比较优势战略下产业升级的路径选择问题

崔博雄（经济学院）： 林老师您好!关于比较优势战略下的产业升级问题,我有一些困惑想与您交流。我认可您关于经济发展要利用本国比较优势、根据自身要素禀赋发展产业的观点。您在课上讲到，如果一个劳动力比资本更充裕的国家的企业遵循比较优势来生产，那么这些企业在国际竞争中的自生能力就会比较强，利润比较多，资本积累就会比较多，就会逐渐由劳动密集型转向资本密集型。

但关于这个产业升级路径我有一些疑惑：如果一个国家主要发展劳动密集型产业，其在国际市场上的竞争优势是低廉的价格，那么这样的产业的利润也不会很高。与此同时，它要进口国外资本密集型产业的产品，这些产品的价格比较高。如此来讲，收入较少、开销较多，即使存在薄利多销的抵消作用，但资本积累的速度也不会太快吧？发展资本密集型产业，是否也应该先由国家垫资支撑起来，待其发展壮大之后再推向市场，而不是由市场慢慢积累资本呢？

林毅夫：到底是赶超战略下的资本积累快还是比较优势发展战略下的资本积累快，比较1978年以前和1978年以后中国的情形，不是一清二楚吗？而且，根据诺贝尔经济学奖获得者斯宾塞领衔的"增长委员会"的研究，二战后有13个发展中经济体取得了年均7%或更高、25年或更长时间的持续快速增长，它们都是按照比较优势发展经济，都有高储蓄率和高投资率，这些经验也证明了我提出的观点。其实你的问题搞混了一个事实：发达国家的高科技企业只有在拥有研发成功、取得专利并且有市场需求的新产品时才会有很高的利润，但是99%以上的研发投资是没有任何成果的，所以在发达国家，研究成功的企业回报率很高，但整个经济的投资回报率是不高的。相反，发展中国家利用后来者优势，引进技术设备来发展具有比较优势的产业，这些引进的设备虽然贵，但或者是国内无法生产，或者是国内生产的成本要比从国外购买更高；劳动密集型产业生产出来的产品虽然每件产品的利润很少，但由于生产这些产品所需的资本在总成本中的比重很小，就整个企业和国家总体而言，投资回报率反而是高的。由于按照比较优势发展的发展中经济体的投资回报率比不按照比较优势发展的发展中经济体高，而且也高于发达经济体，因此按照比较优势发展的发展中经济体才会有"增长委员会"所发现的最高的储蓄率和投资率，带来的是要素禀赋结构和比较优势的最快速升级。

107. 不同类型的产业如何以创新推动经济发展？

延姣阳（国家发展研究院）：林老师您好！在第五讲中您提到，以人力资本为主的研发创新具有研发周期短的特点，因此我们可能有机会"弯道超车"。同时，您还提到，还有其他的创新也能够创造就业、推动经济发展。能否请您具体举几个例子？

林毅夫：创新的含义是在下一期生产中现有的产业使用比现在所用的技术更好的技术或进入比现在的产业附加值更高的产业。根据与世界技术前沿的差距、是否符合比较优势、是否与国防和经济安全相关以及研发周期的长短，新结构经济学把一个国家现有的产业分为五种类型，各有不同的创新方式。

（1）追赶型产业。这类产业我国有但是由于技术不如人，生产出来的产品的价值比发达国家同类产品的价值低，在传统的装备制造业，这种情形比比皆是。其创新方式可以是购买新的包含更好技术的设备，购买专利，设立研发中心进行技术攻关，招商引资，等等。

（2）领先型产业。这类产业我国的技术已经处于世界前沿或接近世界前沿，例如家电产业，其创新必须靠自己研发。

（3）转进型产业。这类产业我国过去有比较优势，现在因为工资上涨，逐渐失掉比较优势，例如劳动密集型的加工产业，其创新方式是进入"微笑曲线"两端的品牌、研发、市场渠道管理，或是转移到工资便宜的中西部地区以及海外。

（4）换道超车型产业。这类产业研发周期短，以人力资本为主，我国和发达国家处在同一起跑线上，例如许多软件、互联网应用、智能产品等，其创新靠自己研发。

（5）战略型产业。这类产业研发周期长，除人力资本外，还要有大量的金融资本投入，我国不具有比较优势，但由于关系到国防和经济安全，只能自己拥有，例如大飞机和芯片等，其创新靠自己研发，需要中央财政的支持。

108. 关于我国的产业升级与自主创新

钱楷（国家发展研究院）：林老师您好！您讲到国家应该根据资源禀赋确定产业结构，只有通过比较优势获得资本的积累，才能进一步进行产业升级。请问我国目前在高科技产品研发上加大投入，强调自主创新，是一种合理的产业升级，还是有赶超战略的成分在其中？例如，在我主修的微电子专业中，许多毕业生因为回报问题不进入微电子行业而转投互联网行业。并且微电子产业的主要技术（如光刻机）依靠进口，生产成本很高，证明目前我国微电子产业的自生能力还相对缺乏。但国家也在大力扶持发展微电子产业，在许多城市（如上海、南京、苏州）都建立了微电子产业园，加速研发国产芯片，发展这类暂时缺乏自生能力的产业。请问这是否符合比较优势发展战略？

此外，中美贸易摩擦也让我们认识到掌握核心技术的重要性，请问是否有必要通过先发展一些暂时在国内缺乏自生能力的产业来加速产业升级？

林毅夫：

1. 新结构经济学把我国目前所处发展阶段的产业分成五大类：追赶型、领先型、转进型、换道超车型和战略型。其中，追赶型、领先型、换道超车型产业是有比较优势的；转进型产业则属于过去有比较优势，现在失掉了或正在失掉比较优势；战略型产业则尚未有比较优势。按比较优势发展指的是追赶型、领先型和换道超车型产业。其中，追赶型产业可以利用后来者优势，以引进、消化、吸收作为技术创新的来源，领先型和换道超车型产业则需要自主研发新技术。

2. 战略型产业虽然不符合比较优势，但是也要自主研发新技术，因为这类产业牵涉到国防和经济安全，美国目前对我国高科技企业的"断供"是很好的佐证。这类产业中的企业由于缺乏自生能力，必须由中央政府提供财政补贴才能生存和研发新技术，但这类产业不能太多，如果太多了，明的财政补贴做不到，就只能靠扭曲各种投入要素的价格来进行暗补，那就又要回到改革前的计划经济时代了，这样会欲速而不达。所以，除少数军工产业外，战略型产业应该针对的是只有美国有，其他发达国家都没有，从而可能被美国"卡脖子"的技术。

3. 各个地方政府在发展高科技产业上提供的补贴，由于受到地方财政力量的限制而不会太多。如果发展的产业偏离比较优势太远,需要的补贴不仅数量大而且时间长,地方政府会承担不起,所以其发展的产业不会偏离比较优势太远,总的来说,是针对当地要素禀赋结构和比较优势的变化以及产业升级的需要来进行的。

109."根据要素禀赋选择产业"有市场配置资源的局限性吗?

齐乐然(外国语学院):林老师课堂上讲到,根据要素禀赋选择的产业是具有自生能力的产业。这样看来,"根据要素禀赋进行产业选择"似乎也是"市场配置资源"的高效性的体现之一。

不过这也让我想到,市场配置资源同样有它的局限性。中华人民共和国成立时集中力量优先发展重工业,似乎违背了市场的自然规律,虽然牺牲了一定的效率和暂时的经济利益,但我们不能否认这为国家的后续发展奠定了极为重要的基础,改革开放后的快速发展也离不开前期的这些建设。

同理,虽然自主研发在经济发展前期是很不划算的行为,但一些核心技术的掌握也对更长远的发展起着至关重要的作用。因此我有些疑惑:完全顺应比较优势,等待要素禀赋自然发生变化(比如由劳动密集转为资本密集),然后顺应这种变化进行产业结构升级,过渡进入自主研发阶段,与自发采取一定的政策干预,牺牲一定的经济利益,提前着手开展自主研发,哪一种对于一个经济体的发展更有利呢?

林毅夫:英国、美国、德国、日本、韩国、中国台湾地区等成功的经济体在发展过程中基本是按照比较优势发展的,这样的发展方式并没有妨碍它们按照要素禀赋结构的变化而不断升级到资本、技术密集的产业。所以,1978年以前的赶超或许为我国大陆1978年以后的发展奠定了一些基础,但是,如果按部就班地发展,每次产业升级都是水到渠成的,会比"先建个高坝,把一部分水先往上抽,再积水到那个水平"更快。如我在前面的回答中提到的,20世纪50年代,我国大陆与韩国和我国台湾地区处于同一发展水平。而2019年,我国大陆的人均GDP是10 200美元,而韩国为3万多美元,我国台湾地区也已经达到3万美元。所以,如果我国大陆从20世纪50年代起就按照比较优势发展,那么技术、产业和经济发展水平应该会比目前高很多。

110. 政府如何使产业政策的效果达到最优？

卞铖（国家发展研究院）：林老师您好！关于创新，《解读中国经济》一书中提到的率先响应和外部性补偿明显有别于其他经济学理论，且由该理论推导出的产业进步和创新的过程十分有吸引力。但我有一个疑问。在政府实行某种产业政策的时候，我们不妨假定企业都是理性的。有时政府的产业政策可能会出现两种极端的情况：一种是几乎所有企业都认为该政策有利于自身的发展，从而出现一种类似于寻租的行为；另一种是几乎所有企业都认为响应该政策给自己带来的损失甚至可能会大于政府最后给予的外部性补偿。

在前一种情况下，政府是否应该阻止其他企业进入新的产业？在后一种情况下，政府是否应该通过提高外部性补偿来进一步激励企业响应政策？换句话说，政府应该采取怎样的措施使政策效果达到最优？

林毅夫：这取决于政府的产业政策如何选择要发展的产业，以及政府用什么方式来鼓励企业进入。如果政府政策选定的产业符合要素禀赋结构所决定的比较优势，政府并不需要给企业补贴。政府所需要做的是：给予先行者外部性方面的补偿，通常在企业投资的前三年或五年给予所得税上的减免；完善要发展的产业所需的软硬基础设施（但不是提供补贴）。几年税收优惠所创造的租金很小，企业的收益主要来自自己的盈利，不然很可能会"偷鸡不着蚀把米"。按照上述原则，政府并不需要怕企业进入太多而禁止某些企业进入，也不需要怕企业不进入而增加外部性补偿。但是，如果政府选定的产业是违反比较优势的，那么政府不仅需要给予企业外部性方面的补偿，而且要克服企业不具备自生能力的问题，除非补贴的金额非常大、期限非常长，不然企业不会进来，这样就会有不少企业是为寻租而来。但由于补贴能力有限，政府就只能挑选企业，从而给腐败提供了空间。所以，除涉及国防安全和极少数涉及经济安全、需要由中央财政来支持的产业外，地方政府的产业政策针对的应该是具有（潜在）比较优势的产业，目的则是帮助企业家克服市场失灵问题（包括外部性的补偿问题以及完善软硬基础设施的协调问题），以助力具有比较优势的产业迅速变成具有竞争优势的产业。到底如何确认具有比较优势的产业？建议你参考新结构经济学对追赶型、领先型、转进型、换道超车型和战略型五种产业的划分。

111. 能否在自生能力理论下解释部分产业政策的合理性和可行性？

黄泓鉴（外国语学院）：林老师您好！您提出了企业"自生能力"的概念。在开放竞争市场中，没有国家干预和补贴，企业需要选择密集使用相对价格低的要素进行生产的产业，才可能获利并生存。在这一假设下，是否会存在以下情形？资本相对价格高的国家为扶持特定的资本密集型产业的发展，在资本要素上补贴该产业中的企业，使得该产业中的企业的资本价格降低，从而实现盈利和生存；在一段时间的积累后，该产业形成产业集群或规模效应，使得国家取消补贴后，企业的资本相对价格依然降低了，在新的等成本线下实现自生能力，进而实现国家的产业扶持目标。

如果上述情形存在，那么在仅考虑国家特定战略需要的前提下，这是否支持了部分产业扶持政策的合理性和可行性？

林毅夫：确实如你所说，政府的产业政策具有帮助一个产业迅速形成产业集群，以完善供应链、降低交易费用的功能，但是产业政策要成功，其所要帮助的产业必须符合要素禀赋结构所决定的比较优势。因为资本密集型产业符合资本相对丰富的国家的比较优势，一个资本短缺的国家靠政府对资本要素的价格补贴可以使进入的企业有盈利并形成产业集群，一个资本相对丰富的国家靠市场自发的力量和政府在软硬基础设施完善上的因势利导也可以形成产业集群，但是资本相对丰富国家的资本价格会低于资本相对短缺的国家。所以，除非对资本价格的补贴长期存在，否则资本相对短缺的国家的产业集群的竞争力会低于资本相对丰富的国家的产业集群。因此，资本相对短缺的国家即使在资本密集型产业上有了产业集群，其企业也不能在没有保护补贴的情况下盈利，仍然不具备自生能力。苏联、东欧和中国计划经济下的资本密集型产业其实都有产业集群，但是没有竞争力，就是例证。

112. 政府和企业如何选择具有比较优势的产业?

郭甲一（信息管理系）：林老师您好！关于比较优势战略和技术创新的关系，我有一点疑问想和老师交流一下。

正如老师所讲，"东亚奇迹"的发生是因为各个经济体根据自身的要素禀赋条件发展其具有比较优势的产业，充分利用其比较优势形成的竞争优势占领市场、创造剩余；然后随着其要素禀赋的变化适当地调整自身的产业结构，利用与发达经济体之间的技术差距形成的后来者优势实现经济的快速发展。而对于何为比较优势，老师是通过等产量线来论证的，各个经济体应该发展其等成本线与等产量线切点的产业。但我的疑问是，对于多产业经济来说，这个切点对应的是单一产业吗？如果不是单一产业，政府和企业又会如何选择呢？如果技术进步使等产量线上某些产业的位置发生了移动（如由资本密集型转变为劳动密集型），企业会如何反应呢？

林毅夫：模型就像卡通，只是示意，而非真实世界就是如此。在真实世界中，一个经济体在任何一个时间点上具有比较优势的产业会有许多，企业如何选择？靠的是在竞争的市场中各种要素的价格。企业家为了实现自己的利润，就会选择进入能多用廉价要素、少用昂贵要素的产业，这样的产业就会符合要素禀赋结构所决定的比较优势；并且会选择多用廉价要素、少用昂贵要素的技术，这样的技术就会符合要素禀赋结构所决定的比较优势。同理，当技术发生变化时，如果这种技术能够降低现有产品的生产成本，企业家就会采用；或者，当新技术带来了新的产业时，如果在竞争的市场中这种新的产业所能创造的利润比原来的产业多，那么企业家就会进入新的产业。所以，企业家的选择靠的是市场价格信号的引导。

讨论到此，因为假定生产只是资本、劳动等要素组合在一起即可，企业家完全可以搞定，政府似乎没有任何作用。但是，在现实中，生产要有电力，销售要有道路、港口，投资要有金融的支持，这些企业家自己不能提供，市场也无法自发解决，就需要政府根据企业家所要发展的产业的需要来帮助企业家改善电力、道路、港口等基础设施和完善金融安排等。

所以，经济要发展好，既需要"有效的市场"来给企业家提供各种信息以帮助企业家做出正确的选择，也需要"有为的政府"来帮助企业家克服自发市场解决不了的问题。只有这样，才能使企业想发展的产业发展起来，经济才能有活力、有竞争力。

113. 关于东亚奇迹的一点思考

任俊博（国家发展研究院）：在学习了第五讲课程，并在网络上查阅了一些资料后，我个人有一些想法。

1. 政治稳定是经济发展的前提。二战后第三世界内部革命运动与军事冲突不断，导致政权更迭。相比之下，东亚经济体受极端宗教势力的影响较小，加之冷战等其他原因，政治局势无明显动荡。稳定的政治环境可以为经济增长提供良好的环境，有助于执政理念和政策的延续。

2. 政府政策的合理施用有助于抵御外部冲击。东亚各经济体在经济繁荣时合理运用政策调控，有效地抵御和减轻了外部冲击对宏观经济的影响。二战后，日本、韩国、新加坡等国家的通货膨胀率长期稳定在5%以内，尤其是20世纪70年代和80年代石油危机爆发后，东亚各经济体合理运用货币政策等工具，并没有发生大规模通货膨胀现象，实现了经济平稳发展。相比之下，巴西、阿根廷等国家在20世纪80年代后通货膨胀失控，通货膨胀率从100%波动到3000%。此外，二战后东亚各经济体有意识地对经济进行合理干预，在利率、汇率、财政收支、国际收支平衡等方面都比较稳定，在亚洲金融危机之前都较好地维持了经济健康发展。

林毅夫：同意这些看法，不过政治稳定和宏观经济稳定在相当大程度上是内生于一个经济体的发展战略的。如果按照比较优势发展经济，能够多创造就业、快速发展，实现公平和效率的统一（见《解读中国经济》第十一讲的讨论），使人民满意，即使政治上不是实行所谓的"西方式民主"，在人民满意的情况下政治也容易稳定。另外，按照比较优势发展，企业有自生能力，不需要财政补贴，政府的财政状况会较好，同时出口有竞争力，外汇储备会充足，不仅自发的内部危机会少，而且在遇到外部冲击时，运用财政政策来稳定经济的能力会强，宏观经济也会比较稳定（见《新结构经济学》第二章"增长报告和新结构经济学"中的分析）。但是，现在盛行的主流经济学理论没有认识到许多发展中经济体的经济发展不好，国内经济危机频发，对国际危机的冲击毫无抵抗能力，是发展战略导致的问题，新自由主义和新制度经济学家（如 Acemoglu 等）把发展中经济体在经济发展过程中的各种危机归因于政治体制的问题。受此理论思潮的影响，发展中经济体的知识精英也普遍抱持这种看法，结果没有对症下药，像苏联、东欧推行了政治优先的"休克疗法"，导致的结果是经济继续下滑，政治和社会更加不稳定。

114. 东亚奇迹能否持续？

史乔心（医学部教学办）：林老师您好！在预习本讲内容的过程中，我读到李光耀曾基于东亚奇迹，提出以儒家为核心的"亚洲价值观"。而在亚洲金融危机的时候，新加坡和中国香港地区在应对金融危机方面表现极为出色，其中肯定有多方面的原因，但其主要原因是"亚洲价值观"，还是英国殖民地价值观呢？同时中国香港地区近年来的经济下滑也暴露了其在教育、贫富差距方面的很多问题，您觉得东亚奇迹（东亚经济持续增长）的光环还能持续吗？会不会将是多数经济体难以跳出"中等收入陷阱"呢？

林毅夫：

1. "亚洲四小龙"都已经达到高收入水平，新加坡的收入水平在有些年份甚至超过美国，我国内地应该在 2025 年左右跨过高收入经济体人均 GDP 12 535 美元的门槛，因此，东亚经济体并没有跨不过去"中等收入陷阱"的问题。

2. 经济发展是人均收入水平的不断提高，靠的是技术不断创新、产业不断升级，这是经济发展的本质。要在市场经济中发挥政府有为的作用来克服各种软硬基础设施的瓶颈限制，以支持企业家根据要素禀赋结构所决定的比较优势来选择产业和技术。能够根据这个认识来发展经济，收入水平就能够不断提高，经济就能够持续繁荣。此外，也要发挥政府的有为作用，帮助弱势群体，通过二次分配来缩小贫富差距。如果不按经济规律办事，以政治干扰经济，那么不管在什么样的文化传统或政治体制下，经济发展都会受到挫折，长期陷入贫困或"中等收入陷阱"。

115. 关于将菲律宾作为发展中经济体发展之反例的疑惑

石家豪（环境科学与工程学院）：日本及"亚洲四小龙"虽然在冷战时期或多或少地受到了美国的援助，但这些援助是建立在援助方和被援助方相互独立的基础上，双方或许会有利益交错，但仍旧彼此保持独立性。而菲律宾是美国的前殖民地，在殖民地时期其人均GDP甚至曾达到亚洲首位，但当美国撤离菲律宾后，菲律宾的经济就飞速下滑。

我个人认为，这个现象的发生有别于东亚其他经济体的发展，因为菲律宾在作为殖民地的情况下，资源是被大量掠夺的，与此同时，美国利用先进的技术只拿出自己掠夺的一小部分就帮助菲律宾达到如此高的经济水平，但当美国撤离时，菲律宾本国的资源早已被"掠夺一空"，而菲律宾也并没有保持自己所持有的先进技术。所以，我觉得菲律宾的例子并不太适合作为冷战中的反例。

林毅夫：

1. 资源有两类，一类是土地，另一类是矿产。菲律宾在殖民地时期或其后并不以矿产资源闻名于世，土地资源如何被"掠夺一空"？

2. 菲律宾的人均GDP虽曾在亚洲领先，但不曾居亚洲首位。根据麦迪森（Maddison，2010）的统计，按照以1990年购买力平价计算的国际元，菲律宾在美国殖民时期的1940年的人均GDP为1 507国际元（日本则为2 874国际元），独立后的1950年的人均GDP为1 070国际元（领先于韩国的854国际元、中国台湾地区的916国际元、泰国的817国际元，但低于日本的1 800国际元）。但是，二战后，日本、韩国、泰国、中国台湾地区等按照比较优势的"雁型"理论来发展经济，但菲律宾却没有，这才是菲律宾经济发展绩效差的主要原因。

116. 关于发展中国家可能存在的资本外流问题

姚熠辉（元培计划委员会）：林老师您好！您在教材中提到了国际资本流动对

发展中国家的比较优势的影响,并指出外国资本流入并不足以改变发展中国家的比较优势。我从中深受启发。但发展中国家同时存在较大的资本流出的可能,这种现象虽然不会改变要素禀赋结构和比较优势,但对于发展中国家来说,可能对自身资本积累、完成比较优势转化以达到产业升级不利。您认为资本外流对发展中国家的发展有多大影响?

我们同时也看到,发展中国家为了防止资本外流往往会采取一定程度的资本管制措施(例如中国以及二战后初期以大藏省和通产省为代表的、大量保持了战时经济形态的日本),但这样的管制措施似乎和开放市场的形态有一定的矛盾,并且也有可能产生扭曲和挫伤积极性。请问您怎样看待资本管制措施?

林毅夫:

1. 卢卡斯在1990年时提出了发展中国家资本短缺却普遍出现资本外流的现象以后,有不少文献探讨这个谜题。在目前的文献提出的看法中,有的强调发展中国家的制度不如发达国家,或是发展中国家的产业不能吸纳过多的资本,等等。但是,我认为这些看法并没有看到出现资本外流的发展中国家一般经济发展得不好,经济发展好的发展中国家则正好相反,其资本是流入的。资本是逐利的,从新结构经济学的视角来看,一个发展中国家如果按照比较优势发展,那么资本回报率会高于发达国家,不仅国内资本不会外流到国外,而且还会吸引外国直接投资;反之,如果违反比较优势发展,资本回报率低,国内资本会往外流,外国资本也不会来投资。并且,在违反比较优势的发展战略下,如我们在第四讲讨论的,政府为了保护补贴许多优先发展产业中缺乏自生能力的企业,往往会带来对市场的许多干预和扭曲,制度环境当然也会差。所以,目前主流文献对这个问题的讨论并没有抓住问题的本质。建议你参考我和王歆的工作论文"Development Strategy and International Capital Flows"。

2. 发展中国家采取资本管制,有的是因为国内存在各种扭曲,抑制了资本回报,所以需要防止国内资本外逃;有的是为了防止外国短期资本的大进大出给金融经济体系带来冲击。建议你参考我的"Why I do not Support Complete Capital Account Liberalization"一文。

117. 关于资本积累率与发展顺序的问题

徐鸿诚（元培计划委员会）：林老师您好！我有一个关于资本积累率和发展顺序的问题。据统计，英国1870年完成工业革命时储蓄率大约为12%，美国1890年完成工业革命时储蓄率达到28%，日本20世纪70年代初储蓄率达到36%，韩国20世纪90年代初储蓄率高达38%。如今中国将这个值历史性地提升到50%左右。通过上述数据可以发现，先发国家的资本积累率往往较低，而后发国家的资本积累率则越来越高，请问这可能是由什么因素决定的？是偶然如此，还是后发国家要实现赶超，必须有比之前更高的投资率？另外，中国近年有降低投资、增加消费的呼声，在此背景下，中国的投资率似乎不可能再有提高。您觉得这对中国今后的经济发展是好事还是坏事呢？

林毅夫：很好的观察！佩服！建议你写成一篇学术论文。关于你观察到的现象，我想其原因如下：在英国这样的工业革命的先发国家，新技术和新产业是自己发明的，新的产业不多，可以投资的机会也不多，所以投资率相对较低，经济增长率也就在1%和2%之间。后来加入工业革命的美国、日本等国家在从农业经济向工业化经济的转型上有后来者优势，可以以引进作为新技术、新产业的来源，投资机会比先发国家多，投资率和增长率也会较高。而且，越是后发国家，如果能够按比较优势发展并充分利用和发达国家的技术和产业差距所带来的后来者优势，那么这种机会就会越多，投资率和经济增长率就会越高，人均收入翻一番所需的时间就会越短，而且快速增长持续的时间也就会更长。在《解读中国经济》一书（第14页）中，我对此有所讨论。

中国近年出现了降低投资、增加消费的呼声，甚至出现了"投资拉动的经济增长模式是不可持续的，必须改为消费拉动的增长模式"的呼声。以上完全是被误导的错误看法。消费是重要的，但是要用消费拉动经济增长则必须有收入水平的不断提高，而要提高收入水平则必须提高劳动生产率，后者有赖于技术创新和产业升级，两者都需要投资。否则，如果只有消费增加，开始时可以靠家庭原来的储蓄，但是长期看会"坐吃山空"，要再增加消费就必须举债，如果债积累过多，到要还债时，从家庭来说可能会破产，从整个社会来说可能会引发经济金融危机。发达国家出现的危机往往由过度消费造成就是例子。如果说中国应该提高投资效率的观点是对的，那么认为中国应该转变增长模式的观点则完全是误导。这种观点最早是在2002年春由日本当时的副财政大臣黑田（现为日本央行行长）提出，指责中国储蓄和投资过多，导致国内消费不足、出口过多，挤压了日本的出口和经济的复苏，从而为日本小泉首相为何未能实现其日本复兴计划辩护。2002年秋小布什出于中期选举的需要，也以同样理由来解释美国为何不能从2001年的泡沫经济中复苏。由于美国对国际货币基金组织的影响力，国际货币基金组织也跟着说中国的高储蓄、高投资不可持续，并把国际不均衡的原因归咎于中国的过度储蓄和投资，然后国内的媒体和学术界也随之附和。其实中国储蓄率高时，是生产率提高和收入增长快的时候，消费也比储蓄低时增长快，同时，储蓄高，投资增加，许多投资品从国外进口，所以，储蓄高并一定导致贸易盈余增加。对于上述问题，我在《从西潮到东风》一书中有比较详细的讨论。所以，我认为要改善投资效率的观点是对的，但是要把投资拉动的增长模式改为消费拉动的增长模式的观点则是误导性的，只要有好的投资机会，就应该抓住那样的机会去投资。

118. 中印两国发展绩效差异的主要原因是什么？

黄承慧（国家发展研究院）：林老师您好！我想向您请教关于生产要素的问题。您在课上讲到，通过利用后来者优势和比较优势，逐步转变要素禀赋结构，我国实现了经济的持续高速增长。印度和中国都是具有后来者优势的发展中人口大国，但是印度的经济增速远没有中国高。有学者认为这与两国的人力资本不同有关。中华人民共和国成立以来，大力普及教育以及开展卫生健康建设，再加上计划生育、妇女解放政策，我国的劳动力平均受教育程度较高，人均预期寿命从1949年的35岁提升到2018年的77岁。根据世界银行相关数据测算，1990—2017年中国的女性劳动人口参与率居于世界首位，远高于印度。人力资本的改善促进了中国经济的持续增长，这是不是要素禀赋的内在改变？

林毅夫：你提到的那些政策自中华人民共和国成立以来就实行，但是在1978年时，印度的人均GDP还比我国高大约30%，现在印度的人均GDP只有我国的

20%左右，而且，在发展早期，劳动密集型产业所需要的劳动力并不需要很高的教育水平。中印两国发展绩效差异最主要的原因在于我国在1978年以后转变了发展战略，并且在政府的因势利导下帮助企业解决了具有比较优势的产业发展上的软硬基础设施的瓶颈问题，使得比较优势变成竞争优势，由此创造剩余、积累资本，推动产业快速向新的比较优势升级，在升级过程中充分利用后来者优势。所以，中印两国发展绩效差异的主要决定因素是政府是否发挥了因势利导的作用，为根据要素禀赋具有潜在比较优势的产业克服软硬基础设施的瓶颈限制，使其发展成为在竞争性市场中具有实在的比较优势的产业。

119. 关于非洲国家发展战略的疑问

段振乐（国家发展研究院）：林老师您好！我想问一下关于非洲的发展战略问题。非洲国家比如埃塞俄比亚和吉布提，现在都希望发展制造业吸纳劳动力，增加出口和外汇。但是，在非洲发展劳动密集型产业的出口导向战略不可避免地会遇到和我国的竞争问题。由于中国在技术和工艺上占有优势，非洲国家的出口导向产业会不会短期内无法与中国相竞争？如果非洲国家采取进口替代战略，先占领内部市场，会不会是更好的起点呢？

林毅夫：

1. 埃塞俄比亚等非洲国家现在的状况和我国内地在20世纪80年代的状况一样。当时，我国内地在劳动密集型产业上的技术、工艺、供应链等也不如"亚洲四小龙"，但是工资便宜，可以用工资上的优势来弥补其他方面的劣势，从需要技术、工艺最低的产品开始发展，逐渐提高技术、工艺水平和完善供应链，就像滚雪球一样，这种符合比较优势的产业也就快速发展起来。成功从农业经济转型到工业经济的经济体都是这么发展起来的。

2. 非洲国家采取进口替代战略不会成功，因为国内有购买力的市场太小，一个工厂雇用100个劳动力就已经算是大厂了，这样的工厂不能用现代化的设备生产，效率低，而且缺乏供应链，难以购买好的中间部件，产品质量差，一开放市场就不能生存。实际上，非洲和我国改革开放以前一样，都推行了很长一段时间的进口替代战略，但都没有成功。所以，最好的发展途径还是从符合每一时点的比较优势的产业着手，在有效市场和有为政府的合力下，把比较优势转变成竞争优势，由易到难，由低级到高级，按部就班地发展。

3. 非洲国家如果采取出口导向战略，不会在短期内和我国直接竞争，因为它们发展的会是中国已经失掉比较优势、准备退出的产业。而且，就像我国内地20世纪80年代以来的发展给"亚洲四小龙"创造了更大的市场一样，只要我国遵循比较优势，使经济快速发展、产业转型升级，非洲国家的发展还会给我国具有比较优势的产业创造更大的市场。

120. 关于资源丰裕国家的"资源诅咒"问题

刘光伟（国家发展研究院）：林老师您好！您在《繁荣的求索》一书中提到了许多矿产资源丰裕的国家遭受了"资源诅咒"。我感到疑惑的是，很多依靠资源出口快速发展的国家，大多是本国禀赋结构中劳动力占主要部分，而矿石开采属于资本密集型产业，这种发展方式本身就是不符合比较优势的，但是由于资源出口的利润很高，相关企业是盈利的，在这种情况下，该如何判断企业是否具备自生能力呢？

林毅夫：资源型企业采用资本密集型技术开采是因为绝大多数资源密集型产业需要用现代的资本密集型技术才能够开采，利润很高则是因为把资源的"租金"转化为了收益。由于这类企业不需要政府补贴就能在开放竞争的市场中获利，所以按定义，这样的企业是具备自生能力的。由于地下矿产资源一般属于国家所有，因此资源开采需要政府许可，容易滋生腐败；如果发生这种情况，就会造成收入分配差距扩大、政治败坏、社会矛盾加剧等一系列问题，从而出现"资源诅咒"问题。不过如你所观察到的，很多地下资源丰富的国家，其劳动力也丰富，劳动密集型产业也是其比较优势。如果政府能够将资源开发的收益用于消除基础设施、教育等软硬基础设施的瓶颈，对合适的劳动密集型产业的发展进行因势利导，那么资源不仅不会是一种"诅咒"，而且还会使得资源丰富的国家或地区发展得比资源贫瘠的国家或地区快，从而成为一种"祝福"。

参考及推荐阅读文献

[1] 林毅夫. 解读中国经济：聚焦新时代的关键问题 [M]. 北京：北京大学出版社，2018.

[2] 林毅夫. 经济发展与转型：思潮、战略和自生能力 [M]. 北京：北京大学出版社，2008.

[3] 林毅夫. 新结构经济学：反思经济发展与政策的理论框架 [M]. 北京：北京大学出版社，2012.

[4] 林毅夫. 从西潮到东风：我在世行四年对世界重大经济问题的思考和见解 [M]. 北京：中信出版社，2012.

[5] 林毅夫，付才辉. 新结构经济学导论 [M]. 北京：高等教育出版社，2019.

[6] 林毅夫，刘培林. 自生能力和国企改革 [J]. 经济研究，2001(9):60-70.

[7] 林毅夫，王勇，鞠建东. 关于新结构经济学禀赋内涵的探讨. 北京大学新结构经济学研究院工作论文 No.C2019009 [EB/OL].(2019-11-01)[2020-09-22]. https://www.nse.pku.edu.cn/xzyj/gzlw/gzlw2/498852.htm.

[8] Abramovitz M. Catching Up, Forging Ahead, and Falling Behind[J].The Journal of Economic History,1986,46(2):385-406.

[9] Cohen W. M. and Levinthal D. A. Innovation and Learning：The Two Faces of R&D[J].The Economic Journal, 1989,99(397):569-596.

[10] Lin Justin Yifu. Why I do not Support Complete Capital Account Liberalization[J]. China Economic Journal, 2015, 8(1):86-93.

[11] Lin Justin Yifu and Wang Xin. Development Strategy and International Capital flows. 北京大学新结构经济学研究院工作论文 No.E2019003 [EB/OL].(2019-3-21)[2020-09-22]. https://www.nse.pku.edu.cn/xzyj/gzlw/gzlw2/285839.htm.

[12] Lin Justin Yifu and Wen Guanzhong. China's Regional Grain Self-sufficiency Policy and Its Effect on Land Productivity[J]. Journal of Comparative Economics, 1995, 21: 187-206.

[13] Maddison A. Historical Statistics of the World Economy: 1-2008 AD[EB/OL]. (2010-03-01)[2020-09-22]. http://www.ggdc.net/MADDISON/oriindex.htm.

第六讲
农村改革及相关问题

121. 关于农村改革本质的思考

石家豪（环境科学与工程学院）：探究一切社会进步的趋势，社会的发展大都是朝着公平的目标前进。我认为我国的农村改革本质上也是出于对社会公平的追求。以渐进双轨制改革为例，我国在做出这一决定时，可能考虑到改革对之前大力发展的重工业的影响，同时为了使经济能够更快地发展，才采取了这样一种方式，一方面保留了先前政策中对无自生能力产业的补贴，另一方面又使劳动密集型产业真正发挥出了优势，这在某种程度上是一种权衡，在提高效率的同时尽可能地维持社会公平。

除此以外，家庭联产承包责任制中对社会公平的体现更为明显。之所以出现家庭联产承包责任制，是因为有人在生产队的模式下吃了亏，进而导致了社会的不稳定，这些人就是俗称的"老实人"。由于维护了他们的利益，同时使社会能够良好地运行下去，家庭联产承包责任制才会如此成功。在这样的制度下，真正地实现了按劳分配，而且无需任何监督成本。

所以我个人认为，在各种改革中，公平在很大程度上是改革的一个目标，即使不是终极目标，也是必经之路。

林毅夫："社会的发展大都是朝着公平的目标前进"，这个判断不成立。马克思的研究也发现原始共产主义社会是公平的,到了奴隶社会、封建社会都是不公平的,即使是18世纪和19世纪的西方资本主义社会也是趋于不公平的,所以他才主张社会主义革命。皮凯蒂的《21世纪资本论》中的研究也发现,西方社会只有在二战后到20世纪80年代的冷战期间是经济发展带来收入分配的公平,之前和之后则是趋于不公平的。家庭联产承包责任制是在原来的生产队内部实行的,土地是平均分配的,但是生产效率也同时提高了,所以并非只注重公平而已。不过,由于地理位置、土地、自然条件的不同,利用市场机会的差异,不同生产队之间的收入差距是扩大的,而且城乡之间的收入差距也是扩大的。所以,改革开放以后,我国的实际情形是公平的情况出现了恶化。当然,经济发展应该兼顾公平和效率。过去国内外经济学界的主张是"一次分配注重效率,二次分配注重公平",我在新结构经济学中的主张则是"一次分配同时达到公平和效率,二次分配更注重效率"。一次分配同时实现公平和效率的办法是按照一个国家的要素禀赋的比较优势来发展经济,这样会最有竞争力,有助于实现效率,同时也会给依靠劳动力获得收入来源的低收入群体创造最多、最好的就业机会,并且随着经济的快速发展,资本积累很快,劳动力会由相对多变为相对少,工资的增长会很快,资本的回报会降低。因为一般家庭主要靠工资收入,有钱人靠资本收入,所以收入分配会趋于平均。但是,经济发展中总有鳏寡孤独废疾者,以及因病、因临时失业需要照顾的人,并且新技术创新会给成功创新者带来垄断性收益,这些是二次分配所应当考虑的,只有这样才能有繁荣和谐的社会。在第十一讲中我会专门讨论公平和效率应如何兼顾的问题。

122. 关于农业合作化、小农经济与家庭农场的问题

雷心怡(国家发展研究院):林老师您好!恰亚诺夫在《农民经济组织》一书中通过"劳动消费均衡"等理论,强调家庭经营这一生产组织形式跨越历史与社会形态的特殊性,企图证明小农经济的强大生命力,甚至证明它比农业中的大生产还要优越;中国20世纪50年代的农业合作化运动借鉴苏联农业集体化运动的经验,但也宣告失败。恰亚诺夫的这一理论的实证支撑证据源于19世纪末俄国乡村的农户普查数据,在革命前俄国农村劳动力雇佣市场还没有形成的背景下,该

理论具有一定的局限性。但中国等发展中国家在转型中遇到的现实农业发展问题和成功经验却使他的思想体现出预见性而被重新发现，"列宁–恰亚诺夫之争"再次引起讨论。其中，对小农经济的活力、小农家庭经营的前途命运的争论与中国当前农业的发展路径息息相关。

鉴于中国的国情，适度规模且相对劳动集约化的小家庭农场，配合政府引导和支持而农民为自身利益而投入与控制的生产、销售、加工的纵向一体化合作，在农业农村资本化变迁、生产要素商品化、家庭基本生活需求向高层次提升、外出务工收益较高等因素的冲击下，能否成为一种可行的现代农业发展方案？

您认为在当前的中国经济形势下，小农家庭经营的前途命运如何？小农经济在中国是否有活力？

林毅夫：由于农业生产尤其是土地密集的大田生产是一种有机的、长时间、易受外在环境变动影响的过程，这种生产方式对工人劳动的努力程度和投入的质量难以监督，以自有劳动力作为劳动力来源的家庭农场的组织方式更为合适。在发达国家以及新兴的东亚高收入经济体，即使随着工业化、城市化，劳动力外出，农村人口越来越少，农场面积越来越大，生产的组织方式仍然是家庭农场，在我国也应该如此。其种子、化肥、耕地、播种、收割和销售等则可以由合作社或龙头企业来组织。

对于劳动力投入密集、工作集中的经济作物种植业或养殖业，其生产方式和工业较接近，尤其当需要以品牌来保证质量时，则可能用资本和雇工来组织生产。

123. 关于农业生产的规模效应对缓解三农问题的思考

张春峰（国家发展研究院）：林老师您好！在对于三农问题的解决方案的部分，您提到了可以再度发挥农业生产的规模效应。

既往的历史是：（1）土地改革可以看作放弃规模效应；（2）合作社是重新利用规模效应；（3）家庭联产承包责任制是再度放弃规模效应（强调个人的积极性）。

如果在现在这个时期再度强调规模效应，在现行的土地制度下，关于可行路径有哪些例子可以参考呢？比如超级农户承包，或者公司入驻？我在调研时曾见过一个村子已经悄然发生了规模的整合，村中的土地由几家超级农户全部承包，留守的老年人等劳动力在需要的时候被雇用。您对于这样的生产方式有什么看法吗？

林毅夫：中华人民共和国成立初期农业生产组织方式的变革过程确实是如你所观察到的，从放弃规模经济到利用规模经济再到放弃规模经济。但是现在的重新集中的条件和20世纪五六十年代不同。那时，由于重工业优先发展，创造的非农就业机会很少，所以多余的劳动力只能留在农村依靠土地为生。改革开放以后，由于按照比较优势发展，创造了大量的非农就业机会，给农村劳动力提供了收入更高的离土离乡的非农就业机会。但是，"跑得了和尚跑不了庙"，农民进城从事非农产业的工作，土地不能带走，只能留在农村，给土地集中创造了必要条件，同时也是留在农村务农的种田能手提高收入、缩小和城市居民收入水平差距的必要前提。如何集中土地以实现规模经济？是由农户雇用代耕队播、种、收，自己来经营好，大户来承包留下的土地好，还是由公司来经营合适？这应该根据生产的是什么，依靠产品的特性、市场需求的特性以及资本和技术投入的特性，由农民在市场中以自愿的方式来选择。总的来说，如果是粮食，则以单个农户雇用代耕队来干农活或大户承包合适；如果是蔬菜、水果、养殖业，则以公司经营的方式合适。如果是大户承包或公司经营，农村的一些留守老人可以从转包出去的土地获得一定收入，又可以从雇工劳动中获得一些工资，应该是一个双赢的安排。

124. 家庭联产承包责任制是否为"小农经济的理性回归"？

崔荣钰（信息管理系）：林老师您好！我之前看到一种说法，称家庭联产承包责任制是"小农经济的理性回归"，即与小农经济相比，家庭联产承包责任制虽有土地所有权和制度的最终目标不同，但二者的共性在于，均优先满足自给自足，再考虑投入市场创造效益，保障性目的要胜于生产性目的。而且我看到有资料称，包产到户是依据人口数量平均分配土地，这就可能造成不适合耕作的劳动力占有土地，土地过于分散从而违背了规模化、集约化生产的情况。所以其公平优先于效率、与市场化趋势相背离的特点,是不是这一土地政策难以成为长远发展之计,而只是对生存压力的暂时性反应的原因?

林毅夫:家庭联产承包责任制并非"小农经济的理性回归",而是向种植业合适的生产组织方式的回归。美国、拉丁美洲、澳洲的大农场虽然面积很大、机械化程度非常高,但在生产组织上也是一家一户来负责经营的。这是因为种植业的生产是有机的光合作用过程,而且具有生产周期长、劳动投入难以监督的特性。所以,以家庭为单位的农业生产组织方式并非小农经济的理性,而是由种植农业的技术特性决定的。对此我在课上有详细的解释。在从集体经营向个体经营的转变过程中,土地的平均分配而且各家各户各种等级的土地都要有均等的一份,导致农场规模不仅小,而且非常细碎,确实是公平优先于效率,但规模化经营的前提是多余的劳动力在非农产业中有就业机会,如果没有这样的机会,那么规模化经营就会回到过去的集体农场,其效率已经被证明比个体经营的效率低。就像前面张春峰同学的观察以及我的回复提到的,随着经济的发展,农民逐渐转移到城市非农产业,在政策允许承包土地流转的条件下,农民会自发地找出合适的利用规模经济的办法,自己雇用代耕队来利用农业生产中具有规模经济的机器设备,或以一定租金将土地流转给大户、公司等,让土地集中以实现规模经济。只要有获利的机会,在市场中人民和政府都会有智慧创造出合适的安排,使个人获利,也推动社会进步。

125. 关于家庭联产承包责任制与规模经济的问题

郭鹏(数学科学学院):林老师您好!我想请教如下两个问题:

1. 规模经济有助于发挥各地区的比较优势,加强国家宏观经济调控。那么实行家庭联产承包责任制是否会带来小农经济的重现,使家庭自给自足,从而无法享受到规模经济?

2. 实行家庭联产承包制是否与中美关系正常化、美国取消对华贸易禁令相关(使得中国重工业发展得到大量外资支持,从而以统购统销积累剩余的方式变得不是必需的)?

余龙林（数学科学学院）：郭鹏同学你好！我想对第一个问题分享一下我的想法。如林老师所说，农业发展中确实有如季节性以及劳动工具等因素带来的合作集约上的好处，因此集体农业确实有规模经济上的好处。而家庭联产承包责任制把生产要素的经营权分散开来，土地难以集中，因此确实是一种规模经济的丧失。但同时，农业经济不同于工业经济，农业的监督与管理成本较工业更高，非集约性的农业规模或许是由现阶段的要素禀赋所决定的。因此，农业要想实现规模经济，需要等到其符合要素禀赋结构时才能推动。以上是我的一些浅薄理解。

林毅夫：

1. 余龙林同学对郭鹏同学提的第一个问题的回答是完全正确的，家庭联产承包责任制是牺牲了规模经济，但是任何事情，包括制度选择，都是"两害相权取其轻，两利相权取其重"。小农经济确实会牺牲规模经济，但是农民的积极性会高；集体经济可以有规模经济，但是农民的积极性低。从理论上来说，如果规模经济非常大（例如大于100%），那么牺牲50%的积极性也是合算的，但是，农业生产的规模经济一般也就是10%，所以为了10%的规模经济去牺牲50%的积极性也就不合算了。

2. 首先，改革开放以后进入我国的外资是为了获利，所以只会进入符合我国比较优势的行业，开始时都是劳动密集的、符合我国当时比较优势的行业，并不会进入资本密集的、违背我国比较优势的行业。其次，实行家庭联产承包责任制后，我国并没有马上取消统购统销，1985年以后改统购为订购，但是本质上并没有多大变化。在我国，由于收入水平的提高、比较优势的变化，粮食生产已经逐渐失掉了比较优势。为了维持我国的粮食安全，种粮仍然是农民的一种义务。不过，为了提高农民的积极性，政府给种粮一定的补贴，政策上从过去的以农补工变成现在的以工补农。

126. 规模经济与包产到户

钟卓宏（信息管理系）：林老师您好！我想分享一下自己听完本讲的一些思考。

1.利用规模经济进行生产队生产,其规模效益是明显的,但同时也存在监督成本。生产队中个别村民偷懒耍滑难以被发现,监督成本较高。那么,集体生产的效益与监督的成本孰高孰低呢?规模经济的成功与失败与这两个指标可能是紧密相关的。

2.当时的农民之所以没有选择包产到户而是选择继续参与集体生产活动,可能是因为集体生产可以满足人们的需求,而包产到户并不能使得个人利益最大化。但反过来,我们可能也要追问,在禁止包产到户的情况下,安徽凤阳小岗村的农民们为什么选择了家庭联产承包责任制?

3.关于提高农民收入的办法,联系到近年来农业的发展,除了农民离土离乡的人口流动,农产品新概念(如有机蔬菜、土鸡蛋等)的提出、微商等新销售模式的发展,也给农民收入提高带来了动力。

以上观点不足之处,还请老师与同学们指正!

林毅夫:同意你提出的第一点和第三点看法。对于第二点,在1978年以前包产到户之所以不可能,并非农民没有意愿或需求,而是这种方式被禁止。不过,幸运的是,以邓小平为核心的第二代中央领导集体,提出实践是检验真理的唯一标准,推行改革开放,给这种新的农村经济制度的创新开了"活口"。所以才会有我在第四讲中回答马尧力同学的提问时指出的,从1978年年底十一届三中全会决议中的"不许分田单干""不许包产到户",到1980年《关于进一步加强和完善农业生产责任制的几个问题》中规定的"在那些边远山区和贫困落后地区……要求包产到户的,应当支持群众的要求,可以包产到户,也可以包干到户,并在一个较长的时间内保持稳定……在一般地区……已经实行包产到户的,如果群众不要求改变,就应允许继续实行"的转变。到了1983年,以家庭为单位的联产承包制就成了新的被普遍采用的农业经营制度。

林芝(医学部教学办):林老师好!我也有两个疑问:第一,家庭联产承包责任制其实就是包产到户(或包干到户)吗?是为了好听换了一种说法吗?第二,1978年改革开放之初还明文规定禁止包产到户,但有了小岗村的实例之后却认可了这种变化,改变了原来的规定。这可以理解为领导人在改革过程中其实是根据具体的实践来不断优化政策的吗?

林毅夫：是的，家庭联产承包责任制就是包产到户。在十一届三中全会的决议中只允许包产到组或包干到组，但是不允许包干到户和包产到户。后来时任安徽省委书记的万里看到小岗村的包产到户能增产，能解决农民吃饭的问题，认为既然能够提高生产力，解决吃饭问题，那么就应该将其视为一种新的社会主义农业生产组织方式，并向小平同志做了汇报。小平同志一向主张"不管黑猫白猫，能抓到老鼠就是好猫"，因此该生产组织形式获得了小平同志的认可，开始允许其在生产靠贷款、生活靠救济、吃饭靠返销的"三靠队"采用，并由杜润生作为农委的领导人加以讨论，将这种"交够国家的，留足集体的，剩下都是自己的"的大包干制度称为"家庭联产承包责任制"。在1980年年初开了这个"口子"以后，这种制度迅速在整个农村大地被所有生产队采用。这是在中国改革开放过程中由"基层首创"推动改革的一个典型案例，也是至今最为成功的案例。

黄承慧（国家发展研究院）：钟卓宏同学，你好！关于你提出的思考，我有以下几点想法。

1. 一般规模经济的好处在于单位成本的降低，这里的成本是生产要素成本，并未包含监督成本。但农业生产的监督成本非常高，因此，当规模经济的边际收益无法覆盖降低的边际成本时，净收益降低。因此包产到户省去了监督成本，再加上农民主观能动性的提高，即便其他要素的平均成本要高于规模经济的收益，总的净收益仍然提高了。

2. 集体生产看起来资源配置效率更高，更具有制度优越性，因此当时为满足所有人的粮食需求而采取集体生产的模式。而安徽凤阳小岗村是因为集体生产模式下，过于贫困，无法满足生存所需的粮食需求，欠国家公粮，故而冒险采取包产到户的做法。中国农村发展问题研究组编写的《农村·经济·社会》一书中有如下描述：

> 1979年以前，梨园公社的小岗、雁塘头两个生产队是凤阳县出名的穷队……粮食总产由五十年代初的30万斤，下降到七十年代不足10万斤；二十多年间，两个队共37户社员，净吃国家返销粮35万斤，用国家生活救济款3万元，但仍有35户社员几乎年年都得靠外出讨饭来维持大半年生活。
>
> （第176页）

3. 是的，农产品新概念以及新的互联网销售模式使得农产品附加值提高，流通速度加快，流通成本降低。关于提高农民收入，随着城市化进程的推进，农村的农业劳动力下降，但偏远地区的农业机械化程度还不够。进一步推进机械化，利用比较优势生产附加值更高的农产品，提高农民的人力资本，政府除了实施扶贫政策，还需要加强农村的基础设施建设。

以上观点如有不足，还请老师和同学们指正。

林毅夫：黄承慧同学的这些补充很好——很充实，很到位。感谢！

127. 包产到户和农村劳动力转移问题

唐睿清（社会学系）：林老师您好！您在课程中指出，农村改革的成功至少在初期有近一半可以归因于家庭联产承包责任制，而家庭联产承包责任制之所以能够成功，又是因为其有效规避了农业生产中不可避免的大量监督成本（与工业生产不同）。我有两个问题想向您请教。

1. 如果将这一部分成功归因于家庭联产承包责任制，那么为什么在农业集体化之前，同样是包产到户，却没有制度优势，甚至在刚开始进行农业集体化时，农业产量还是在上升，只是在1958年以后才开始下降？（您将其归因于退社权的取消，但是即使在此之前，退社权存在时，这个监督成本的问题也没有得到解决。）

2. 如果比较改革开放后与中华人民共和国成立前的情况，我们会发现两者之间的差别似乎并不在于农业生产方式，而是在于改革开放后农村开始乡村工业化和城镇化，有大量农业人口向非农产业转移。是不是可以认为，即使我们将农业增产的原因归因于包产到户，农民生活水平的提高实际上也与农村劳动力的转移之间关系更加密切？

林毅夫：

1. 我在课堂上已经说明了，如果每个农民都能够约束自己，在合作化农场中和在家庭农场中同样努力工作，那么就不需要监督了。由于规模经济的存在，合作化农场会优于每个农户单家单户的生产，但是在合作社中社员有这种自我约束的前提条件是农民有退社权。

2. 农村劳动力向非农产业转移的工业化和城镇化确实是增加农民收入的最重要方式，但这是在 1985 年乡镇企业兴起以后才开始出现的。家庭联产承包责任制是在 1978 年年底开始实施的，到 1984 年时在全国全面推开。家庭联产承包制的效果，是用 1978—1984 年农业增产所带来的农民收入的增加来衡量的。从 1978 年到 1984 年，农民收入的增长比城市居民快，所以城乡收入差距逐年缩小。如你所指出的，1985 年以后的农民收入增长更多地来自农村劳动力向非农产业的转移，不过 1985 年以后的城市收入增长快于农村的收入增长，所以城乡收入差距又开始扩大，建议你参考《解读中国经济》第六讲中表 6.3 的统计数字。

刘光伟（国家发展研究院）：唐睿清同学你好！你所提的两个问题我也很感兴趣，想说一下我的观点。

关于第一个问题，最初推行农业集体化的过程中政府是按照互助组、初级社、高级社三个步骤进行的，并且规模越来越大，想充分发挥规模经济的优势。但随着农业集体的数量变得越发庞大，监督困难的问题暴露得更加明显，在 1958 年出现生产率下降到后来的三年严重困难之后，在采用生产队形式时的规模是远不如高级社的。

关于第二个问题，我认为是由于包产到户的方式充分调动了农民的生产积极性，农业增产，农业增长速度加快，农民生活水平提高，农村劳动力有足够的剩余，才会向城镇转移；并且改革开放后的农业生产方式与中华人民共和国成立前还是有明显差别的，这一点从中华人民共和国成立到改革开放初期政府采取的改革方式就可以看出。

希望林老师和同学们指正。

林毅夫：刘光伟同学，你的看法基本正确。不过，从农业生产的特性来说，监督的问题在互助组时就存在，并不是从生产队变为初级社、初级社变为高级社、高级社变为人民公社，规模越来越大，监督的问题才越来越严重。这也是各国不管农场规模多大，都以家庭为单位来组织农业生产的原因。

在我国的农业合作化早期，在互助组时期，靠的是农民的自愿参加，哪个农民不好好干，其他农民会将其赶出互助组，或是好好干的农民会退出互助组来制约这些不好好干的农民。如果每个农民都自愿好好干，那么就不需要监督。在初级社和高级社时期，这种自愿原则仍然保留，好好干的农民的退出成为制约不好好干的农民的一个机制，所以监督的问题也就不显现。到1958年以后，自愿原则被取消，监督问题就成了制约农业生产的主要问题，并且所带来的坏处远大于规模经济所带来的好处。这也就是为什么在1962年推行生产队制度以后，生产队从规模上和初级社相当，但农民没有积极性，生产率水平远低于初级社，甚至低于个体农户的1952年，而同时，自留地的生产率水平却远高于生产队集体土地的生产率水平。至于改革开放后农村劳动力向城镇非农产业转移，最主要的原因是城镇劳动密集型产业的发展创造了就业机会，使得农民务农收入低于城镇务工收入。"水往低处流，人往高处走。"作为理性人的农民，流动到城市是受到城市较高收入机会的吸引。家庭联产承包责任制改革带来的农业增产并非农村劳动力向非农产业转移的必要条件而是有利条件，这是因为即使没有农村改革带来的农业增产，只要城镇非农就业机会能够提供更高的收入，农民也会流动到城镇来就业。我之所以认为农业增产是农民流动的有利条件，是因为农业增产解决了中国的粮食安全问题，使得政府有信心放松对农村劳动力流动的管制，否则，在粮食安全的考量下，政府必然会延续过去限制农民流动的政策，那么，农民就会像在改革开放前那样只能留在农村务农，除非是上了大学或参军提干才有转变为非农身份的机会。

128. 关于农村劳动力转移的问题

沈蓉（经济学院）：林老师您好！我有两个问题想请教。

1. 关于农村劳动力转移问题。在发展经济学课程中，我们曾通过托达罗（Todaro）的城乡劳动力迁移模型对这一问题进行了理解。虽然托达罗模型的重点在于探讨城市失业现象，但与老师谈论三农问题时指出的核心问题是一致的，即农村收入问题。同时在进行模型拓展的过程中，得出了给予农业部门补贴和在城市现代部门的劳动需求工资弹性足够低的情况下限制现代部门工资两种做法能够带来最理想的促进社会公平的效果。但这些措施的根本目的在于缩小城乡收入差距，减少进入城市的农村劳动力数量，以降低城市失业水平，因此其实际效果应该会减少农村劳动力向城市的转移。在现实社会中,我们既有农业补贴政策,又希望推动农村劳动力向城市的转移,两个手段之间是否存在一定的效果对冲呢?

2. 在农村劳动力向城市转移的过程中,会不可避免地遇到一个情况:这部分人群由于制度原因、社会因素以及自身知识技能方面的不足,会在城市中处于社会弱势地位,一方面处于城市中的相对贫困地位,另一方面难以和城市居民一样享受同等社会福利(户籍制度就是造成差异的其中一个重要原因)。前述课程中我们进行了实地走访以调查农村进城务工人员的生活现状,我们发现,尽管政府针对进城务工的农村劳动力提供了相应的社会保障(例如北京的廉租房和公租房政策、异地就医结算等),但似乎他们对这些保障制度的了解程度并不高。当然,我们的调研也在地域和职业上存在样本偏差,但目标受众接收与政策发布之间的脱节应该是存在的。针对这种情况,政府应该采取什么举措以提高进城的农村劳动力的生活水平呢?

林毅夫:

1. 对这个问题的回答应该从公平和发展两个角度来分析。就公平而言,你提的给予农业补贴和限制城市现代部门的工资是有帮助的,但是这些举措不利于发展。最好的目标应该是城乡居民的收入不断增长并且在发展过程中城乡收入差距不断缩小。要达到上述发展和公平兼顾的目标,则应该如课上讨论的,一方面按照比较优势来发展各种产业以提高竞争力,另一方面不断吸纳农民进入城市非农部门就业,以减少在农村务农的劳动力。前者可以最快速地发展经济,提高收入水平,创造最多的非农就业机会,吸纳农民进城。

2. 进城务工农民的收入会高于其在农村的收入,不过由于人力资本和户籍制度的原因,其收入和社会保障水平在城市里会属于较低的群体,流入地政府能够出台有针对性的政策给予帮助是一个进步。一项政策或一个制度的推行要达到预期效果,需要一定的动员、一定的过程,政府的政策宣传、媒体的报道以及进城农民的口口相传对这些政策的落实都会有帮助。

张梦洁(国家发展研究院): 林老师您好!您在这一讲中谈到了农村人口向外转移能够增加农民的收入;而一些学者也指出,(比起使用城市劳动力)外出务工的农村劳动力能够使企业不必为他们提供更多的赡养家庭的工资,这样城市就拥有了廉价的劳动力，也有利于工业发展。但是，我们也看到，这样的农村劳动力外出务工机制会导致留守儿童等问题。您认为农村劳动力外出务工与其农村家庭长期分离的机制是一种会持续较长时间的用来解决农村收入问题的机制吗？还是说，这只是我国经济发展中的一个暂时阶段？

农村发展的趋势是农村人口逐步向城市转移吗？如果农村人口向城市转移，形成更多人口密集的大城市，同时使农村的人均耕地更多，这似乎是一条可行的提高国民收入的路径；但中国当今也面临产能过剩的情形，因此如果人口继续转移，也会带来一些经济隐患。您认为未来中国的农村人口和农村家庭会往何处去呢？

林毅夫：无论是城市民营经济的职工还是农村外出务工的农民，工资总是由市场的劳动力供给和需求来决定的。20世纪八九十年代外出务工的劳动力工资低，原因并非工厂不必赡养务工农民的家庭，而是当时有大量的农村劳动力留在农村务农的收入低于到城市务工的收入，所以农村劳动力大量外出，劳动力的供给多，工资水平就低了。到了2000年以后，农民工的工资迅速上涨，不是因为2000年以后农民工携家带眷，企业需要承担抚养其子女的成本，而是因为我国资本快速积累，劳动力变得相对少了。所以，上述学者看到农民工在20世纪八九十年代时工资水平低的现象，但是，对这个现象的原因的分析是不对的。

农村留守儿童确实是一个社会经济问题，好的方式应该是父母进城务工，子女随着父母进城，在城市接受教育等。绝大多数国家在其现代化和工业化进程中都是子女随父母进城的，我国出现的农村留守儿童问题是户籍制度造成的特殊现象。这是我国渐进式改革所遗留下来的、应该随着户籍制度改革来解决的问题。

任何国家，包括今天的发达国家，在发展早期，收入水平低，80%以上的人口都是在农村以农业为生，经济发展的过程必然是工业化、城市化的过程，而今天发达国家的农村人口和农村劳动力普遍低于总人口和总劳动力的5%。所以，在我国，农民进城和农民减少是必然的现象，产能是否会过剩和农民进不进城无关，产能过剩通常是由于经济周期波动，伴随经济衰退而出现的。

徐鸿诚（元培计划委员会）：林老师您好！既然户籍制度的确牵制了农村人口向城市的转移，造成了留守儿童等社会问题，那么为什么户籍制度没有被取消呢？请问其中的困难可能是什么？是城市的教育、医疗资源不足以为广大农民工及其子女提供服务，还是城市人口高度集中，不容许不受控制的人口流入呢？

林毅夫：在计划经济时代城市职工实行低工资制，同时由政府提供免费或低价的住房、教育、医疗、电力、公共交通等公共服务，以和低工资制配套。改革开放以后，在政府和国有企业就业的职工的工资也并未完全按市场定价，所以还保留了原来的免费或低价的住房、教育、医疗、电力、公共交通等公共服务。如果取消户籍制度，那么就会有大量农民进城，去分享这些免费或低价的公共服务，并且会集中到这些公共服务条件较好的、发达的大城市，会大大增加大城市的负担。同时，城市合适的就业机会不见得能满足大量进城农民的需要，那样就会出现在拉美、南亚、非洲的贫民窟等社会问题。

要解决这个问题，必须一方面提高城市里政府和国有企业职工的工资，使其和民营企业、外资企业的职工处于可以竞争的水平，另一方面，提高教育、医疗、电力、公共交通等公共服务的价格，而不是以低价的福利来补偿政府和国有企业职工的低工资。只有这样才能取消城乡隔绝的户籍制度。

张骁哲（法学院）：户籍制度是计划经济时代对于城镇、农村的资源再分配的需要。在当前的很多二、三线城市，其实农村户口和城市户口没有太大的差别，也很容易改变，比如买套住房就可以获得城市户籍，子女可在当地上学。但是在一线城市，由于各种生活资源有限，不仅农村居民难以转入，其他城市居民也难以转入。此外，户籍制度在法律上也具有一定的管理作用，不仅是诉讼的管辖标准，也便于当地公安机关管理。

林毅夫：确实如你所说，户籍制度在法律上具有一定的管理作用。同时，二、三线城市的医疗、教育、文化等公共服务水平低于一线城市，农村户口和城市户口没有太大差异，也容易改变，一般只要买套住房就能取得户籍。

129. 关于小农经济和农村劳动力转移的两个问题

毛瑜晨（法学院）：林老师在《解读中国经济》一书中提到，从历史的角度看，在保证退社权的情况下，在一定规模内的土地规模经营在20世纪50年代取得了较好的效果，而1960年左右农业生产情况的恶化主要是因为农民丧失了退社权进而激励降低，而直到实行包产到户，农业生产才真正得以恢复。但我们不能否认20世纪50年代规模经营带来的效益。同时，老师在第七讲提出，在当下"农产品价格弹性小和收入弹性小的两个约束条件之下，要想增加农民收入，唯一长期有效的办法是减少农民数量，使农业人口向城市转移"。

由此，我有以下两个问题想请教老师：

1. 关于小农经济和规模经济。今天中国农业的主体仍然是小农家庭农场，但小农经济模式可能导致以下问题的出现：小农面对大市场难以规避风险、难以独自打通销售渠道等。面对这些问题，当下我国小农经济应当向什么方向发展？农业经营方式是否应当重新向规模化的方向发展？

2. 现在大量进入城市的是农村的青壮年人口，从事农业劳动的大多数是五六十岁的人，这种趋势在农村人口进一步进入城市后会更加显著，这是否会对农业新技术的使用等造成障碍？如何解决这一年龄结构上的问题？

林毅夫：

1. 正因为以家庭农场为基础的小农经济模式存在局限性，所以现在农村在推行"三权分置"，鼓励土地流转和规模经营，在农民离开土地以后，使土地向留在农村务农的农户集中，以扩大经营规模。

2. 土地规模经营以后，务农的收益提高，也就可以吸引有技术能力的年轻人和企业进入农业。在这个过程中，可以推行播、种、收的代耕，由合作社负责种子、化肥等生产资料的购买和农产品的销售，或由龙头企业牵头解决技术、投入和产品销售的问题。此外，政府也要负责农业新技术的研发、推广，推动农业产区的集中、地区特色品牌和优良品种品牌的建立，对关系粮食安全但利润较低的粮食生产给予农民补贴。

130. 关于农业产销新模式对农村收入提高的促进作用

雷心怡（国家发展研究院）：在家庭经营长期不变的情况下，在出于地理（如山地多）、历史（如家庭联产承包责任制下的分地遗留问题）等原因不能实现有效的土地流转规模经营的地区，通过基于小农户生产、直接对接城市固定消费者的扶贫方式，克服零散地块的小农式家庭生产的局限性和产业扶贫中遭遇的瓶颈，是否有助于农村收入有效提高，逐步与城市看齐？

以河北省桑岗村小农扶贫模式为例。自 2012 年起，桑岗村生产小组独立负责协调生产、质量监督、组织配送、与消费者交流互动等全部工作；消费者群体则依托研究团队的社会网络，借助新媒体平台发展。

在这种小农扶贫模式下，双方可以进行更有效率和信任的对接，利用农村优势农产品、订单农业产销高效对接、消除中间环节差价等特点，有序地引导农户和市场接轨，消除龙头企业的弊端，从而把家庭经营与合作经营的优势有效地结合起来，弥补了土地制度和扶贫现实的不足。目前这个模式在当地已经产生了良好的效果，形成了稳定的消费者群体和对接途径，成功支持了乡村脱贫。

中国在发展规模化农业生产中确实存在零散地块的缺陷和小农难以有效对接市场的问题，但这样形成的消费者社会网络在我看来并不能长期保持稳定，模式推广也存在难度。想了解老师和同学们对此的看法。这种模式是否有生命力？是否能够推广？是否有助于使更多面临农业生产销售问题的农民持续提高收入？

林毅夫：雷心怡同学，你提的桑岗村模式是在现行体制下利用互联网、新媒体、交通的改善、物流等，绕过中间商，把该村的小农和城市某个特定的消费者群体直接联系起来，这种联系如能长期维持，是有助于提高该村农民的收入的。但是，消费者的需求有多样化、喜欢新鲜的倾向，以社会网络集结一群人来给偏远地区的某个村民小组提供固定市场，作为一种扶贫的手段，基于网络内消费者的热情在开始时会有一定成效，但是农民产品的质量、多样性常存在问题，因此，这样的网络建立起来以后难以长期保持稳定，也难以在全国推广。如我在回答前面毛瑜晨同学的提问时所指出的，农村收入问题的最终解决还在于大量农民进城务工务商并成为市民，留在农村的农民扩大生产规模、增加科技和资金投入，根据城市需要，生产适销对路的产品。土地规模化经营以后，务农的收益提高，也就可以吸引有技术能力的年轻人和企业进入农业，在这个过程中可以推行播、种、收的代耕，由农民组成合作社来负责种子、化肥等生产资料的购买和农产品的销售，或由龙头企业牵头解决技术、投入和产品销售的问题。并且政府也要负责农业新技术的研发、推广，推动农业产区的集中，地区特色、优良品种品牌的建立，对关系口粮安全但利润较低的粮食生产给予农民补贴。这种方式的农产品销售不是依靠某个村组和某个特定的城市社会网络"结对子"，而是每个农户、村组或龙头企业面对整个国内甚至是国际市场。在地广人稀的美国、加拿大、澳大利亚，以及人多地少的日本、韩国，都是靠城市化和工业化使农村人口降到不足总人口的5%来提高农民收入，解决城乡收入差距问题。我国也需要遵循这样的规律。

131. 关于统一市场建立的问题

卞铖（国家发展研究院）：林老师，您在书中提到，就中国目前的情况来看，解决城乡收入差距和地区收入差距问题的一个有效方式是建立全国统一大市场。这的确符合比较优势理论，但是实际情况中存在运输等问题。对于农产品这类本来边际利润就比较低的产业来说，运输费用和运输的损耗是否会使得蔬菜、奶产品等农产品不会有明显的地域划分而依旧会围绕城市边缘生产，进而使一个全国范围的市场不能得以建立？另一个疑问是，在假设人员可以自由流动的情况下，只有在制造业等其他产业的工资上涨后，农业才会发生人口转移。但是由于中国的文化，存在人口转移是工作转移而户籍不转移的情况，这是否会对全国统一大市场的建立造成影响？

林毅夫：你提的这两个问题是对的。建立全国统一大市场的前提是改善交通基础设施，以降低交易费用。近年来我国由于道路交通、通信等基础设施的建设，许多偏远地区的农产品已经进入全国市场，如和田的大枣、库尔勒的香梨、定远的马铃薯、宁夏的枸杞、洛川的红富士苹果、澄迈的地瓜等，山东潍坊也成为全国的新鲜蔬菜批发中心。要进入全国统一大市场，除交通基础设施的完善外，还需要有一定的特色和相当规模的生产基地。对于一些特色不鲜明、没有品牌认知、规模不大的农户产品，就只能围绕城市边缘来生产和销售。户籍制度的存在增加了农村劳动力向城市流动的成本，但只要收入差距足够大，就不会阻碍农村劳动力向城市流动的积极性，对全国来说有福利的损失，但并不阻碍全国劳动力统一市场的建立。不过,户籍制度不是中国文化造成的,而是计划体制在渐进双轨制转型过程中的遗留。

132. 关于农业机械化和工分制的讨论

郭甲一(信息管理系):林老师您好!听了本节课的讨论以后,我有以下思考。老师在课上提到工分制失败的主要原因是监督成本过高,从而使得人民公社选择大概的工分统计,而这损害了农民的生产积极性,导致了"磨洋工"现象的普遍发生。如今,随着农业机械化程度的不断提高,农业生产也越来越像工厂生产一样单一且标准化。因此,我觉得应该可以存在部分超大型的"超级农场",它们和工厂类似,具有高度分工(有人负责施肥,有人负责浇水,有人负责除草),根据工人的工作量发工资。但事实却并非如此——如今不但中国没有这样的"超级农场",农业机械化程度较高的美国也没有。不知道我的思考是哪里出了问题,希望老师可以解答我的疑惑。非常感谢!

林毅夫:如果是在大棚里进行农业生产,则下雨、刮风、冷热等自然条件的变化对作物生产的影响较为可控,而且生产的场地在较小的范围里,工人的工作努力程度和质量容易监督,和工厂类似,这样的设施农业确实出现了以雇工来生产的经营方式。但是,对于在大田里生产的作物,何时浇水、何时施肥、何时播种、何时收割需要因时因地做判断,除非农场主跟在每位农民后面监督,否则很难判断每位工人工作质量的好坏。如果农场主要跟在每位农民后面监督,那么何不自己做呢?更何况一个农场主只能监督一个或几个农民,如果雇人来监督,则有如何协调监督员的工作和标准的问题。所以,对大田类的农业,普遍还是实行以家庭农户为经营单位的基本制度。具体采用哪种耕作制度更合适,要考虑农业生产的特性。而且,只要规模经济确实存在,农民也会通过制度的创新来获取规模经济。如我在回答前面毛瑜晨同学的提问时指出的,在农村地区已经出现不少拥有农业机器的专业代耕队,帮助单家单户的农民进行播、种、收,也有农民组成合作社来购买种子、化肥等生产资料以及从事农产品的销售,同时,也有"龙头企业+农户"的组织方式,来解决技术、生产投入的提供和产品销售等问题。

这些模式的创新都让单家单户的农民能够享受到规模经济的好处。

万昊越（物理学院）：林老师您好！你在课上提到某位经济学家认为工分制能够提高积极性，用了一个圆来阐述收益的分配。当A多劳动一份时，圆会扩大一圈。您提到A除了能够获得自己的新增劳动收益，还能从另一个人（B）原有部分中得到一块。但我对那个圆进行分析，发现B其实并没有损失，A多得的那一份只是A多劳动的那一份。

我猜测该学者认为的积极性的提高是规模效应导致的。由于规模效应的存在，A多劳动一份时，整体增加的收益由于双方共用的农具等原因会大于一份；而实行工分制保证了A能获得大于一份的收益。而若A单独生产，多劳动一份只能多一份收益。因此在集体劳动下，每个人的积极性都提高了。请林老师指正！

林毅夫：你可以用数学公式算一下。除非规模经济达到100%，否则，在没有监督、工作投入增加、工分没有增加的情况下，A总是吃亏，还不如单干。在农业生产中，规模经济一般顶多也就是10%。如果监督完善，增加工作投入会完全反映在工分的增加上，即使没有规模经济，A所得到的利益也会大于在单干时的情形，所以，A的积极性会比单干时高。你如果感兴趣，可以读读《解读中国经济》一书中我所引用的文章，里面有详细的数学模型证明上述观点。

133. 关于农村集体产权制度改革的问题

毛瑜晨（法学院）：林老师您好！目前，我国的农村土地是集体所有，集体经济组织可以通过承包行为使经营户获得承包经营权。但是农村土地承包经营权的结构呈现出改革的倾向，很多学者呼吁将农村土地转化成个人财产，允许其自由流转，并提出了一种制度设想：将土地上的权利划分为土地所有权、土地承包经营权、土地经营权，集体经济组织通过合同将承包经营权授予成员，再通过合同创设土地经营权，实现"三权分置"。

在我个人看来，这种允许三种权利分离的制度有利于土地更好地发挥效能，也有利于农村人口向城市的自由流动，进一步打破城乡二元体制。请问老师对这种制度构想有什么样的看法？这种制度构想可能对我国农业的发展产生什么样的影响？

林毅夫：同意你的看法，"三权分置"有利于农村人口向城市的流动，也有利于土地向种田能手集中。当然，任何制度安排在解决一些问题、带来好处的同时，也可能带来新的问题。例如，流动到城市的人口如果在城市失业，可否回到农村，把原来流转出去的土地要回来自己经营？会不会出现土地过度集中？承包户是否可以把承包地作为抵押向银行借款？如果以承包地作为抵押借款经营失败了，银行可否拍卖被抵押的土地？等等。

但打破城乡二元体制的关键在于户籍制度，在于进城的农民能否享有和原来的城市居民同样的权利，以及城乡之间的公共服务能否均等。

毛瑜晨（法学院）：林老师您好！我在课外阅读时了解到，有学者评价我国农村集体经济产权不明、制度不健全的问题长期累积，导致农村集体资产利用率不高，农村集体经济发展薄弱。而2020年中央"一号文件"（《中共中央 国务院关于抓好"三农"领域重点工作 确保如期实现全面小康的意见》）也强调要"全面推开农村集体产权制度改革试点，有序开展集体成员身份确认、集体资产折股量化、股份合作制改革、集体经济组织登记赋码等工作"。

请问林老师对股份合作制改革的方向、进程、未来可能产生的影响有怎样的评价和预期？在这一改革过程中，我们可能遇到哪些问题呢？

林毅夫：这是一个有意义的制度创新，解决了农村以土地作为投入，从事工业、商业等多种经营的收益分配问题。但这种制度安排在偏远、落后、缺少市场机会或缺少能人的地区的作用就比较有限。当然，也必须防范村集体的领导利用这种制度创新多拿多占、利益输送、中饱私囊的问题。

毛瑜晨（法学院）：目前我国农村集体产权制度改革似乎并没有统一模式，在管理模式上具有多样性，比较典型的模式有村集体经济组织（如南海）、更高一级的乡镇集体经济组织（如松江）、民间自发成立的股份合作社等。想请问林老师，您认为这三种模式是否有优劣之分？是应该坚持各地的多样化，还是应该朝着同一种模式改革？

林毅夫：确实目前没有统一的模式，各种模式也很难说清孰优孰劣，因为各地的实际条件、市场机会不同，所以，要鼓励各地因地制宜进行制度创新。

134. 关于农地使用权流转对缓解三农问题的思考

崔博雄（经济学院）：林老师您好！在讲三农问题解决方法的时候，您强调减少农民数量，让农村人口向城市人口转移。但如果我们将土地价值纳入考量，推动农地使用权的流转，是否能为农民带来新的收入来源？

一方面，随着城市化的不断推进，城市面积不断开拓，很多农地面临被征用的局面。如果我们将土地征用和流转市场化，将土地未来的预期收益贴现到当期土地转让价格中，是否可以让农民手中的土地价值最大化，从而达到短期增收的目的？

另一方面，虽然现在有"18亿亩耕地红线"在约束着农业用地的开发利用，但其实在农村很多土地是闲置的、浪费的，开放土地流转是否可以在长期提高土地的利用率，从而让农村的收益更大？

林毅夫：经济发展过程必然是产业结构和就业结构从农业转向制造业、服务业，以及城市化的过程，所以会伴随着农村和农业人口的减少。让土地流转到留在农村的种田能手的手中，是扩大农场规模、提高农民收入、增加农产品供给以满足城市农产品需求的必要措施。土地流转需要给流出者合理的回报，进城的农民才会有积极性把土地流转出去，避免土地抛荒，也增加进城农民的收入。城市化、工业化都需要土地，将一部分土地从农业用地转为城市用地是经济发展的要求。城市用地必然在城市近郊，把近郊农地转变为城市的工业、商业或商品房用地会有很大的增值，如果能够像黄奇帆在重庆当市长时所采用的"地票"制度（偏远地区的农民进城，自愿把宅基地变成农田，可以得到相应的"地票"，开发商在城市近郊竞标土地必须先购买"地票"），则偏远地区的农民也可以分享农地转成城市用地的增值好处，否则，农地转成城市用地的好处只会落在城市近郊的农民身上，从而出现一些地方的"土豪"现象。总的来说，我国的人均耕地非常少，如果是作为农业用地，每个农户所拥有的土地不会有多少价值。农地使用权的流转确实可以让农民获得收入，但这些收入将会微乎其微。只有在大城市的郊区，可以作为非农用地的土地才会有高价值，但是这样的土地在全国土地面积中所占比重是非常小的，对于大城市近郊的农民来说确实有好处，但这样的农民在全国农民中的比重极低，所以这无法成为让全国农民致富的方式。开放土地流转确实是使已经进城务工务商或是转为城市居民的农民遗留下来的土地得到集中开发，以避免土地闲置和浪费的必要举措，也是这些年来政府所倡导的。

张春峰（国家发展研究院）：请问关于农村土地的闲置和浪费，可否具体说明或者使用数据说明？

林毅夫：土地闲置和浪费等情形，多数是靠个人的局部观察所得到的认识。至于全国有多少这种现象，则需要全国范围内的普查，现在则可以依靠科技手段（如卫星遥感技术等）而得到比较准确的估计。

喻兆峰（医学部教学办）：我了解到的情况是，土地流转在一些经济较为落后的地区给农民带来的伤害可能比收益更大。

从需求方的角度来说，很多时候土地的征用或流转并不是市场化的，而是当地政府为了本县市的发展规划，统一征用农民的土地，然后进行土地招标建设，其中农民并没有选择卖给谁的权利，因此收到的补偿也很微薄，农民转让土地的意愿很低。有些地方干部为了完成征收目标采取粗暴的做法，引起了很大矛盾。

从农民的角度来说，部分农民对土地怀有很深的感情，甚至表示"给再多钱都不卖"，这其实体现了他们对于自身生活保障的忧虑。虽然中国的城镇化进程一直在持续，很多农村人口向城市转移，但是仍然有一大部分农民工没能在城市站稳脚跟，在城市得不到医疗、教育、养老等方面的保障，不得不回到农村。而对于离土不离乡的农村务工人员，他们的工作也不稳定，一份工作经常只能干几个星期，结完了工资又得去找下一份工作。对于这两种农民而言，土地被他们看作维持自身生活的最后保障。因此他们对于自身土地的使用权非常敏感，不到万不得已不愿意转让。

现在一些地方正在推进农民以土地入股、成立农业股份公司的做法。公司由管理者专门运营，农民每年固定收取分红，而不用完全出让土地承包权利。我认为这是比较好的做法，但我听说在实际推行过程中也出现了一些乱象，如有人乘机聚拢土地，骗取国家补贴而不投入生产；农业公司经营不善，资不抵债，无力发放分红等。因此，通过土地流转完成农业用地整合，进行集约化生产的模式是一个很好的方法，但是感觉在实际操作中还有很多问题需要解决。当然这只是我在一个地区所看到的部分现象，仅供参考。

林毅夫：你的这些观察很好，佩服！总的来讲，如我在回答崔博雄同学的提问时指出的，随着经济的发展，工业化、城市化是必然的，农业产值在 GDP 中的比重会不断下降，到高收入国家的阶段，农业产值在 GDP 中所占的比重一般会低于 5%。如果想缩小城乡差距，使农民的收入向城市工人的收入看齐，那么在农村务农的劳动力占总劳动力的比重也要低于 5%，同时留在农村的土地必须集中给这些劳动力使用。但这是一个发展的过程，不能拔苗助长，在执行过程中，就像农业合作社一样，必须建立在农民自愿的基础上，也必须因地、因人制宜，要有好的组织、监督、分配等制度安排，否则规模经营、土地入股等很可能变成剥夺农民利益的一种新的方式。

参考及推荐阅读文献

[1] 林毅夫. 解读中国经济：聚焦新时代的关键问题 [M]. 北京：北京大学出版社，2018.
[2] 皮凯蒂. 21 世纪资本论 [M]. 巴曙松，等，译. 北京：中信出版社，2014.
[3] 中国农业发展问题研究组. 农村·经济·社会 [M]. 北京：知识出版社，1985.
[4] 中共中央印发《关于进一步加强和完善农业生产责任制的几个问题》的通知 [EB/OL]. (2007-06-13)[2020-09-22]. http://www.ce.cn/xwzx/gnsz/szyw/200706/13/t20070613_11735658.shtml.
[5] 中共中央 国务院关于抓好"三农"领域重点工作 确保如期实现全面小康的意见 [EB/OL]. (2020-01-02)[2020-02-05]. http://www.gov.cn/zhengce/2020-02-05/content_5474884.htm.

第七讲
城市改革、国有企业和遗留问题

135. 关于渐进式改革与休克疗法长期绩效的一些思考

徐鸿诚（元培计划委员会）：林老师您好！我在劳伦·勃兰特（Loren Brandt）和托马斯·罗斯基（Thomas Rawski）合著的《伟大的中国经济转型》一书中读到了这样的文字：

> 和大多数中东欧以及独联体国家不同，中国采取了渐进的经济改革战略……这使中国避免了在中东欧和独联体国家中所发生的转型衰退，并且实现了经济高增长……在从事这项研究期间，中东欧和独联体国家也实现了至少10年的经济增长，这也表明许多转型方式都能够产生相当可观的长期经济增长……从长远看，是所有的转型模式还只是其中的部分转型模式能够取得成功，这仍是个饶有兴趣的话题。（第74页）

这引发了我的一些思考：是否渐进式改革在短期内能够较快地发展经济，而采用"休克疗法"的国家反而因为较为彻底的体制改革而可能在长期内具有更好的绩效？当然，我们希望中国的渐进式改革在长期内也能有令人瞩目的成绩，不过渐进式改革是否有可能产生路径依赖、改革到深水区而难以彻底实施的问题呢？期待您的指正！

林毅夫："尽信书则不如无书"，不知你对上述书中所引用的数据做过了解没有？我所了解的情形是前苏联国家在转型后经济崩溃，GDP普遍下滑了30%～40%，在之后有所复苏，那本书所说的"至少10年的增长"大概指的是GDP下滑30%～40%后的复苏，但是有几个国家到第二个10年时尚未恢复到转型开始时的水平？当然，如果截头去尾，只看复苏那个阶段，可以说"休克疗法"带来了"可观"的增长，但从整个转型过程来看，不少国家和转型前相比只是在原地踏步。回顾过去30年，前苏联国家中表现最好的是白俄罗斯和乌兹别克斯坦，东欧国家中表现最好的是波兰和斯洛文尼亚。这四个国家有一个共同的特色，就是它们的大型国有企业没有私有化，避免了转型期的经济崩溃和之后的寡头垄断问题。如果你对以什么方式转型更好这个问题感兴趣，建议你参考我2014年发表的"The Washington Consensus Revisited: A New Structural Economics Perspective"一文。

至于渐进式改革是否有可能产生路径依赖、改革到深水区而难以彻底实施的问题：首先，关于过去的改革是相对容易的，现在是"啃硬骨头""进入深水区"的观点，我认为是不正确的。在改革成功之后，回过头来看，总是会让人觉得是容易的，就像哥伦布发现新大陆，事后来看不过就是一直往西航行而已，但是，如果渐进式改革真的那么容易，为何其他转型中国家、其他人不也这么做？其实，经济转型在任何国家、任何阶段都是不容易的。其次，转型要成功，不管在过去还是现在都需要解放思想、实事求是，不是根据书本或现有的理论，而是要根据当前的问题是什么，解决这些问题的目标是什么，有什么有利的条件可以动员，有哪些不可逾越的限制条件。只有把上述问题想清楚了，才能做出合乎国情、与时俱进、能够不断推动社会进步的改革。不改革没有出路；怕产生路径依赖，根据书本来进行"休克疗法"式的转型也不对。

136. 关于改革开放前城市改革中的地方政府决策问题

黄光波（城市与环境学院）：林老师您好！关于改革开放前通过权力下放缓解协调问题，《解读中国经济》一书的第161页写道，"如果把经济的决策权下放给省，各个省都想发展经济，都想优先发展重工业，大家都会抢着去投资"，由此最终会导致投入要素的供需不平衡以及经济秩序混乱。

但改革开放前，我国大部分地区都应该是劳动力要素丰富而资本要素不丰富，那么当各省政府具有经济决策权时，理性的选择应该是根据比较优势发展劳动密集型产业，而非重工业。但这似乎与事实和书中的叙述相矛盾。

请问这样的矛盾是出于国家总体战略的号召，各省都希望快速发展重工业，以此得到中央的肯定，还是有其他内在原因呢？

林毅夫：如果各种要素（包括资金等）的价格是由市场来决定，由于中国资本短缺，资金的价格高，各省若有发展经济的自主权，就会减少资本的使用，发展和当地要素禀赋结构所决定的比较优势相一致的产业。但是，当时资金的价格是被压低的，所以各省都会抢着去用这种价格被压低的资金去发展资本密集型产业，即重工业。

137. 关于国有企业改革的几点疑问

张梦洁（国家发展研究院）：林老师您好！您在第五讲中谈到，中国许多国有企业运转不良是由于这些企业处于自生能力弱的领域，但是这些企业的国有制形式也有一定的益处，比如中粮、中石化可以稳定国内粮食、石油价格，避免国内市场被干扰，给人民的生活造成困难，以及一些重工业或者基建行业在国有企业形式下也能避免被外资收购、重组，造成技术外流。因此，我认为国有企业的低效可能是它为了这些功能而必须在这些领域存在所付出的代价吧！我也拜读了您的《自生能力和国有企业改革》这篇文章，想问问林老师，如果按照您的方式对国有企业进行改革，那么这些国有企业当前的益处会不会被削弱呢？我们衡量当前国有企业机制的益处和弊端，是否得出的结论是在较后的、经济发展较好的阶段采取这种国有企业机制才更好呢？按照您文中的逻辑，国有企业更契合资本多而劳动力稀缺的国家的比较优势，我国目前还处于劳动力较廉价而资本较昂贵的阶段，因此国有企业发展不畅。但随着经济的发展，劳动力和资本的数量和价值之间的差距在缩小，如果我们继续忍受国有企业带来的问题，对其不加以改革，那么等到我国的比较优势改变之后，是否它们的发展就能够焕然一新了呢？或者，是否目前国有企业造成的问题超过其益处，因此先将国有企业加以改造和转型，再谈后续发展才为正解？

林毅夫：很高兴你看了《自生能力和国有企业改革》这篇文章，但你对文中的逻辑似乎并没有了解清楚。该文是说，在违反比较优势但是为国防安全或经济安全所必须发展的产业，以及具有自然垄断性质但是关系到国计民生而必须存在的产业中，国有企业会比民营企业更有效率。原因是国有企业具有战略性负担，一定要有国家的保护补贴才能生存。由于国有企业的厂长、经理向国家寻租所得到的好处不能变为个人的收入（因为这是贪污，可能受到法律的制裁），而民营企业则可以，因此国有时补贴和寻租腐败反而少。实际上苏联和东欧转型以后，大量的实证研究证明了这一点。民营企业会有垄断利润，需要防止其榨取过高的垄断利润而使其他企业和家庭受到损害。国有时企业的厂长、经理不能把垄断利润变成个人的收入，民营时企业会变成有钱有势的寡头，会有积极性收买政治以使其榨取垄断利润成为合法的，所以，国有时反而比民营时更容易控制自然垄断企业对垄断利润的攫取。这方面也有大量的实证经验支持以上的分析。在我的文章中并没有在任何地方谈到或主张"国有企业更契合资本多而劳动力稀缺的国家的比较优势，我国目前还处于劳动力较廉价而资本较昂贵的阶段，因此国有企业发展不畅"，以及"在较后的、经济发展较好的阶段采取这种国有企业机制才更好"。同时，那篇文章还指出，现有许多研究发现国有企业比民营企业效率低，就认为是产权的问题，主张对国有企业进行私有化。这些研究没有注意到民营企业一般处于符合比较优势的竞争性行业，而国有企业一般处于违反比较优势的行业或是自然垄断行业，所以，这些研究只看到问题的表象并没有触及根本原因。正因如此，按照主流的产权理论所进行的改革一般不成功。苏联和东欧的情形就是最好的例子。那么，在这样的前提下，国有企业如何改革？对于自然垄断行业，要加强监管，防止对其产品服务的过高定价，也要加强管理，防止管理层依靠垄断利润不作为或乱作为；对于非自然垄断行业，在我国的资本积累尚未达到使国有企业所在的产业变得符合比较优势之前，国家应该继续给予其一定的保护补贴，同时加强监管，防止国有企业的厂长、经理的不作为或乱作为，等到该产业变得符合比较优势后，就可以取消各种保护补贴，让市场竞争来决定是继续保持国有形式还是进行私有化。

138. 关于未来国有企业改革方向的思考

郭甲一（信息管理系）：林老师您好！关于未来国有企业的改革方向，我有以下几点思考。

首先，老师在课程中提到，经过四十多年的快速发展，国内的要素禀赋结构已经发生了巨大的变化，这使得过去本来需要保护补贴的国有企业现在具有了自生能力。那会不会即使现在国内不进行改革，再经过几十年的发展，国内的要素禀赋结构也会变得适合资本密集型产业的发展？国有企业承担的战略性负担也不复存在？

其次，随着国内要素禀赋结构的改变，当下适合发展的产业在未来可能会变成缺乏人力资本的产业。按照老师划分的四类国有企业，这些企业应该被划为第四类，也就是说，未来它们可能会破产或被私有化。那么未来中国还会存在这么多国有企业吗？还是说国有企业全部变为混合所有制企业？

最后，参考美国的实际情况，虽然美国是一个资本比较丰富的国家，私人企业对航空、军工等资本密集型产业的产品进行生产和研发也是符合其比较优势的，但美国政府还是为其提供了很多的保护补贴。那是不是意味着，无论未来中国的要素禀赋结构是什么样的，国家只要对企业有战略性需求，企业就可以得到保护补贴？如果不是，有没有什么比较好的方法可以克服这一难题呢？

张骁哲（法学院）：郭同学你好！对于第三个问题，我认为，虽然有朝一日军工企业也能符合比较优势，但是这些留在最后的国有企业不仅是因为国家对其有战略性需求，而且是因为通信、电力、能源等产业具有重要的国计民生作用，需要保密、备战并且符合战略布局，所以完全私有化仍然具有一定的障碍。

林毅夫：郭甲一同学，没错！随着过去四十多年我国经济的快速发展，许多原来违背比较优势的国有企业所在的行业已经变得符合比较优势，并成为竞争性行业，例如钢铁和装备制造业。但是，还有一些军工产业，资本过于密集，不仅超越了我国目前发展阶段的比较优势，即使在发达国家，也是超越其发展阶段的比较优势的，需要国家对其研发和生产给予支持才能生存。对于这种企业，不管是民营还是国有都需要补贴，在美国以民营为主，在欧洲以国有为主。从经验事实来看，它们都同样存在预算软约束问题，不能证明民营企业比国有企业更有效率。而且，从理论上来说，民营企业以有战略性负担为由向国家要补贴的积极性可能比国有企业更高，甚至组成了美国前总统艾森豪威尔所说的绑架国家军事和外交政策的"军事－工业复合体"的特殊利益集团，所以，对于这类企业，我认为保留国有形式更容易抑制其寻租的动机，更容易对其进行监管。另外，像张骁哲同学指出的，像通信、电力、能源等关系国计民生的自然垄断行业会有垄断利润，需要国家对其进行监管，防止企业利用垄断地位攫取巨大的垄断利润，损害消费者的利益。如果是民营，这类企业可以利用其垄断获得的财富收买政治，而使监管变得更为困难。在20世纪80年代新自由主义盛行时，不仅苏联和东欧国家而且许多拉美国家把这类企业私有化，结果这类企业的所有者变成了垄断的寡头，企业的效率没有提高，而且出现了大量的收买政治、寻租腐败的现象。前几年在媒体上经常提到的"巴拿马文件"中就有大量这种例子。"两害相权取其轻"，这种自然垄断行业中的企业也以保留国有形式比较合适。当然，对于这两类行业中的企业可以保留国有形式，但必须不断改善监管，只有这样才能让经理人员不至于因为有预算软约束或有垄断利润，出现太多在职消费、中饱私囊、利益输送的道德风险。

郭甲一（信息管理系）：但是据我了解，美国就连量子计算机这种具有跨时代意义的产品也是和民营企业D-wave合作研发的。

林毅夫：在世界前沿的新技术、新产品的研究和开发（R&D）中，开发（D）的部分主要是由企业来进行，因为开发出来的技术和产品可以申请专利，如果成功了会是"一本万利"，因此企业有积极性去做。基础理论的研究（R）部分，因为其产品是论文，属于公共知识，不能申请专利，因此民营企业没有积极性去做。但是，如果没有基础理论的突破，新产品和新技术的开发就会是无源之水、无本之木。发达国家的产业所用的技术已经处在世界最前沿，没有技术的不断创新，发达国家的经济发展就会停止。所以，发达国家为了实现经济的不断发展，在量子计算机等前沿产业的基础研究会由政府提供资金，经由大学或研究机构来进行。基础科研取得了突破后，则可能以政府采购的方式对新产品的开发给予支持。这种对基础科研的政府资助或对新产品的政府采购实际上也是一种产业政策，由于政府可以使用的资金有限，可从事的基础科研几乎无限，因此政府也必须战略性地根据国家经济或国防安全的需要选择所要支持的基础科研，这种支持就决定了发达国家新技术、新产业的发展方向，所以有些学者把发达国家的政府称为企业家型政府（Mazzucato, 2011）。我国对于在技术上已经处于世界领先地位的产业（例如家电、高铁、移动通信等），也可以用同样的方式由国家支持基础科研，新技术、新产品的开发则由企业来进行。对于距离比较优势很远但是关系到国防或经济安全的产业的研发和生产，我在对上一个问题的回答中已经指出，在美国以政府支持、民营企业从事为主，在欧洲则是以政府支持、国有企业从事为主。从经验上来看，孰优孰劣很难证明。就我国的国情来说，国有企业会比民营企业更容易监管和对寻租进行约束。

139. 国有企业改革是否已经"无功可做"？

张春峰（国家发展研究院）：林老师您好！在第七讲的课程中，您提及国有企业改革的两大核心问题，一是经营者与所有者分离，二是政策性负担。

如果政策性负担问题已经处理得差不多了，而经营者与所有者分离的问题又是民营企业和国有企业共有的问题，且不同模式无严格优劣，那么这是否意味着国有企业改革已经"无功可做"？（只能引入竞争的必要条件，让国有企业和民营企业同质化竞争。）

但个人觉得这不符合直觉，原因如下：

1. 国有企业改革目前仍然是令人头痛的问题，政策性负担已经逐步削减，经营治理制度也做了变革尝试，那到底是什么因素有问题呢？仍然是要素价格扭曲和资源软约束吗？

2. 关于国有企业与民营企业的本质区别，在您提出的框架中，我认为国有企业和民营企业已没有本质区别，都是在竞争性市场上追求利润最大化，最终的竞争结果是零利润。但这是不是相当于削弱了政府的剩余索取权，从而通过国有企业变相"征税"来为政府筹资的功能就会消失？这是否违背了国有企业设立的初衷？

林毅夫：你提的问题值得思考。在渐进双轨制的转型过程中，原来的重工业赶超战略的政策性负担以及老工人和冗员的社会性负担确实剥离得差不多了，但是不是国有企业和民营企业就同质化了？或者说，国有企业改革就"无功可做"了？其实不是。

首先，在涉及国防安全但违反比较优势的战略性产业，政策性负担必然是存在的，不管是民营企业还是国有企业都会以此为理由向政府要补贴。从理论上来说，在此类企业（无论民营还是国有），信息不对称、激励不相容和道德风险必然会存在；从实证经验来看，此类产业中的民营企业利用政策性负担作为寻租筹码的积极性和可能性都会比国有企业更高，所以，国有企业可能比民营企业更有效率。即使是国有企业，由于存在道德风险的可能性，也必须对其进行治理，针对实际存在的问题而进行改进。但是，没有一种治理方式是绝对最优的。Oliver Hart 有一篇文章检验了在竞争性市场上民营企业的各种治理方式，发现每种治理方式都有优缺点，没有绝对占优的治理方式（Hart, 1995）。所以，在现实世界中，资本主义国家的民营企业的治理方式有很多种，同一家企业如果发现一种治理方式不好，就会换一种方式，再过一段时间可能又换成另一种方式。国有企业自然也是如此，如果发现一种治理方式不好，就应该针对存在的问题进行改进，而这种改进解决了一个问题，可能又会出现一个新问题，那就要继续改进。

其次，在自然垄断行业里，无论国有企业还是民营企业都会有利润。从整个社会福利和效率最大化的角度来看，要防止企业利用其垄断地位来最大限度地攫取垄断利润，政府对其成本和定价就必须监管。如果这样的企业是民营企业，老板很可能收买政治和舆论，使得监管变得更困难。所以，在绝大多数国家（包括发达的资本主义国家），一般来说自然垄断行业是由国有企业经营，效率也不高。在20世纪80年代，由于对私有产权的迷信，不少这样的国有企业被私有化，但从实证经验来看，普遍出现的结果是监管变得更困难，效率没有提高，腐败的现象更为普遍。所以，既然在自然垄断行业，私有化不能解决问题，而且可能使得问题更糟，那么针对自然垄断行业的国有企业效率低的问题，就应该在监督和治理上针对出现的问题提出解决办法；也必须了解，不管用什么办法，信息不对称和激励不相容的问题都会存在，所以不可能有一劳永逸的办法，只能针对具体的问题给出解决方案，一个问题解决以后如果再出现新的问题，就再引进新的改进办法。

最后，对于竞争性市场上的国有企业来说，利润为零是在完全竞争市场的假设（完全同质的企业、生产完全同质的产品、市场不存在交易费用、不存在技术创新、不存在信息不完备）下才成立，但是，这些假设在现实经济中并不存在。在竞争性市场上，管理好的企业的利润会比管理差的企业的利润高，产品能够更好地满足细分市场中消费者需求的企业的利润会比产品无法满足细分市场中消费者需求的企业的利润高，能够不断创新技术以提高产品和服务质量、市场效率以及创新管理方式以降低内部运营成本和市场销售费用的企业的利润会比不能创新的企业的利润高。所以，即使在竞争性市场上，国有企业和民营企业也都需要改进治理，提高企业经理人员改善管理、进行创新的积极性。当然，就像前面引用的 Oliver Hart 的研究所提出的，没有一种治理方式是最优的，只能在实践中根据每个企业存在的问题不断改进，对民营企业是这样，对国有企业也是这样。

我们在学习理论的时候，一定要知道理论的前提是什么，明的假设和暗含假设是什么，运用的范畴是什么，否则就会误用理论，妨碍自己对真实世界现象的了解和思考，失去推动理论创新并利用理论来帮助人们认识世界、改造世界的机会。

140. 关于公司治理机制的问题

黄雯晖（政府管理学院）：林老师您好！您在谈到公司治理问题的时候，说在充分竞争的市场中，没有任何一种公司治理方式比另一种公司治理方式更好。这也是 Oliver Hart 所认为的，不管何种公司治理安排都有其利弊，没有一种放诸四海而皆准的公司治理方式。

那么，这些差异性的公司治理机制有没有在一定程度上形成规律或者体系呢？比如，日本的公司治理机制是利益相关者（stakeholder）主导型，美国的公司治理机制是股东（stockholder）主导型。是否存在某种比较通用的特性可以对公司治理机制进行类型的划分呢？比如，对中国目前的大型国有企业来说，符合和不符合中国行业比较优势的企业是否有着不同类型的公司治理机制？或者具有相同行业技术特点的企业是否可以对应同一种公司治理机制？

林毅夫：这是一个值得研究的问题。如果是在竞争市场中的所有者和经营者可以统一起来的小企业，那么我认为私有制最好，因为这样不会有信息不对称和激励不相容的问题。对于所有者和经营者无法统一起来的大企业，信息不对称和激励不相容问题必然会存在，是否根据行业特性和技术特点可以较好地对应一种形式的公司治理？据我所知，有些行业确实如此，例如以人力资本为主要投入的律师事务所、投资银行、咨询公司、会计师事务所等主要以分红和合伙制为主。对于不同技术特性的制造业，是否有对应的最优治理方式？或者，在不同文化背景国家的公司治理是否呈现规律性的差异？这值得深入研究。对于我国的国有企业，在抓大放小的改革以后，剩下的大型国有企业可以分成三类：在竞争性行业的国有企业、在自然垄断性行业的国有企业、在战略性行业的国有企业。虽然都是大型国有企业，但其治理方式和薪酬奖励制度也需要反映这种竞争和盈亏来源的不同，只有这样才能最大限度地调动国有企业经理层的积极性。

141. 关于国有企业社会性负担的问题

王笑坤（外国语学院）：林老师您好！我注意到您上课时提到了剥离国有企业社会性负担的问题，从而对相关问题产生了一些疑问。在生活中，我观察到，有些地方存在地方政府征用国有企业资产（如国有企业的自建办公楼）的问题，还存在兴建基础设施或举办大型活动时向企业施压要求其捐款的问题。从法律制度层面来说，由于地方国有企业的资产实际上归地方国资委使用，因此上述行为只能算作对国有资产的调配使用，并无违规之处。但是这是否会增加国有企业的社会性负担，对其经营产生不利影响？是否可以认为这是政府在变相增加财政支出呢？如果这些现象不合理，那么在国有企业与政府地位不对等的情况下，是否有行之有效的解决方法呢？

林毅夫：你说的这些现象确实存在，这个现象有"鸡生蛋还是蛋生鸡"的问题。当国有企业有政策性负担时，政府需要给予其补贴；由于有了政府补贴，政府就会要求这些企业承担一些额外的负担，而企业通常也不会拒绝，因为有了这些额外负担，可以反过来向政府要更多的补贴。这种情形不仅存在于中国的国有企业，也存在于其他国家的私营企业。如果私营企业承担了政府的某些社会性负担（例如，在有些市场经济国家，政府官员为了赢得选举而要求企业多雇用工人），那么政府也会给予企业相应的补贴，但因信息不对称，也同样会出现预算软约束和寻租的现象（Boycko, Shleifer and Vishny, 1996）。所以，要消弭这些现象，必须正本清源，消除企业的政策性负担，切断企业向政府要补贴的理由。没有了要补贴和给补贴的理由，政府和企业之间的关系才能理顺，界限才能划清楚。

卞铖（国家发展研究院）：林老师您好！在消除国有企业社会性负担方面，您提到冗员和建立社会保障体系都应该由政府负责。对此我有两个疑问。

1. 在对一些公司的财务分析中，我常常看到一些国有企业出现连年亏损，但政府为了保证社会安定而对相关企业进行补贴，这明显与理论不符。这是不是以下几点原因造成的？第一，国有企业通常来说员工较多（即使不存在冗员），国有企业破产造成的大量人员失业容易引发一系列社会问题。第二，一般来说，地方的冗员问题处理和社会保障体系的建立都是由当地政府负责，但是地方的经济发展表现、业绩往往与地方官员的前途密切相关，这类计划巨大的前期投入责任会由在任官员承担，但后期持续发展的收益却会由后任者享受。从博弈论的角度来看，地方政府和相关官员是不会主动实施这类计划的。

2. 社会保障体系是否一定只能由政府机构来建立？基金公司、保险公司是否可以协助建立该体系？因为就目前来看，政府机构的投资收益率往往会低于其他机构的投资收益率。

林毅夫：

1. 我所指的建立社会保障体系以消除国有企业冗员的负担应该由国家负责，针对的是在计划经济时代遗留下来的那些老国有企业的冗员，而不是在改革开放以后新建立的那些企业的冗员。在计划经济时代，由于推行重工业优先发展战略，投资巨大，但是创造的就业岗位很少，为了满足就业的需要，经常一个工作岗位安排三个职工。这些企业和改革开放以后新建立的民营企业"一个萝卜一个坑"相比，就会有许多冗员，这种冗员是过去中央政府的发展战略造成的，因此自然要由中央政府来负责，而不能由企业来负责，也不能由地方政府来负担。但是，这种冗员负担和你所看到的国有企业破产造成大量失业，为维持社会稳定，地方政府给予扶持是不同性质的问题。地方大型企业破产造成大量失业可能引起社会问题，不仅是地方国有企业是这样，地方大型民营企业也是这样。为了维持社会稳定，地方政府都会想方设法来帮助这样的企业。在2014年讨论"僵尸企业"僵而不死问题时，我们发现许多"僵尸企业"是民营企业。这个问题不仅在中国存在，在外国也存在。如我在前面回答王笑坤同学的提问时提到的，Boycko、Shleifer和Vishny（1996）就专门讨论了在市场经济国家中由于社会稳定的需要而不允许企业破产导致的预算软约束问题，你可以参考那篇文章。

2. 社会保障体系自然不见得只能由政府机构来管理，但关键的问题是：由于过去的发展战略给国有企业造成的冗员和养老等社会性负担的钱应该由谁来出？这个钱自然应该由政府来出。政府出钱以后，到底是由国家社会保障体系来管好，还是由基金公司、保险公司来管好，是可以讨论的问题。民营的基金公司和保险公司可能效率会高一些，但是有倒闭的风险；国家社会保障体系的效率可能低一些，但是出了问题国家必须"兜底"。

142. 关于剥离政策性负担后国有企业是否需要私有化的问题

延姣阳（国家发展研究院）：林老师您好！我想请教一个问题。在第七讲最后，您提到我国现有的国有企业大部分具有比较优势，只有少部分与国防相关的企业需要政府补贴。但现实中，国有背景的企业在金融市场中具有天然的借贷优势，与民营企业相比更容易融资。如果不对其进行私有化，该如何解决这一问题？

林毅夫：在向银行等金融机构借贷、发公司债或股票上市方面具有不利地位的是中小微企业，这类企业绝大多数是民营企业。但大型的民营企业不管是向银行借贷、发公司债还是股票上市，和国有企业相比并没有劣势，否则也不会出现像乐视、海航或是一些民营地产公司杠杆率过高的问题。所以，你观察到的是企业规模的问题。在发达国家，中小微企业也难以从大银行、公司债和股市上获得资金。对于中小微企业的金融需求问题，利用互联网等现代信息手段能解决一部分，但最根本的解决办法是发展地区性中小银行。这一问题在下一讲"金融改革"

中会有进一步的讨论。

143. 国有企业改革难的解决之道

黄承慧（国家发展研究院）：林老师您好！改革开放以来，我国的民营企业飞速发展，成为经济增长的重要动力；而大多数国有企业（除垄断性行业外）的绩效并未提高，需政府补贴才能生存。

1. 垄断性行业的国有企业的绩效得益于其垄断地位，这种缺乏足够竞争的市场环境没有激发出企业的活力，企业看似盈利，其实还有很大的提升绩效的空间。那么，这类行业是否应该给民营企业一定的准入机会，以刺激其发展呢？若仍然保持垄断性质，又该如何改革，以进一步提升企业绩效呢？

2. 非垄断性行业的国有企业的绩效差，但是有政府补贴"兜底"。2013年起的混合所有制改革主要是改革产权制度、监管体制等，但是国有企业的产权问题仍然突出，融资方式也较单一，改革的难度仍然很大。是否应该先针对最根本的问题进行改革，再逐步进行其他改革？

林毅夫：我同意你提出的应该先针对最根本的问题进行改革，再逐步进行其他改革的想法，但要对问题的本质认识清楚。

1. 对于垄断性行业要进行区分。如果是行政造成的垄断，那么，引进民营企业的竞争，使其变成竞争性行业，对提高效率会有帮助。如果是规模经济造成的自然垄断，则从理论和国外的实践经验来看，并没有证据表明私有化或开放竞争能够提高效率。对于这类企业，如我前面在回答前面多位同学的提问时指出的，应该加强监管，防止企业利用垄断地位攫取巨额利润而损害消费者的利益。私有化以后，私营企业很可能会利用其垄断所得的利润来收买政治而使得对这类企业的监管难以进行。

2. 在课堂上，我提到国有企业的问题源于其具有战略性政策负担和社会性政策负担。企业有了政策性负担就会有政策性亏损，政府必须为政策性亏损负责，但政府不参与经营，无法区分政策性负担所造成的亏损和其经营不善、"多吃多占"所造成的亏损，只好把所有亏损都包下来，造成国有企业的预算软约束。并且，如我在前面回答王笑坤和卞铖同学的提问时提到的，如果私营企业有政策性负担，也会有预算软约束。所以，在政策性负担不消除的情况下，任何国有企业改革（包括放权让利的改革或产权改革）都不能取得预期的效果，通常会在试点时有效，在全国推广以后则效果不佳。所以，国有企业改革的根本出路在于消除政策性负担，消除了政策性负担以后，靠市场竞争所得到的盈亏信息来对国有企业的经理层设计合适的薪酬和晋升制度进行奖惩，使其激励和国家的激励相容。在政策性负担消除前，则仅能靠加强监管来减少道德风险的发生。私有化的产权改革则有可能使道德风险问题更为严重。关于国有企业的问题和改革，可以参考我在《新结构经济学视角下的国有企业改革》一文中的讨论。

144. 为竞争性行业中国有企业提供保护补贴对劳动力市场的影响

于士翔（化学与分子工程学院）：林老师您好！在课上您提到，改革前国有企业的激励机制不足，工人工作积极性低，造成企业效率低下。而在国有企业改革后，仍存在国有企业效率低于民营企业的现象。在一些竞争性行业中存在民营企业，说明这一产业是符合我国的资源禀赋的。但该行业中的国有企业由于生产效率低下，仍需要补贴才能生存。我认为企业效率低将导致其盈利不足，工资降低，在劳动力市场上失去优势，进而规模降低，最终退出市场。但由于保护补贴的存在，在劳动力市场上仍有许多人以稳定为由选择国有企业，使得效率低的国有企业的规模得以维持。对国有企业的保护补贴不仅导致了直接的效率损失，还导致了更多劳动力投入效率低的国有企业，而不是投入效率更高的民营企业，造成进一步的效率损失。您认为是否应该合理削减对国有企业的保护补贴，以遏制劳动力投入效率低的企业呢？

林毅夫：经过四十多年的改革，当前国有企业所在的产业可以分成三类：一是资本很密集、与国防和经济安全相关的战略性产业；二是与国计民生相关的自然垄断性行业；三是符合比较优势的竞争性行业。第一类产业违反比较优势，有战略性政策负担，需要有政府的补贴才能生存，对于这类产业，无论从理论还是国内外实践经验来看，都不能得出民营企业比国有企业更有效率的结论，而且民营企业比国有企业更容易以政策性负担为借口寻租。第二类产业，因为存在垄断、缺乏竞争，对于这类产业，同样无论从理论还是国内外实践经验来看，都不能得出民营企业比国有企业更有效率的结论。对于这类产业，要防止企业利用其垄断地位攫取更大的垄断利润，损害消费者的利益，而国有企业比民营企业更容易防止这种倾向。在第三类产业，即符合比较优势的竞争性行业中，国有企业和民营企业的效率其实没有系统性的差异。绝大多数民营企业处于符合比较优势的竞争性行业，这类行业的效率总体上高于前两类。如果做回归分析时不对行业进行划分，则容易得到民营企业比国有企业更有效率的结论，但其实这是一种不正确分析方式下的错误结论。这也是为何苏联、东欧在全盘私有化以后经济绩效反而更差。至于如何改善国有企业的效率：对于前两类产业而言，由于缺乏竞争，不能由市场提供企业经营好坏的充分信息，仅能加强和完善监管。对于第三类产业而言，如果国有企业在市场竞争上的表现不如民营企业，厂长、经理负有责任，政府容易对其问责，甚至可以使企业破产；如果经营得好，厂长、经理应该得到奖励（包括升迁），并且也应该允许企业兼并其他经营不好的国有企业和民营企业。最后，关于你提到的竞争性行业中以保护就业、维持稳定为由给予经营不善的国有企业保护，这种现象确实存在，但它不仅发生在国有企业，也发生在民营企业。例如，2008年国际金融危机时，美国政府对通用、福特、克莱斯勒三大汽车公司进行了救助。再如，我国2013年经济下滑时，钢铁产业中的许多所谓"僵尸企业"其实是民营企业，地方政府为了保护就业而给予其保护。由于学界和知识界受到前面所讲的不正确分析方式下的错误结论的影响，因此在观察现象时容易对号入座而产生选择性的认识偏差，看到政府因为就业而保护民营企业时会忽视这个事实的存在，而看到政府以同样的理由保护国有企业时就将其作为印证其先入为主认识的证据。希望"中国经济专题"这门课可以帮助同学们对转型期中国的经济现象和问题有更全面和客观的认识。如果你对国有企业改革问题感兴趣，建议你参考《新结构经济学视角下的国有企业改革》一文。

145. 如何看待近年来的一些大型国有企业破产事件？

沈蓉（经济学院）：林老师您好！您在讲解国有企业战略性负担时提到，由于产品没有市场、没有人力资本从而应该走向破产的企业其实是很少的，但我联想到近些年走向破产或者面临破产危机的大型国有企业其实不在少数，例如，2016年的吉粮集团、2018年的渤海钢铁集团、目前正在进行清算的北大方正集团，以及虽是混合所有制但已经由政府派出小组以帮助解决债务危机的海南航空等。当下国有企业频繁出现经营管理问题似乎与其扩张倾向有关，这些破产或者面临破产危机的企业大多是由于过快的扩张速度导致了债务危机，这也给政府带来了很多"烂摊子"。想请教老师，这种情况应该怎么尽量避免呢？

刘光伟（国家发展研究院）：沈蓉同学你好！你说的这个问题我也有关注。根据我查阅到的资料和阅读的一些报道，吉粮集团内部存在比较严重的腐败现象，导致很多经营决策都出了问题，也就是经理人没能经营好，导致公司资不抵债。而且就最新的消息来看，吉粮集团虽然破产重组，但政府也在帮助其整改。渤海钢铁集团是在整合了多家大企业之后迅速崛起的，但整合过程中存在很多问题，整合之后也没有将各种管理细节处理好，使得整个集团更像是多个企业的联合，缺乏执行力和有效的决策，长时间的经营不善导致了破产。剩下的两家公司我并未做深入的了解。首先，我认同林老师所说的，由于产品没有市场、没有人力资本从而应该走向破产的企业其实应该很少，从上面两个案例也可以看出破产的企业大多是由于经营不善，吉粮集团的产品市场需求是不小的，渤海钢铁集团则面临产能过剩的问题。因为新闻报道往往会报道这类新闻，所以会放大这种效应，让我们感觉因改革而破产的国有企业很多。我个人认为，针对依然有市场需求的企业发生的这种因快速扩张导致的债务危机，需要政府加强监管并深化市场改革，使企业有效避免扩张之后出现管理和决策各自为政的现象。

林毅夫：沈蓉同学你好！我在课程中指出的是中华人民共和国成立初期建立的违反比较优势、数十年没有进行产品和技术升级、产品已经没有市场的老国有企业，这种国有企业的数量不多。而你指出的吉粮、渤海钢铁、北大方正等企业都是在竞争性行业而不是在违反比较优势的、涉及国防安全的战略性行业。在竞争性行业，不管是国有企业还是民营企业，如果经营不好自然会亏损，亏损多了就会资不抵债；同样，不管是国有企业还是民营企业，资不抵债时都应该破产清算。

过度扩张可能是这轮不少大型企业亏损严重的重要原因，不仅是国有企业或混合所有制企业是这样，纯民营企业也是这样，例如乐视、万达，甚至美国的通用电气也是因为过度扩张而倒闭或陷入经营困难。不过，在十多年前，跨行业扩张被国内外企业界和企业管理学界（包括哈佛商学院和沃顿商学院等）奉为一个企业迅速做大做强的金科玉律，通用电气的韦尔奇还被认为是"经营之神"。所以，我认为无论在政策制定上还是在企业经营管理上，都应该解放思想、实事求是，而不能简单套用理论或经验。同时，在考虑一个现象或问题时，也要注意刘光伟同学所指出的新闻报道的放大效应。民营企业破产一般不会引起媒体的过多关注，但国有企业破产则更容易吸引眼球，这一方面是因为国有企业的规模比较大，所以其破产的影响较大，另一方面也可能是因为知识界和媒体本来就对国有企业的产权和治理存有疑问，所以就会选择性地放大国有企业的任何问题。我们必须对同样条件、同样情况下的国有企业和民营企业做更全面、更细致的比较和分析，才能客观地认识某一国有企业出现问题时，是否真的是该国有企业的产权安排所导致。

孙咏洁（经济学院）：林老师您好！我想请教一个关于产能过剩的问题。我国供给侧结构性改革中的一项重要任务是去产能。产能过剩会造成供过于求，价格下跌。而我注意到，我国钢铁行业的产销率一直在95%以上，甚至在去产能之前的2010年，产销率也高于99%。既然不存在滞销的问题，为什么还会出现价格下跌呢？这是否和"供过于求"矛盾了呢？

林毅夫：产能过剩是2013年以后才出现的问题，价格下跌也是在2013年以后才出现的问题。

146. 关于国有企业改革：以中国国家铁路集团有限公司为例

刘光伟（国家发展研究院）：林老师您好！在这一讲中您提到，国有企业改革问题目前仍没有很好的应对方式。我国铁路建设的国有企业改革经历了从铁道部到中国铁路总公司再到中国国家铁路集团有限公司（简称"中铁集团"）的三个阶段，完成了股份制改革。从中铁集团公布的盈收数据来看，公司仍需要国家扶持。但我国的高铁设备生产和工程施工仅用了较短的时间就达到世界前沿水平，并且除国内的高铁建设逐步完善外，也承包了许多小国家的高铁建设项目。目前我国进行的产业转型升级也表明我国的要素禀赋结构已经积累了足够的资本，为何铁路建设仍然不具备完全的自生能力，仍需要国家扶持才能盈利？这种情况是否与铁路运输本身的盈利来源是货运，而高铁的建设及运营维护成本太高有关呢？

林毅夫：

1. 在课上我提出的观点是：国有企业改革要成功，前提是剥离战略性政策负担和社会性政策负担。如果不剥离这两类负担，则任何关于激励机制的放权让利改革或明晰产权的改革都只会在试点时有效，在全国推广后无效。

2. 我国在高铁设备生产和工程施工上确实具有比较优势，所以我国的高铁设备和施工企业在国际上有竞争力。但是，高铁作为一种运输服务，只有在对高铁服务有足够高需求的路线（例如北京—上海）上才能盈利。我国的许多高铁路局在许多路线上不盈利，不是因为高铁设备生产和工程施工不符合我国的比较优势，而是那些路局所经营的路线对高铁服务的需求不够高所致。这些不盈利路线的建设负有国土区域整合、公共服务均等、战时运输能力保障等政策性负担，企业还缺乏自生能力，需要国家的保护补贴才能生存。这种现象不仅存在于中国的高铁行业，也存在于其他发达国家（包括日本和欧洲）的高铁行业。

147. 国有企业改革过程中如何保障工人利益？

丘艺昕（国家发展研究院）：林老师您好！我们可以看到，民营企业是追求利润最大化的，因此会想办法压缩工人成本，例如增加工人劳动时间，甚至辞退工人。在2020年暴发的新冠肺炎疫情中，我们可以看到大量民营企业倒闭，工人拿不到工资，但国有企业工资照发，基本不存在倒闭风险。我想请教老师：在国有企业改革的过程中，国家应该如何保障工人的利益以及保障就业率？

林毅夫：企业要赚钱，必须有工人为其工作，除非是劳动力的供给远大于需求，否则像你所说的那样压榨工人的民营企业老板根本就雇不到工人，企业也就只能关门倒闭。在20世纪80年代，东部沿海的劳动密集型出口加工工厂的工资低，工厂厂房以及工人住宿条件都很差，但是人们要进去工作，需要托人"走后门"才行,因为那时农村有大量的劳动力想要进城务工。现在工资比以前高多了,而且工厂厂房和工人住宿条件也比以前好多了,但是企业还经常雇不到工人,因为劳动力短缺。所以,你说的民营企业"想办法压缩工人成本,例如增加工人劳动时间,甚至辞退工人"的情形现在早已不存在。

至于新冠肺炎疫情导致大量民营企业倒闭,当然也就无法雇用工人或给工人发工资,这和国有企业的情况确实有所不同。但是,解决这个问题的办法不是把这些民营企业国有化或是要求民营企业也给工人"铁饭碗",而是应该由国家帮助企业渡过难关以及发放失业救济等。你若对此问题感兴趣,可以参考我在"北京大学新结构经济学研究院"微信公众号上发表的几篇关于保企业、保就业的文章。

148. 关于国有企业和民营企业在技术领域的一些思考

钟卓宏(信息管理系):林老师您好!听完本讲后,我有一些关于国有企业和民营企业在技术研发方面的一些思考与疑问。

技术作为提高企业经济绩效的重要动力,需要足够多的资本来支持它的研发。部分国有企业的资本密集程度超过了与发展阶段相符的水平,这是否恰好为国有企业投入技术研发创造了一定的条件呢?同时,技术研发需要投入的资金较多,周期较长,国有企业能够从国家获得巨额补贴,这也为其技术研发提供了有利条件。

但是我们可以看到,近些年一些大型民营企业的技术研发速度有了极大的提升,而部分国有企业的技术研发效率相对低一些。这可能由于国有企业有国家来"兜底",政府为其提供了大量的资金支持。那么,这是否意味在除了与国家安全等相关的领域,大型民营企业的技术研发能力会超过国有企业,成为技术研发的"领头羊"呢?

林毅夫:这个问题不能一概而论。我将中国现阶段的产业分成五种类型:(1)追赶型产业,这类产业和发达国家的产业还有差距,包括许多传统的装备制造业;(2)领先型产业,这类产业已经在国际上处于技术领先地位,例如家电产出口产业；（3）转进型产业，这类产业已经失掉比较优势，例如劳动密集型加工出口产业；（4）换道超车型产业，其特性是以人力资本投入为主的短研发周期产业，例如互联网和移动设备产业；（5）战略型产业，这类产业的特性和换道超车型产业正好相反，研发周期长，需要大量的资本投入，例如军工和核心芯片产业。领先型产业和换道超车型产业都需要靠自己的研发来取得新技术，这两个产业以民营企业为主。我国的国有企业现处于绝大部分处于追赶型和战略型产业，前者还可以靠技术引进，后者只能靠自己研发但周期长，所以新专利很少，有时即使有了技术突破，为了保密，也不申请专利。由于国有企业和民营企业在产业分布上的差异，从表象来看，就似乎民营企业的研发有活力、效率高，而国有企业的研发活力和效率不如民营企业。我的猜想是：对产业类型这一变量加以控制以后，也许国有企业和民营企业在创新上没有显著的差异。你如果有兴趣，可以尝试一下这样的实证研究。

参考及推荐阅读文献

[1] 勃兰特，罗斯基.伟大的中国经济转型[M].方颖，赵扬，译.上海：格致出版社/上海人民出版社，2009.

[2] 林毅夫.解读中国经济：聚焦新时代的关键问题[M].北京：北京大学出版社，2018.

[3] 林毅夫.新结构经济学视角下的国有企业改革[J].社会科学战线，2019(01)：41-48.

[4] 林毅夫.新冠疫情对全球经济的冲击及中国的应对和全球治理[Z/OL].(2020-05-04)[2020-09-22].北京大学新结构经济学研究院微信公众号，https://mp.weixin.qq.com/s/ZkYjFKhe1mJqhy5oS0CEBA.

[5] 林毅夫，沈艳，孙昂.中国政府消费券政策的经济效应[J].经济研究，2020(7):4-20.

[6] 专访林毅夫：疫情及单边主义双压力下 中国经济发展如何破局[Z/OL].(2020-10-27)[2021-08-15].北京大学新结构经济学研究院微信公众号，https://mp.weixin.qq.com/s/ZkYjFKhe1mJqhy5oS0CEBA.

[7] Boycko M., Shleifer A., Vishny R.W. A Theory of Privatization[J]. Economic Journal, 1996, 106 (435): 309-319.

[8] Hart O. Corporate Governance: Some Theory and Implications[J]. Economic Journal,1995,105(430): 678-689.

[9] Lin Justin Yifu. The Washington Consensus Revisited: A New Structural Economics Perspective[J]. Journal of Economic Policy Reform, 2014, 18(2):96-113.

[10] Mazzucato M. The Entrepreneurial State[M]. London: Demos, 2011.

第八讲
金融改革

149. 我国金融体系难以迈向市场轨的原因何在？

崔荣钰（信息管理系）：林老师您好！在本讲中，在讲到改革的进程时，您提到我国的金融体系基本上还是双轨制，尚未完成从双轨向市场轨的转变，市场轨的作用受到了极大限制。

我想请教的是，为何很多其他领域都通过渐进式改革实现了市场机制，而在金融体系中，政府干预程度很高、管制很多？另外，中国的股市、金融衍生品市场尽管从20世纪90年代就开始发展，但直到现在，相较发达经济体而言，其发育并不成熟，尚不是十分有效的投资渠道。这种情况是否与这种抑制有关？

林毅夫：

1. 我国金融体系还是双轨制的主要原因是国有企业改革尚未到位，还有不少资本密集的大型国有企业需要靠廉价的资金来维持生存。只有绝大多数国有企业所在的行业都属于符合比较优势的竞争性行业，企业具备自生能力，不需要靠保护补贴来维持生存，在战略型行业的国有企业占国民经济的比重很低，可以由财政直接拨款而不需要靠金融体系廉价的资金来补贴时，金融体系的改革才能到位。

2. 股市、金融衍生品市场发育不成熟，还不是十分有效的投资渠道，这一事实确实和我国的金融改革不到位、金融体系仍然承担补贴资本密集的大型国有企业的任务有关。只有金融回归其服务实体经济的本质，不再负有补贴违反比较优势、不具备自生能力的国有企业的政策性任务以后，在金融市场的投资才能经由服务实体经济中符合比较优势的优秀企业而得到应有的回报。

150. 关于农户与中小微企业贷款难的疑问

钟卓宏（信息管理系）：林老师您好！您在本讲中指出，农户与中小微企业是发展的重点，但是历史数据缺乏、数据不规范带来的风险识别难度以及财务状况各不相同的特点给银行贷款增加了难度。那么在当下，为应对杠杆率上升而采取的"去杠杆"措施以及整治影子银行等一系列措施，是否会进一步挤压农户与中小微企业的贷款空间？应该如何平衡这二者（降低农户及中小微企业的贷款难度与解决金融体系中的杠杆率上升和影子银行等问题）呢？

林毅夫：农户和中小微企业并不能在大银行融到资金，也不能经由影子银行获得资金。"去杠杆"针对的是能够从大银行和影子银行获得资金、杠杆率太高的企业，这些企业一般是大企业。所以，"去杠杆"措施以及对影子银行的整治措施影响的主要是大企业的资金可得性，对农户和中小微企业资金可得性的影响应该是微乎其微的。针对农户和中小微企业发展所需的资金问题，发展互联网金融会有帮助，但最终还是要多发展地区性中小银行，只有这样才能比较好地克服信息不对称和缺乏合适担保品的问题。感兴趣的同学可参考我在关于"最优金融结构"的一系列论文中的讨论。

151. 关于大型开发性金融机构与中小型金融机构关系的疑问

崔博雄（经济学院）：林老师您好！有关金融改革，您认为我国现阶段应该重点发展中小型金融机构和地区性中小银行，以支持各地劳动密集型企业的发展。但是这样的职能应该也可以通过开发性金融机构的职能转变和营业网点的增设完成吧！像国家开发银行、农业发展银行和各地农村信用社这些已有的大型金融机构是不是在资本实力、信息集中度（如果有完备的信息系统的话）和人力资本方面比中小型金融机构更有优势呢？

林毅夫：如果转变开发性金融机构的职能、增设其营业网点能够解决中小型企业的融资问题，那么要求现有的国有商业银行增加对中小型企业的融资就可以了，但是，实际的情形是从20世纪90年代中期开始，中央一而再、再而三规定国有商业银行增加对中小型企业的融资，结果总是"风声大，雨点小"，收效甚微。这是金融结构和实体经济结构的不配套造成的。关于这方面的讨论，请参考我在关于"最优金融结构"的一系列论文中的理论论述和实证研究。

152. 如何界定地区性中小银行？

蒋光亚（国家发展研究院）：林老师您好！您在讲座中提到，目前对我国经济发展最具促进作用的是地区性中小银行。这样可以发挥当地银行家的信息获取优势（比如对贷款人的实际接触和了解），并且不会因为绩效好而被升职调走。可是，我有几个小问题想请教。

1. 地区性中小银行怎么界定？是一个地级市，还是一个区（县），或是一个街道（镇）设立一家银行呢？如果是一个地级市设立一家银行，那么当地银行家也无法对贷款人都进行接触和了解。

2. 如果某个地区性中小银行做得好，允不允许其通过开设分行向其他地区拓展呢？如果允许，不是又会形成大型跨区域商业银行吗？

3. 基于对当地贷款人的熟悉，地区性中小银行可能在放贷方面比大型商业银行更有信息优势。然而，由于存款利率不放开，在吸收存款方面地区性中小银行肯定比大型商业银行有先天劣势（如在品牌、风险、电子支付、跨行转账等方面的劣势）。我觉得当地银行家也缺少办法吸收更多存款吧！

林毅夫：

1. 地区性中小银行不能小到每个社区设立一个银行，开始设立时可以像台州的泰隆和银座银行，总部设立在区或县中心，并允许其在社区设立营业场所，这样顶多只有两级，银行家对当地的行业和企业会有足够的了解。

2. 如果一个地区性中小银行经营得好，可以允许其开设分行，向其他地区拓展。由于这样的银行和现有商业银行相比，在吸收存款上具有先天的劣势（如你在第三个问题中提到的），受限于资金的规模，不能和现有的商业银行竞争大客户，会利用在服务社区和小微企业上所取得的经验，以社区的贷款者和小微企业为主要服务对象。当然，如果这样的银行经营得好，建立品牌，不断扩张，将来也可能变成大银行。例如，起家于台州的泰隆银行现在已经进入全球前500家银行的排行榜，并基于其经验优势，仍然以县域和社区的中小企业为服务对象。

3. 确实如你所提到的，地区性中小银行在吸收存款上不如大型商业银行有优势。目前的情形是，这种经营好的地区性中小银行会利用对当地贷款人熟悉的信息优势，向大银行借入资金，再转贷给当地的贷款人，从而实现优势互补。

153. 关于中小银行准入门槛的疑问

卞铖（国家发展研究院）：林老师您好！您在课上提到了中小银行的重要性，并且提到我国现在中小微企业融资难的一个问题在于中小银行数量不足。但是，您又提到可以通过提高中小银行的准入门槛来在一定程度上解决圈钱问题和赌徒心理的问题。但这样的话，中小银行的营业资质就具有了价值，行业也变得更难以进入。我有以下几点疑问。

1. 提高中小银行的准入门槛是否会使中小银行的均衡数量仍然不能满足现在中小企业的融资需要？

2. 提高中小银行的准入门槛是否会涉及中小银行营业资质的交易问题？

3. 较高的准入门槛和垄断利润所可能引起的腐败问题该如何解决？

4. 对于赌徒心理，是否可以通过银行利率上调超过一定百分比需要向有关机构申报的方式来加以控制？

林毅夫：你提的这些问题都很好。

1. 均衡数量是从理论模型得来的概念，不同理论模型的假设下会有不同的均衡数量。所以，讨论均衡数量对于解决现实问题帮助不大。对于我国中小微企业的融资问题，我们可以得出的判断是目前以大银行和股市为主的金融结构不适合中小微企业和农户的融资需求，中小银行会更适合。发展中小银行也需要有监管，但监管的方式需要和大银行不同，需要根据我国的情况考虑什么才是合适的监管方式。每种监管方式都有利弊得失，只能"两害相权取其轻"。

2. 银行业是特许行业，不是自由进入行业，银行的营业资质确实是有价值的，也正是因为有价值，才能降低银行家的道德风险。既然有价值，如果原所有者出于某些原因不愿意继续经营，那么是可以把这种资质卖给其他银行或投资者的。

3. 由于准入门槛所伴随的垄断利润，确实存在寻租腐败的可能，但是我们不能因噎废食。银行业由于其行业自身的特性不能成为自由进入行业，我们只能在设立准入门槛的同时，加强对银行监管部门的监督，以减少寻租腐败的可能。

4. 若上调利率需要申报，则对赌徒行为确实可以起到一定的抑制作用，不过，"道高一尺，魔高一丈"，仅此一个措施还不够，还需要有其他监管手段的配合。

154. 关于中国的比较优势和数字货币的两点思考

郭甲一（信息管理系）：林老师您好！关于中国的比较优势和中国人民银行近期发行的数字货币，我有以下两点思考。

1. 老师在课上提到，当下中国和发达国家相比，最具竞争力的还是劳动力相对密集的制造业和加工业，所以金融体系的效率取决于其能否很好地支持劳动密集型企业中的中小微企业和农户的发展。但如今全球制造业正在从中国向东南亚转移，中国在制造业和加工业上的竞争力应该是在逐渐丧失的。在这种情况下，金融体系继续以支持制造业和加工业的发展为目标是否合适？我个人认为，互联网、通信产品等周期短、以人力资本为主的新兴技术产业或许才是未来中国的核心竞争力。如果这种想法是对的，那么未来中国金融发展的核心应该是支持此类企业的发展，那么私募股权和风险投资的发展对现阶段的中国来说可能更加重要。

2. 近期中国人民银行开始了数字货币的试点工作。如果数字货币在未来能够得到推广，那么对于中小微企业来说，其进行的交易很多可以被数据库记录下来。通过对这些交易记录进行分析，银行应该可以很好地了解劳动密集型中小微企业的经营能力，这是否可以帮助中小微企业解决融资的难题？

林毅夫：比较优势是不断在变化的。与20年前或者30年前相比，我国的比较优势确实已经不完全在于廉价的劳动力，但是，我国2019年的人均GDP刚刚超过1万美元，美国的人均GDP则为6.2万美元。相对于发达国家来讲，我国的要素禀赋结构中仍然是劳动力相对较丰裕、较便宜。当然，与越南、柬埔寨、印度和非洲的许多国家相比，我国已经是资本相对丰富的国家。

如前所述，我国现阶段的产业可以分为五种类型：追赶型产业、领先型产业、转进型产业、换道超车型产业、战略型产业。不同产业需要的金融支持方式不同。追赶型产业、转进型产业可以用银行来支持，领先型产业可以用股票市场来支持，换道超车型产业适合用风险资本和创业板来支持，战略型产业则只能靠财政支持。

另外，可以按企业规模来划分大、中、小、微企业和农户。大中企业可以靠现有的大银行或股票市场来支持；小微企业，除属于换道超车型产业外，适合以地区性中小银行来支持；农户也适合以地区性中小银行来支持。

数字货币通行以后，会提高信息的透明度，也许会使大银行给小微企业提供融资变成可能，但是，只能说其可能性存在，就目前的信息技术而言，仍以地区性中小银行为小微企业和农户提供融资更为合适。

155. 如何推进普惠金融体系的建设？

刘光伟（国家发展研究院）：林老师您好！您在第九讲中提到，由于金融行业的特殊性，政府必须有相当完善的监管，但是目前普惠金融体系建设面对的主要人群就是金融弱势群体，这一群体中相当部分的人对金融一知半解，很多人对银行或者第三方中介机构所提供的金融产品只关注回报率而忽视了风险，机构自身也不会对此多做说明，这使得普惠金融体系的监督成本相较于传统金融体系的监督成本更高。在推进普惠金融体系建设的过程中，应该如何解决这类问题呢？个人感觉目前大众对金融知识的缺乏是造成这一状况的主要因素，而很多中介机构也在利用这一点盈利，虽然在很多情况下这并不构成诈骗，但投资者往往很难获得适当的回报。

林毅夫：我一般用的概念不是普惠金融，而是中小型金融机构。在现代金融理论的影响下，发展中国家通常学习发达国家的金融结构，发展大银行、股票市场、风险资本、公司债等，这些金融安排只适合于大企业的资金需求。但是发展中国家80%以上的生产活动和就业是由小农户和小微企业创造的，现代金融无法服务于小农户和小微企业。孟加拉国的尤努斯于是针对小农户和小微企业的需要提出普惠金融的概念，发展小微贷款。其贷款规模很小（一般就是100美元），利率非常高（年利率通常达40%或更高），这样的贷款也许从人道主义的角度来说有一定的帮助，但是对发展生产来说没有什么作用。尤努斯成名以后，我国也借鉴他提出的概念，出台了一些扶贫小额信贷政策，由地方政府提供担保资金，利用紧密的农村社区的信息优势，对贷款人提供扶贫小额信贷的授信，并由国有银行的支行给予贷款，这些安排也取得了一些成效。然而，对于在县域和城市的中小微工商企业来说，仍然以地区性中小银行提供融资更合适。不过你所提出的"目前普惠金融体系建设面对的主要人群就是金融弱势群体，这一群体中相当部分的人对金融一知半解，很多人对银行或者第三方中介机构所提供的金融产品只关注回报率而忽视了风险"的问题，不是满足中小企业和农户融资的问题，而是如何让这些弱势群体的金融投资有一个和风险相当的回报问题。这个问题不仅存在于你所提的农村普惠金融的服务对象中，而且也存在于城市的投资者群体中。要解决这个问题，一方面需要普及和提高金融投资的风险意识，另一方面需要对金融投资的各种机构、产品和创新有合适的监管。

156. 关于资本账户开放、金融自由化和人民币国际化的问题

张春峰（国家发展研究院）：林老师您好！我想请教的是开放资本账户是否会导致金融危机。您在课上提及，短期的资本进入会受到经济周期的影响，进而由于期限错配和币种错配导致本国的金融危机，但是我认为短期资本是否进入以及进入哪个产业是单纯的企业行为，如果资不抵债，企业可以申请破产，这样如何会形成全国性的金融危机呢？如果假定绝大多数的微观个体企业都受到这样严重的冲击，那么可以得到这样的宏观加总结果，但是这样的假设是否过强？因为国外资本流入所能波及的范围并不如房地产业那样影响广泛。每一个家庭都与房地产业相关，但不是每一个家庭都和短期国外资本流动相关。

林毅夫：如果资本是进入实体经济，那么你的分析是对的，但是实体经济的投资属于长期投资而不是短期资本流动。短期资本一般会进入具有投机性的股票

市场和房地产市场,通常这种短期资本会进入经济发展比较好的国家,由于这些国家经济发展得好,股市和(或)房地产有获利潜力而大量进入,结果不仅造成股市和(或)房地产市场泡沫,而且造成这些国家的货币升值,降低实体经济的竞争力,使出口减少、进口增加,实体经济的表现变差。此时,这些短期投资者就会开始"唱衰"这个国家,资金大量从股市和(或)房地产市场抽逃,不仅造成股市和(或)房地产市场泡沫破灭,而且造成这些国家的货币大幅贬值,出现金融经济危机。所以,在谈资本流动时,我们必须把实体经济的长期投资和具有投机性质的短期投资区分开来。遗憾的是,在20世纪70年代以后新自由主义盛行时,没有做这种区分,简单地认为发展中国家资本短缺,开放资本账户有利于外国资本流入。然而,发展中国家资本账户开放以后流入的资本主要进入了股市和(或)房地产市场,导致在发展中国家频仍的股市和房地产泡沫以及经济金融危机。我很高兴地看到,国际货币基金组织在2010年以后从倡导资本账户开放转变为强调发展中国家必须有资本账户管理。

林在恺(国家发展研究院):林老师您好!中国在2001年年底加入WTO并明确承诺向外资开放金融服务业,但是金融开放进程一直进展缓慢。直到近年来发生中美贸易摩擦,经过双方的多次协商,中方最终同意于2020年4月1日对美全面开放包括证券、基金在内的金融市场。

关于是否应该金融自由化的问题,各方看法不一。许多人认为此举会带来许多不利影响,如国际资本涌入会影响金融稳定、造成"产业空心化"以及容易被美国利用等。我个人的看法是金融开放有利有弊,但总体来说利大于弊。首先,金融开放有利于倒逼国内金融体系的改革,推动中国金融业的发展;其次,人民币国际化以及"一带一路"倡议需要开放金融市场;再次,金融自由化符合中国日益提高的国际地位,有利于吸引外资促进经济发展;最后,中国特有的政治制度能够更好地监管金融市场、防范金融风险。

请问林老师对此有何看法?您认为中国应该采取什么样的措施来更好地应对金融开放?

林毅夫:开放金融服务和金融自由化是两个不同的概念。金融自由化不仅是开放金融服务,还包括开放资本账户。我国在加入WTO时承诺的是开放金融服务,而不是包括开放资本账户在内的金融自由化。开放金融服务也不意味着外国金融机构不用审批就可以设立公司、开设网点,而是必须根据所在国的金融监管法规来开设。例如,中国的金融机构要到美国设立分支机构,也是要经几年甚至十几年的申请才能通过审批,并且通过审批后对其业务范围和网店也有许多限制。我国是一个转型中国家,在转型中各个领域存在许多结构性、制度性问题,必须根据我国各个领域是否具有比较优势、是否已经具备充分竞争的条件来决定是否开放,这个原则是正确的。

关于资本账户开放问题,如我在回答张春峰同学的提问时指出的,如果金融自由化带来的是投资于实体经济的长期资本,金融自由化会对经济发展带来很多好处,这是20世纪八九十年代的理论界普遍认为金融自由化利大于弊的原因。但是,金融自由化带来的绝大多数是短期投机性的"热钱",使得推行资本账户开放的发展中国家频繁出现系统性的金融危机,在出现外部冲击时维持金融和宏观稳定的能力也比较小。所以,在2008年金融危机以后,国际货币基金组织已经从倡导资本账户开放改为主张发展中国家应该进行资本账户管理。如果你对这个问题感兴趣,可以参考我在2015年发表的"Why I do not Support Complete Capital Account Liberalization"一文。

关于人民币国际化,我国成为世界最大的经济体是必要条件,但不是充分条件。美国的经济规模在19世纪80年代就已超过英国,但是直到二战以后,美元才取代英镑成为国际主要储备货币,那时美国的经济规模已经相当于英国的近三倍。成为国际主要储备货币有许多好处,但也要承担不少提供国际公共产品和服务的责任。总的来讲,人民币国际化不是我国的主观愿望所能决定的,而是必须被其他国家接受才行。这是一个需要实力、需要担当、需要被接受、需要时机才能水到渠成的问题。我们应该努力,但不应该拔苗助长。

刘曦苑(国家发展研究院):林老师您好!您在讲到资本账户开放问题时提到"在人民币成为国际储备货币前,对资本账户第二项和第三项内容的开放要很谨慎"。人民币在2016年10月1日加入SDR(特别提款权)货币篮子,成为与美元、欧元、英镑和日元并列的第五种SDR篮子货币,这可以在一定程度上说明人民币已经成为国际认可的储备货币吗?还是说要达到什么具体的要求才算是国际储备货币呢?

林毅夫:人民币加入 SDR 篮子是朝着国际储备货币迈进了一步,但还只是很小的一步。根据国际货币基金组织的统计,2019 年第三季度,世界各国中央银行的外汇储备中,美元占 62%,欧元占 20%,人民币占 2.01%。成为 SDR 篮子货币的要求是各国中央银行所拥有的储备货币可以在各国中央银行之间自由兑换,例如,非洲某个国家的中央银行可以把其拥有的人民币向我国的中央银行兑换成美元或欧元,但是非中央银行(包括企业和个人)则不能把其拥有的人民币向我国的中央银行自由兑换成其他储备货币,所以,在世界其他国家,除中央银行外所拥有的人民币占各国流通中的货币的比重就更小。一种货币要成为国际储备货币,不仅必须为各国中央银行所接受,也必须为民众所普遍接受。其前提是币值安全并可自由兑换,这取决于一个国家的实力和整体发展水平。

157. 我国全面开放金融市场的影响

丘艺昕(国家发展研究院):林老师您好!2020 年 4 月 1 日,我国宣布全面开放金融市场。结合在此之前不久发生的原油宝事件,我们国内的金融市场相对来说还是比较单一。我国现在是否已经准备好开放金融市场?这对于我国来说是利大于弊还是弊大于利呢?

林毅夫:丘艺昕同学,我国开放的是金融市场,外国金融机构在符合条件的情况下可以到我国注册和经营业务,但是我国开放的不是资本账户,不是让资本可以自由流动。在一个发展中国家,如果对其资本流动不进行管理的话,国外资本会大进大出,结果很可能是频仍的危机。开放金融市场之后,我国仍然对资本流动进行管理。在此前提之下,外国金融机构到我国来注册、设立机构,会增加金融服务业的竞争并给资金拥有者提供更多的业务选择,应该说,只要我国对金融业有合适的监管,结果会是利大于弊。

关于原油宝事件,总的来说,金融投资有较高回报的可能性,但也必然伴随着较高的风险,投资者对此应该有所认识,不能在投资时只愿意赚不愿意赔。就像汽车会带来交通速度提高的便利,但也会伴随着交通事故的风险,消费者不能只图汽车所带来的方便而忘了存在的风险。原油宝事件作为一个特殊案例，要看当时的合同是怎么订立的，有无不符合我国当前资本账户管理和金融投资法规的规定的地方，以及即使合法合规，中国银行在管理上有无疏忽过错，根据这个原则来善后处理。

崔荣钰（信息管理系）：我之前也考虑过这个问题。不过我个人认为中国在金融市场开放的态度上是很谨慎的。林老师曾基于基础设施资本的长期性特征，将资本分为"耐心资本"和"非耐心资本"。如果中国在开放的过程中，能吸引到大量的"耐心资本"（而非移动的"热钱"或"快钱"），并用于制造业投资和创造就业，是否也未尝不可？

林毅夫：是的，我国开放的是金融市场，外国金融机构可以到我国注册，这些金融机构的资金流进流出受到监管，所以，流进来的资金会更多地属于长期投资的"耐心资本"，而不是自由进出的"热钱"。但是我国也要对其业务进行监管。例如，在东欧开放银行业时，有大量资金进入房地产市场，导致了房地产泡沫。2008年全球金融危机爆发后，这些国家的房地产泡沫破灭，也给开放银行业的东欧国家带来了金融经济危机。所以，我国在开放银行业准入的同时，对外国金融机构经营的业务范围、比重和网点的设置必须有所管理。

参考及推荐阅读文献

[1] 林毅夫.解读中国经济：聚焦新时代的关键问题[M].北京：北京大学出版社，2018.

[2] 林毅夫，李永军.中小金融机构发展与中小企业融资[J].经济研究，2001(1)：11-18，53.

[3] 林毅夫.金融创新如何推动高质量发展：新结构经济学的视角[J].金融论坛，2019(1)：3-13.

[4] 林毅夫，姜烨.发展战略、经济结构与银行业结构：来自中国的经验[J].管理世界，2005(12)：29-40+171.

[5] 林毅夫，姜烨.经济结构、银行业结构与经济发展：基于中国分省面板数据的

实证分析 [J]. 金融研究，2006(1)：53-70.

[6] 林毅夫，孙希芳. 信息、非正规金融与中小企业融资 [J]. 经济研究，2005(7)：35-44.

[7] 林毅夫，孙希芳，姜烨. 经济发展中的最优金融结构理论初探 [J]. 经济研究，2009(8)：4-17.

[8] 林毅夫，章奇，刘明兴. 金融结构与经济增长：以制造业为例 [J]. 世界经济，2003(1)：3-21+80.

[9] 张一林，林毅夫，龚强. 企业规模、银行规模与最优银行业结构——基于新结构经济学的视角 [J]. 管理世界，2019，35(3)：31-47+206.

[10] Lin Justin Yifu. Why I do not Support Complete Capital Account Liberalization[J]. China Economic Journal, 2015, 8(1):86-93.

第九讲

中国的增长是否真实与社会主义新农村建设

158. 关于农村基础设施建设问题

卞铖（国家发展研究院）：林老师您好！您在本讲中强调了新农村建设和相关基础设施建设的重要性。您认为应该以政府财政投入为主。但是，在经济学中，这类建设的原则通常应该是谁受益，谁出资，那么，从政府的角度看，基础设施建设的成本是否可以通过消费及相关活动的税收来收回？如果后续的收益不能弥补基础设施建设的投入，那么这种基础设施建设的规定是否会成为某些地方政府在建设中侵占农民私有品等违规行为的激励呢？

林毅夫：

1. 在基本公共基础设施的建设上，在城市是由政府提供。公共服务的理想目标应该是城乡均等。一些落后的地区，如果仅靠当地的税收，确实在基本公共基础设施的建设和公共服务的提供上会收不抵支，这时就应该由上级财政通过转移支付来支持基本公共基础设施的建设，以使得城乡公共服务能够实现均等。现在我国中央政府财政中有60%以上是用作转移支付的。

2. 某些地方政府在建设中侵占私有品等违规行为不仅会发生在农村，也会发生在城郊和城市，对这样的行为都应该依法给予监督、制止和惩处，而不应该听之任之。

159. 1998 年以后的通货紧缩是否由于货币供给不足?

张春峰(国家发展研究院):林老师您好!关于通货紧缩,我们在课程中的定义是物价负增长。我们在课堂上讨论了能不能用中国出现了通货紧缩的现象来否定中国的经济增长数据,答案是否定的,原因在于中国和发达国家产生通货紧缩的背景不同。对于这一部分,我没有异议。但是老师在分析中好像没有谈及货币政策,而往常提及通货紧缩,我首先会想到的是货币政策。您给出的对于我国在 1998 年以后出现的通货紧缩现象的解释,是投资在 1992 年之后蓬勃发展,因而出现了供给过剩。但是这有没有可能是因为当时的货币政策使得货币发行数量远远小于货币需求呢?又或者说,通货紧缩到底是不是一个货币现象?是否货币的减少导致了通货紧缩,而不是投资和生产的极大增加导致了通货紧缩?

林毅夫:1998 年以后我国的通货紧缩是不是货币发行数量远远小于货币需求造成的?从理论上来说有可能,但是,我国在 1997 年以后的货币供应量,不管是 M0、M1 还是 M2,都以高于经济增长速度的两位数增长,所以通货紧缩不是货币供给不足造成的。我们在理论学习上,不要因为弗里德曼说通货紧缩和通货膨胀都是货币现象,就认为凡是通货紧缩就是货币供给不足造成的,或者凡是货币增加的速度高于经济增长的速度就一定会出现通货膨胀。不仅在我国并非如此,在美国也并非如此。例如,2008 年以后,美国一直推行量化宽松政策,2020 年又推出无限量宽松政策,但是美国的物价水平一直很低,并没有因为货币的过度供给而出现弗里德曼的货币数量说所认为的通货膨胀,甚至是恶性通货膨胀。

张春峰(国家发展研究院):谢谢林老师!请问"2008 年以后,美国一直推行量化宽松政策,今年又推出无限量宽松政策,但是美国的物价一直很低"背后是什么原理呢?是因为配套的财政政策给予企业更多的补贴或者投资,促进了生产,进而保证了供给相对于需求来说仍然较大吗?

林毅夫:美国推行量化宽松的货币政策却没有出现通货膨胀,不是因为这些增发的货币用于实体经济的投资,扩大了生产,增加了供给。实际上,2008 年以后美国在实体经济上的投资一直没有增加。美国没有出现通货膨胀有两个原因：第一，绝大多数资金进入虚拟经济，也就是股票市场，推高了股票市场的价格，虽然实体经济的情形没有改善，但是道琼斯指数从2008年的12 000点上升到2020年的25 000点以上。第二，美元作为国际储备货币，在实体经济的生产力没有提高的状况下，可以用一部分增发的货币从国外进口产品，以满足国内的消费需求，以致没有出现通货膨胀，延续了2008年国际金融经济危机爆发前的"大缓和"（Great Moderation）时期的"美国印钞票增加流动性，中国增加对美商品出口"的模式。

160. 关于社会主义新农村建设的首要任务

张春峰（国家发展研究院）：林老师您好！关于社会主义新农村建设，我认为中国发展的前30年的经验还是很有借鉴意义的。如果不能采用机械化生产（尤其是在山区和丘陵地区），那么规模化生产可能在相当长的一段时间内都不是新农村建设的首要任务，因为农民的有效劳动供给很难量化，使得规模化生产中的激励机制不容易设计。相反，像您提及的，我认为基础设施建设（尤其是物流和互联网），甚至是人力资本的提升，才是目前新农村建设的首要任务。对于未来，我认为农产品的区域化、品牌化生产可能是一个大趋势，但这些也仅仅是基于此前调研得到的简单判断。对于新农村建设的主次任务和主次矛盾，还请老师多指正！

林毅夫：如果不是农村人口向外迁移而自发出现的土地经营规模扩大和机械化，那么把单家单户的农民集中起来的规模化经营，很可能出现监督的困难和农民激励的问题。新农村建设不能在土地经营规模上拔苗助长。如果农民转移出去，即使土地是由单家单户的农民所拥有，如我在第三讲回复毛瑜晨同学的提问时所指出的，留下务农的农民也可以通过雇用拥有设备的专业代耕队来从事播、种、收，由合作社组织种子、化肥等生产资料的购买和农产品的销售，或由龙头企业牵头解决技术、投入和产品销售的问题，以这种诱致性制度变迁来实现规模经济。此外，我同意新农村建设中基础设施、物流、互联网、区域品牌等建设的重要性，这有利于农产品生产和市场需求的对接。

161. 关于社会主义新农村建设进程的疑问

刘曦苑（国家发展研究院）：林老师您好！您在课程视频中提到的一个观点是以农村公共基础设施建设为着力点的社会主义新农村建设的完成时间以 2020 年完成为宜。很遗憾，在 2020 年这样一个节点，因为疫情的影响，不能现场听到您关于社会主义新农村建设进程的分析。我个人的感觉是目前城市和农村经济仍然有较大的差别，请问我们现在已经完成社会主义新农村建设了吗？现在的情况是否和您的预期一致呢？未来我们应该如何继续深入建设社会主义新农村呢？

林毅夫：新农村建设的目的是缩小城乡差距，所提出的目标是"生产发展、生活宽裕、乡风文明、村容整洁、管理民主"，其中乡风文明和管理民主是软性指标，不容易衡量，其他三项指标应该说基本已经完成，现在的农村已经实现通电、通水、通路，实现了农民"两不愁"（不愁吃、不愁穿）、"三保障"（义务教育、基本医疗、住房安全的保障），2020 年实现全面脱贫。同时，城乡之间收入水平的差距也已经从 2004 年的 3.08∶1 降到 2019 年的 2.64∶1。就收入而言，新农村建设的目标是缩小城乡差距，而非使农村居民收入达到城市居民的同一水平。所以，你看到的城市和农村经济仍然有较大的差别是正确的。

政府现在提出的目标是乡村振兴，该目标比建设社会主义新农村更高，要求达到"产业兴旺、生态宜居、乡风文明、治理有效、生活富裕"。不过同样要指出的是，即使这些目标都达到了，城乡之间仍然会存在收入差距。

162. 关于社会主义新农村建设中生产作物选择的问题

崔博雄（经济学院）：林老师您好！关于社会主义新农村建设，想请教您，政府是否应该干预农民有关粮食作物和经济作物的生产选择？您在前面几节课中提到，粮食作物生产具有需求价格弹性低和需求收入弹性低的特性，但是水果、蔬菜等经济作物的需求价格弹性和需求收入弹性相对较高，产量增加会使总收益增加，对增加农民收入是有益的。据我所知，我的老家近些年也在大力开展水果种植，不仅老百姓自发在种植，政府部门也号召农民种植。但如果原本用来生产粮食作物的大面积农地都被用来生产经济作物，而且很多经济作物对土地其实是有一定危害的，那么我们的"18亿亩耕地红线"对于保障粮食安全的作用不是就降低了吗？针对这种情况，您怎样看待呢？

林毅夫：总体来讲，应该给农民生产选择的自主权，政府可以通过补贴、技术推广和产前产后的服务来实现其目标。例如，种粮的收益较低，中央政府为了保证粮食产量，出台了种粮补贴政策，粮食生产总体而言会越来越往主产区集中。经济作物的种植需要达到一定规模才能成为基地、建立品牌，以更好地与市场对接。地方政府可以根据各地适合的经济作物，提供良种、技术和产前产后服务，让该地区成为某种经济作物的生产和供给的品牌基地。生产经济作物的地区通常也不会完全不生产粮食，主要原因是经济作物的劳动力需求非常密集，一个农民能够生产、管理的面积有限，剩下的面积会用来生产劳动力投入较少的粮食作物，除少部分卖给粮站外，大部分留下自己食用。至于经济作物对土地有危害的问题，应该用合理的轮耕和科技的方法来解决。其实，如果一个地块一直种粮食并且使用化肥来生产，对土地也是不利的，解决办法同样是轮耕和科技。只有这样才能在保障粮食安全、丰富市场供给和品种的同时，让农民的收入可以随着经济发展而不断提高，并缩小和城市居民收入的差距。最后，粮食安全属于国家的战略性目标，在农民生产粮食的收益低于经济作物的地方要农民生产粮食，则属于当地农民的一种战略性政策负担，和国有企业的政策性负担一样，需要国家财政给予政策性补贴。

参考及推荐阅读文献

[1] 林毅夫.解读中国经济：聚焦新时代的关键问题[M].北京：北京大学出版社，2018.

[2] 林毅夫，付才辉.新结构经济学导论[M].北京：高等教育出版社，2019.

第十讲
完善市场体系，促进公平与效率统一，实现和谐发展

163. 按照比较优势发展是否会和就业问题产生矛盾？

王雪睿（国家发展研究院）：发展中国家大多在劳动密集型产业上具有比较优势，按照比较优势发展可以最大限度地创造就业机会，使以劳动力为收入主要来源而又相对比较穷的人能够充分就业，资本进一步快速积累，资本会逐渐从相对短缺变成相对丰富，劳动力会从相对丰富变成相对短缺，所以，资本的回报率会相对下降，而劳动力的回报率会相对上升，富人的主要资产（资本）变得相对便宜，穷人的主要资产（劳动力）变得相对昂贵。

在劳动密集型产业发展和资本积累的过程中，由于资本增多，生产效率逐步提高，是否会出现劳动力冗余，导致原本的劳动密集型产业出现产能过剩，超过市场需求，造成部分工人失业，而其他产业也无法提供足够的就业机会，最终产生失业问题的情况呢？

林毅夫：不会！只要按照比较优势发展，随着资本的积累，比较优势会不断从劳动密集型升级到资本密集型，产业也随之从劳动密集型升级到资本密集型，对生产服务业的需求会增加。同时，在这个过程中，人们的收入不断增加，劳动的时间会缩减，对生活服务业的需求也会增加。生产和生活服务业在国民经济中的产值比重和就业比重会上升，许多制造业吸纳不了的劳动力可以进入生产和生

活服务业。像德国、日本和"亚洲四小龙"等按比较优势发展，从劳动密集型产业不断升级到资本密集型产业的经济体，在发展早期的中低收入阶段，服务业就业人数占总就业人数的比重不到30%，而到了高收入阶段，该占比会提高到70%以上，在整个发展过程中失业率一直很低。

164. 关于价格扭曲导致腐败的一点疑问

张春峰（国家发展研究院）：林老师您好！您在课上提及，我国在改革和发展过程中因为采用双轨制，"老人老办法"，产生了大量的要素价格扭曲，进而导致了腐败问题。但是现实中，有很多腐败的情形并不是价格扭曲（金融、自然资源、自然垄断）造成的，比如在政府基础设施建设项目中，也存在不少的政府官员受贿现象。我认为这种腐败并不是以上三种价格扭曲造成的，但是可以理解成对"扭曲监管"的寻租，因为额外利益只能来源于工程质量的下降。低质量的工程能够通过验收，只能是扭曲了验收监管的部分。对此您怎么看？

林毅夫：确实，除了价格双轨制所遗留下来的扭曲会造成寻租腐败，只要有政府的资源配置（如你提到的基础设施项目）和政府的管制（如交通规则和法律的执行等），就存在腐败的可能。但是，后者在任何发达国家和其他发展中国家都存在，而前者则只存在于像中国这样的渐进双轨制国家。

165. 关于民营矿产企业通过低资源税费寻租的疑问

刘光伟（国家发展研究院）：林老师您好！您在第十讲中讲到，因为国有矿产企业承担了政策性负担，所以在国家放开资源市场后，仍通过低资源税费的形式对其进行补贴；而新进入市场的民营企业则通过此政策寻租，造成了民营矿产企业的暴利。为何在进行市场改革时，不区别民营企业和国有企业，通过不同的税费来抑制这种暴利呢？通过区别税费的方式适当降低民营矿产企业的利润，虽然会在一定程度上影响民营企业的积极性，但民营企业通过寻租寻求暴利对市场本身的发展更不利。对于这一点我不是很理解，烦请老师解答，谢谢！

林毅夫：你的建议在理论上可行，但在操作上有困难。首先，市场改革的方向是公平竞争，如果因为国有矿产企业承担了众多退休职工的政策性负担而新进入的民营矿产企业无此负担，就对民营企业征收较高的税费，将使国有和民营矿产企业的税负不平等，从而违背了改革的方向是公平市场竞争的原则。在此情况下，与其对国有与民营矿产企业征收不同的税费，不如建立社会保障体系，把国有矿产企业的退休工人负担剥离开来。其次，国际主流经济学中并没有政策性负担的概念，如果政府对国有和民营矿产企业征收不同的税费，国际舆论上会认为这是我国政府偏袒国有矿产企业，会使我国政府承受各种国际舆论压力。同时，由于改革开放以后，我国各界所学的是西方的教科书，所以我国的经济学界和舆论界中的多数人也没有认识到国有矿产企业存在政策性负担。如果政府对国有和民营矿产企业征收不同的税费，国内舆论上会认为这是政府偏袒国有矿山企业，使政府承受各种舆论压力。再次，我国的国有企业从县级开始有许多层级，有些民营企业会采取和县级政府新设立的矿山企业合资等方式来寻租。在20世纪80年代和90年代，为了获得廉价的银行贷款，就有不少民营企业存在这种情形。所以，在政府的财力状况改善以后，最好是建立社会保障体系，把国有矿产企业的政策性负担剥离，对资源征收合理的税费，让国有和民营矿产企业在公平的市场上竞争。最后，国内外学术界和舆论界对我国其他类型国有企业的许多批评也是源于没有认识到我国的国有企业在转型期存在很多政策性负担这一事实。国有企业改革的最好办法，还是我在第八讲中提到的，剥离政策性负担以建立公平竞争的市场，对于战略型产业所需的补贴，通过财政拨款而非对市场的扭曲来实现，并对自然垄断行业和需要财政补贴的战略型产业中的国有企业加强监管。

166. 关于贫富差距是否有必然性的疑问

卞铖（国家发展研究院）：林老师您好！在本章中，您主要提到了收入分配问题，指出只有穷人的收入增长速度超过富人，贫富差距才会缩小。基于这个观点，您提出了深化市场经济体制改革、消除赶超战略遗留下来的制度扭曲等建议。但是，目前在世界上相当一部分地方（包括美国），财富仿佛被聚集到少数人手中，甚至有学者称之为财富的"二八法则"。我想问的是，是否存在一种合理的机制能够限制财富向少数人手中聚拢?

林毅夫:对于这个问题的理解,必须把中国作为一个发展中国家以及转型中国家的情形同处于技术前沿的发达国家的情形区分开来。中国作为一个发展中国家,目前处于经济追赶的阶段。在这个阶段,如果根据比较优势来发展经济,可以充分利用后来者优势,这样有利于经济的快速发展、资本的积累、比较优势和产业的快速升级,从而提高效率,而且会有利于实现公平。因为穷人和富人最大的不同在于,穷人的收入主要靠劳动力,富人的收入主要靠资本,而按照比较优势发展可以最大地创造就业机会,使以劳动力为主要收入来源而又相对较为贫穷的人能够充分就业,分享经济发展的果实。而且,随着资本的快速积累,资本会逐渐从相对短缺变为相对丰富,劳动力会从相对丰富变为相对短缺,所以资本的回报率会相对下降,而劳动力的回报率会相对上升,富人的主要资产(资本)变得相对便宜,穷人的主要资产(劳动力)变得相对昂贵,收入分配状况会随着经济发展而得到改善。

我国在改革开放后开始按照比较优势发展经济,经济获得了快速发展,但同时出现了收入分配差距扩大而不是缩小的情形,这是因为我国的经济转型采用渐进双轨制,保留了一些扭曲,如在金融上对资金价格的抑制,在矿产资源上对税费的人为压低。这些措施保证了有政策性负担的国有企业能够获得廉价的资金、资源以维持生存,但也同时创造了租金,在私营经济不断壮大的同时,不仅导致了寻租腐败,而且使得收入分配状况恶化。所以,对中国来说,要改善收入分配状况,就必须与时俱进地把双轨制遗留下来的扭曲取消掉,完成从计划经济向市场经济的转型,使发展过程中的公平和效率统一起来,同时,在二次分配上照顾鳏寡孤独废疾者等弱势群体和在经济转型中的临时失业者等。

对于发达国家来说,由于它们的产业和技术处于世界最前沿,技术创新和产业升级需要靠自己发明。发明有两部分:一是基础科研,靠政府支持;二是新技术和新产品,靠企业开发。企业如果开发成功了,就可以获得专利保护下的垄断利润,而开发又靠政府支持的基础科研,所以,这些有能力进行技术创新的技术天才(如盖茨、乔布斯、扎克伯格、贝索斯、马斯克等)能在短时间内成为雄踞一方的富豪,一方面来自他们从专利上获得的垄断收益,另一方面则来自政府对其创新的先期补贴。所以，在发达国家，如果政府没有像在大萧条以后直到 20 世纪 70 年代新自由主义盛行前的强有力的二次分配政策，则不可避免地出现皮凯蒂在《21 世纪资本论》中所讨论的收入分配差距不断扩大的现象。这个现象在我国的一些具有专利保护的换道超车型高科技产业和具有自然垄断特点的平台也开始出现。所以，在支持高科技产业和平台发展的同时，国家也要对由此产生的财富分配问题给予必要的关注，并采取一些二次分配的必要措施。

167. 如何解决收入分配状况恶化的问题？

张春峰（国家发展研究院）：林老师您好！您在课上讲到，对中国来说，解决收入分配状况恶化问题的根本方法是将"双轨"改为"单轨"，现在已经具备了成熟的条件。

但是从宏观模型来看，第一，根据卡尔多事实，资本的回报率总是高于劳动的回报率；第二，根据财富分布模型，当经济从下向上到达均衡发展的时候，贫富差距总是会加大；第三，法国经济学家托马斯·皮凯蒂在《21 世纪资本论》中也根据全球实证数据描述了资本回报率高于劳动回报率的事实。

这样来看，收入分配状况的恶化是在全世界广泛存在的。那么，是否"初次分配兼顾效率和公平，二次分配更加注重公平"才是最本质的解决方法呢？

林毅夫：卡尔多事实是根据发达经济体的经验总结的，在发展中经济体并不存在（见《解读世界经济发展》一书中的讨论）。皮凯蒂的研究也主要是基于发达经济体的经验。如前面我在回答下铖同学的提问时所指出的，发达经济体的产业和技术处于世界最前沿，技术创新和产业升级需要自己发明，而自己发明靠基础科研的突破以及新产品和新技术的开发。基础科研的产出具有公共品的特性，企业家不愿意做。但如果没有基础科研的突破，新产品和新技术的开发会成为无源之水，不可持续。所以，基础科研只能靠政府的补贴来进行。新产品和新技术的开发则由企业家来进行，成功了可以获得由行政力量保护所给予的专利，可以享有十几、二十年的垄断利润。所以，有创新能力的企业家和将资本投入创新的资本拥有者实际上是得到政府的补贴和保护的，而补贴和保护这些企业家和资本拥有者的是没有创新能力和资本投入创新的一般民众，所以，资本的回报率会高于劳动的回报率。如果没有像北欧国家和美国政府在二战后至20世纪80年代新自由主义盛行前那样进行强而有力的二次分配，收入分配状况就会不断恶化。

在发展中经济体则不同：在追赶阶段，一个发展中经济体如果有有效的市场，能够按照比较优势发展，则可以利用后来者优势来引进新技术和新产业，企业有自生能力，也不需要保护补贴，所以，政府并不需要对企业家和资本拥有者提供保护补贴。不仅如此，按照比较优势发展，还可以创造最多的就业机会，使得以劳动力为生的较低收入者得以分享发展的果实。此外，在这样的发展方式下，经济发展和资本积累的速度快，资本会从相对短缺变成相对丰富，而劳动会从相对丰富变成相对短缺，资本的回报率会下降，劳动的回报率会上升，收入分配状况会不断改善，这实际上是"亚洲四小龙"在快速发展阶段所出现的情形。所以，一个处于追赶阶段的发展中经济体，在市场经济条件下如果按比较优势来发展经济，则初次分配可以同时实现效率和公平，二次分配就可以作为补偿来照顾鳏寡孤独废疾者和因经济转型或周期波动而出现的临时失业者。

我国在经济转型期虽然向发挥比较优势的市场经济转型，但由于实行双轨制，以各种扭曲来对违反比较优势的资本密集型产业提供保护补贴。这些保护补贴创造了租金，导致了财富的转移，造成了收入分配状况的恶化。因此，要在初次分配中实现公平和效率的统一，就需要完成向市场经济的转轨。同时，也如我回答卞铖同学的提问时指出的，随着我国经济的发展，一些具有专利保护的换道超车型高科技产业和具有自然垄断特征的平台也开始出现，所以，在支持高科技产业和平台发展的同时，也要对由此产生的财富分配问题给予必要的关注，并采取一些二次分配的必要措施，以实现效率和公平的统一。

168. 关于医疗改革方向的问题

韩昌峻（法学院）：林老师您好！公共卫生领域的外部性较强，我国的公立医疗体系能够实现一定意义上的医疗普惠，产生较积极的社会效益，其在本次新冠肺炎疫情期间也为抗疫做出了很大贡献；但同时，医疗服务领域开放程度较低，较为严格的准入管制、价格管制也是建立在较低的医生福利基础之上，往往造成

"以药养医"的现象,且可能出现医疗挤兑,造成"看病难"。面对我国医疗领域可能存在的供需不平衡现象,当前医疗改革的方向应当是怎样的?

林毅夫:对于医疗改革的问题,2020年12月15日晚,我和普林斯顿大学安妮·凯斯(Anne Case)教授以及2015年诺贝尔经济学奖得主、普林斯顿大学安格斯·迪顿(Angus Deaton)教授进行了一场对话。医疗是一个充满信息不对称的领域,必定要有准入的监管,在完全自由化的发达资本主义国家也是这样。从以私营医院为主的美国和以公共卫生为主的欧洲国家的对比来看,美国的医疗支出占GDP的18%左右,远高于欧洲国家的11%左右,但其医疗服务的覆盖率远低于欧洲国家,这说明公共卫生可能比简单的医疗市场化更有效。

我国在改革前推行的县有医院、乡有卫生所、村有卫生室,农村推行合作医疗、城市推行公费医疗的制度,在很低的保障水平之下,使人均预期寿命从中华人民共和国成立初期的35岁提高到1978年的65.9岁。

在改革开放以前,医院的所有投资和开销都来自财政。但是1978年改革开放以后,为了减少政府的财政投入,医院支出中大约只有10%来自财政拨款,维持医院运转的费用由医院的医疗收入自行解决。与此同时,又要保留医院的公共服务性质,因此中国的医疗体系出现了一个很特殊的、有扭曲性质的安排,即挂号费和门诊价格非常低,医院靠这些收入无法支付医生工资和维持运转,不得不"以药养医",即医院将批发来的药物加价20%、30%或更多后出售,从中获利。同时,各种检查费用较高,医院由此得到的收益较大。此外,在下级医院治不了的病再转诊到上一级医院的制度被取消,每个患者可以直接到上一级医院治疗,各级医院的挂号费和门诊费也没有多大的差异。

在"以药养医"制度之下,医疗费用大量增加。医院为了解决医生的收入、医院的运转和基础设施建设问题,很容易多开不必要的药或高价药。药价越高,医院盈余越多。并且医院倾向于多做检查,病人不管看什么病,先做一系列检查,导致病人的财务负担大增。同时,由于药物大多来自市场化的企业,企业的药定价越高、卖得越多就赚得越多,因此企业就有动力提高药价和贿赂医生,医生也有动力多开药以多收回扣,导致整个行业的寻租腐败现象非常普遍。

门诊费用低,再加上好医生大多集中在大医院,到上级医院治疗又无须下级医院转诊，因此，从病人的角度来说，不管大病小病，一生病就有积极性去大医院治疗；大医院收治的病人越多，收入越高，因此也有积极性收治病人。于是，越往下级的医院越是门可罗雀，越往上级的医院越是人满为患。有时，为了到最上一级的三甲医院挂个号，病人需要等几天甚至几个月，医疗资源严重不足，医患矛盾频发。而县级医院或等级比较低的医院则存在医疗资源大量浪费的情况。

针对这些问题，福建省三明市推动医疗改革，由政府统一采购医药以降低药价，提高医师的待遇，改变现有各个医院"以药养医"的做法，同时增加对社区医院的投入，提高其服务水平，以缓解"看病难"的问题等。我想这个方向是正确的，值得在全国推广。关于我国医疗改革的问题，若有兴趣进一步了解，可以参考我在北京大学新结构经济学研究院微信公众号上发表的"中国医疗体系的发展历程与改革探索"一文。

董逸帆（国家发展研究院）：看到林老师的回答我有一点疑惑。正好最近听了周其仁老师对医疗体系改革的看法，周老师的看法和林老师不太一样。所以我也想再追问几个问题，以便对这个问题有更清楚的认识。

周老师指出，我国的医疗体系不是太市场化，而是太不市场化，门槛限制过多。对于这一点我也有同感。林老师指出，可以采取政府统一采购等手段。但我觉得政府不是万能的，很多时候由政府来完全掌控是不如市场有效率的，会产生很多滞后。信息不对称需要监管，但过度的监管和门槛是否反而会使医疗体系产生扭曲？愿景是很好的，但高估人力控制的能力和必要性是否反而不利于愿景的实现？比如当年我国为了实现成为重工业大国的愿景，采取了完全计划的手段，最终的效果反而并不好。

林毅夫：是的，政府不是万能的，但市场也不是万能的，而应该就事物的本质，实事求是地加以解决，不能因为政府有问题就认为交给市场后一切问题就会迎刃而解。就医疗改革而言，你可以看一下我在回复韩昌峻同学的问题时提到的"中国医疗体系的发展历程与改革探索"一文中对江苏省宿迁市的改革和福建省三明市改革的讨论。宿迁市在2001年时把所有公立医院都私有化了，结果是医院确实增加了许多，但是常出现"小病大医"的情形，大病则因为需要许多设备的投入，私人医院不愿意投资而医不了，宿迁市只好在2010年又建立了一家公立医院。三明市则将医药由政府统一采购，降低药价，切断药商的回扣，并提高医生的工资待遇，结果是政府的财政投入没有增加，病人的费用大幅降低，医患关系也大大改善。当然，三明市的模式是否有改进的空间、是否可以在全国推广，是可以就事论事来讨论的。

美国的医疗实行市场化，医疗支出占 GDP 的 18% 左右；欧洲国家的医疗以政府的医保为主，医疗支出占 GDP 的 11% 左右。但绝大多数研究认为，欧洲对普通人的医疗保障比美国好，在平常是这样，在这次新冠肺炎疫情中也是一样。所以，总的来说，我们在讨论问题时，要避免政府的干预或措施一出现问题，就认为把这些问题交给市场就会自动解决。

参考及推荐阅读文献

[1] 林毅夫. 解读中国经济：聚焦新时代的关键问题 [M]. 北京：北京大学出版社，2018.
[2] 林毅夫. 中国医疗体系的发展历程与改革探索 [Z/OL].(2021-01-11)[2021-09-22]. 北京大学新结构经济学研究院微信公众号，https://mp.weixin.qq.com/s/ZkYjFKhe1mJqhy5oS0CEBA.
[3] 林毅夫，付才辉. 解读世界经济发展 [M]. 北京：高等教育出版社，2020.
[4] 皮凯蒂. 21 世纪资本论 [M]. 巴曙松，等，译. 北京：中信出版社，2014.

第十一讲
总结和新古典经济学的反思：
新结构经济学的视角

169. 技术创新对经济发展是否有利取决于比较优势

刘光伟（国家发展研究院）：林老师您好！您在这一讲中提到，技术创新是否对经济发展有利，要看其是否符合比较优势，是否为赶超型技术等。前几年，我国圆珠笔头的制造技术问题曾被推上舆论热点，很多媒体借此说明我国的技术研发能力问题。但根据近两年的新闻及资料，我国并不是不具备自主生产圆珠笔头的技术，而是这个市场的利润并不大，并且在我国自主研发之后，产品也冲击了圆珠笔头的主要出口国的市场，说明我国在这方面具有比较优势，但不自主研发的原因主要在于利润不高。这种技术应该作为特例还是也属于赶超型技术呢？

林毅夫：是的，你的看法是对的。研发需要投入，投入就需要考虑成本和效益。有许多技术，我国只要愿意投入，应该就可以研发出来，但是我国能用于研发的资金并不是无限的，而可研发的技术则接近于无穷。因此，除了涉及国防或经济安全、可能被"卡脖子"的技术，我们必须在各种可进行的技术研究中按回报率的高低来排序，否则就可能会"捡了芝麻，丢了西瓜"，得不偿失。所以，一国不可能什么技术都自主研发、自己拥有，总会有一些（准确地说，应该是很多）技术，即使我国在这种技术所在的产业上具有比较优势，并且有能力进行研发，但是国外拥有而我国没有也是正常的现象。这也就是为何会有保罗·克鲁格曼所提出的专业分工的国际贸易的出现，而且绝大多数贸易是发生在同等发达但是专业分工不同的国家之间。

170. 关于结构概念的疑问

刘曦苑（国家发展研究院）：林老师您好！在本讲中，您在讲到一部门模型（One Sector Model）时提到，发达国家似乎可以用一个部门描述，因为其技术已经处于世界最前沿了，而发展中国家仍然有很大的产业升级空间。请问这里的"部门"是指什么呢？发展中国家可以进行产业升级，就是在其他部门投资了吗？您还说一定要引入"结构"的概念，这里的"结构"具体指什么呢？

林毅夫：结构通常用来指一个事物由具有不同质的组成部分组成。例如，1 000万元人民币的现金不会有结构，因为每1元人民币都是同质的，但是1 000万元财富可能就会有结构，因为这1 000万元财富可能包含现金、地产和股票等。具体到一部门模型，发达国家有许多产业，不管哪个产业，发达国家的技术都已经处在世界最前沿，不管哪个产业要技术创新，都必须自己发明新技术。由于这个特性是相同的，所以可以用一部门模型来讨论发达国家的经济发展。发达国家的技术要进步，产业要升级，就只能自己发明新技术。但是，对于发展中国家和发达国家都用同一个一部门模型来讨论技术创新和产业升级则不合适。因为由于要素禀赋结构的差异，发达国家所有的产业通常是资本密集、技术处于全球前沿、生产力水平高的产业，发展中国家的产业则是劳动力密集的、技术成熟的、生产力水平低的产业。这两种产业的产品、资本需求、规模经济、技术先进性和风险特性等都不同，而且，在发展中国家的产业和发达国家的产业之间还有许多资本密集度和技术先进程度不同的产业，一部门模型把这些差异性都忽视了。就技术进步而言，如前所述，发达国家的技术已经处在世界前沿，要有新技术就只能自己发明，要实现产业升级也必须自己发明新产业，而发展中国家的技术和产业都在世界的前沿之内，新技术可以靠引进发达国家已经用过的成熟技术来获得，产业升级也可以通过进入发达国家已经发展过的成熟产业来实现，并且随着资本的积累、比较优势的变化，可以靠引进的方式，不断爬技术和制造业的台阶。在一部门模型中，无法讨论发展中国家和发达国家在技术创新和产业升级上的不同。要讨论发展中国家和发达国家的技术创新和产业升级的机会与方式的不同，就必须把发达国家和发展中国家的产业和技术存在的这种结构上的差异性，用包含多个产业而发达国家和发展中国家在这个产业链上所处位置不同的模型加以分析。不仅在讨论技术创新和产业升级问题时必须把不同发展程度国家的结构差异性放在模型里，而且在讨论金融、货币、财政、人力资本、产业组织等问题时也是一样。你如果对这些问题感兴趣，可以参考我和付才辉合著的《新结构经济学导论》一书。

171. 关于新结构经济学在当今世界发展环境中的疑问

钟卓宏（信息管理系）：林老师您好！您提出的新结构经济学主要是结合发展中国家以及转型国家发展过程中的一些成功与失败案例提出的，该理论主要聚焦于国家经济发展的内生性、结构性特点。但是在过去的十几年中，世界经济整体呈现出增速下滑的趋势，中国经济也不可避免地受到一些冲击，增速有所下滑。并且在 2020 年这个难以预料的时间点上，世界发生了新冠肺炎疫情，欧美国家对于中国高科技产业的发展围追堵截，中美关系面临新的挑战，等等。中国的技术研发、贸易往来都受到了一定程度的影响。尽管中国仍继续坚持着创新、更加开放，但是外部环境的变化仍然给中国的发展带来了不小的影响。这是否意味着中国的发展在一定程度上是受到外部环境的影响而可能处于一种被动的地位呢？

林毅夫：

1. 外部环境的变化当然会影响我国的发展，我国也应该采取相应的对策去克服困难、抓住机遇，但这和新结构经济学是否适用并无关系。在当前的形势下，新结构经济学会有一系列政策主张，这些主张和主流经济学的主张会有所差异。

2. 新结构经济学虽然是以发展经济学作为切入点，但实际上是对整个主流经济学的一场结构革命，涉及现代经济学的各个子领域，包括财政、货币、金融、产业组织、环境、区域经济，等等。这是因为现在的主流经济学理论总结于发达国家的经验，以发达国家的发展阶段、经济、社会、政治、价值等结构为理论的暗含前提，而忽视了发展中国家和发达国家结构的差异性以及这种差异的内生性，因此将主流经济学理论应用于发展中国家的实践时难免会遇到"南橘北枳"的困境。新结构经济学实际上是把以发达国家的结构为暗含结构的"二维理论"扩展为不同发展程度的国家有不同结构的"三维理论"，并使现在的主流经济学理论成为新结构经济学的一个退化特例。

172. 关于发达国家的结构性改革和全球经济形势问题

唐浩毅（化学与分子工程学院）：当前的全球经济形势似乎不容乐观。您在某节课中提到，目前几乎所有发达国家都没有从2008年经济和金融危机中复苏，加之几乎不可能改变经济结构，是不是也就意味着今后国际性的金融危机会越来越频繁？或者，有没有可能会借此下跌的机会"破罐子破摔"，进行改革呢？

林毅夫：发达国家并未进行必要的结构性改革，实体经济也并未完全从2008年的危机中复苏，近年来股市的繁荣是用宽松的货币政策支撑起来的，所以危机的爆发是不可避免的。日本提出要进行结构性改革已经讲了快三十年了，安倍也以安倍经济学的"三支箭"作为他的政策宣示，但到目前为止，结构性改革这支"箭"还一直引而不发。在每几年就要面对一次大选，又有储备货币可以无限制增发以解短期燃眉之急的发达国家，我对它们进行结构性改革的意愿和能力持悲观的看法。

173. 关于中美贸易摩擦及美国对中国贸易逆差的扩大

刘曦苑（国家发展研究院）：林老师您好！本讲的课程视频中并未涉及中美贸易摩擦的内容。我对于本讲课件中"如理论预期，增加了关税以后，2018年美国对中国的贸易逆差上升了11.7%"这句话并不是特别理解。

我个人感觉，贸易逆差的上升可能源于中国的反制，也可能源于美国企业预期中国产品的关税上升而提前囤货。但是我不明白理论预期是怎样的。希望林老师讲一下您的分析思路。谢谢！

林毅夫：你的问题很好。2018年美国对中国贸易逆差的扩大，可能源于中国对美国进口的减少，也可能源于美国企业为了规避关税上升而增加进口、提前囤货。从数据来看，2017年我国从美国的进口额为1 539亿美元，2018年的进口额则为1 551亿美元，基本没有变化，但是2017年我国对美国的出口额为4 297亿美元，2018年的出口额则为4 784亿美元。所以，2018年美国对中国贸易逆差的扩大主要来自进口的增长，而这一增长确实有可能如你所言，源于"美国企业预期中国产品的关税上升而提前囤货"。

本讲课件中的"如理论预期"指的是，特朗普认为提高进口关税会减少美国的贸易逆差，但是从理论上来说，这样做不仅不会减少，而且可能增加美国的贸易逆差。这是因为美国从中国进口的产品大多属于劳动密集型、美国没有比较优势、和生活有关、需求价格弹性小的产品，这些产品不会因为提高对中国产品的进口关税就迁回美国国内生产，而且消费者也不会因为价格提高而大量减少需求。美国政府提高对中国产品的进口关税，对美国进口商来说只有两种选择：一是继续从中国进口并支付关税，二是转向从其他成本比中国高的国家进口。若从其他国家进口，则美国的贸易逆差会增加，而不是如特朗普所预期的那样会减少。"如理论预期"指的是这一点。在本讲课件中，我提到2018年美国整体对外贸易逆差上升了12.1%，而对中国的贸易逆差则上升了11.7%。所以，能证明上述理论预期的是美国整体对外贸易逆差上升了12.1%，而不是对中国的贸易逆差上升了11.7%。谢谢你指出这一点！

参考及推荐阅读文献

[1] 林毅夫. 解读中国经济：聚焦新时代的关键问题 [M]. 北京：北京大学出版社，2018.

[2] 林毅夫，付才辉. 新结构经济学导论 [M]. 北京：高等教育出版社，2019.

附 录
2021年新结构经济学夏令营演讲实录

> **编者按**：2021年7月1日，北京大学新结构经济学研究院院长林毅夫教授在第八届新结构经济学优秀学子夏令营开幕式上作了题为"百年未有之大变局下的新结构经济学自主理论创新"的主旨演讲，并回答同学们的提问。本附录根据演讲及问答实录整理而成。

习近平总书记在2018年提出"当今世界正经历百年未有之大变局"。我想利用这个机会谈谈为什么会出现百年未有之大变局，面对这个变局应怎么驾驭。同时，我也想利用这个机会阐述一下进行新结构经济学理论创新的必要性，并介绍新结构经济学的理论创新将会给同学们带来的机遇。

一、百年未有之大变局为何而起？如何驾驭？

2018年6月，习近平总书记在中央外事工作会议上提出"当今世界正经历百年未有之大变局"的论断。怎样来理解这个论断？我想可以先看一下历史。在1900年即20世纪刚刚开始的时候，八国联军攻打了北京。这八国是英国、美国、法国、德国、意大利、俄国、日本以及奥匈帝国。它们是当时的列强，也是当时世界上最发达的工业化国家。经济是基础。按购买力平价计算，这八国当时的经济总量达到了全世界的50.4%，即一半左右。

到了2000年即21世纪刚开始的时候，世界上有一个八国集团，成员是美国、英国、法国、德国、意大利、俄罗斯、日本、加拿大。前七个国家和八国联军中的八国完全一样。奥匈帝国在第一次世界大战以后崩溃了,分成奥地利和匈牙利两个国家,退出了世界列强的行列。后来加拿大取而代之,加入了八国集团。按购买力平价计算,八国集团的经济总量占到全世界的47%。可以看到,整个20世纪,这八个工业化国家的经济总量占了全世界的一半或接近一半。经济是基础。整个20世纪,全世界的政治经济格局是由这八个工业化国家主导的。

在第一次世界大战以前,大部分发展中国家是发达国家的殖民地或者半殖民地。第一次世界大战时,民族主义风起云涌,这些发展中国家经过一两代人的努力,到二战以后纷纷摆脱殖民地半殖民地的地位,获得了政治独立,开始追求国家的工业化、现代化,冀图赶上发达国家。到2000年时,从经济总量来说,八国集团之外的国家只不过提高了3.4%;但是,由于发展中国家的人口增长率高于发达国家,所以从人均量来看,尽管经过100年的努力,发展中国家在人均收入水平、生活水平上与发达国家之间的差距仍继续扩大。

但是进入21世纪以后,情况发生了很大的变化。到2018年时,按照购买力平价计算,八国集团的经济总量占全世界的比重从2000年的47%下降到34.7%,只略高于三分之一。经济是基础。在20世纪,世界上的事不是由这八个国家的内部冲突引起的,就是只要这八国的领导人坐下来开个会、做个决定就能够主导的。但是随着经济总量的在下降,八国集团的影响力也在下降,再也不能号令全世界。最明显的是在2008年国际金融经济危机爆发时,由于影响力下降,八国集团就被二十国集团所取代。

为什么进入21世纪以后,八国集团会失去了在国际政治、经济各方面的影响力?最主要的原因是新兴市场经济体的崛起,尤其是中国的崛起。1949年时,中国的经济总量占全世界的4.2%,中国是全世界人口最多的国家,按人均GDP衡量,中国是世界上最贫穷、最落后的国家之一。到了1978年开始改革开放时,中国的经济总量占全世界的4.9%,人口则从1949年的6亿增加到10亿,在人均GDP上中国与发达国家之间的差距进一步扩大。但是从1978年开始改革开放到2020年,中国取得了连续42年、平均每年9.2%的经济增长。一般发达国家的经济增长速度无非就在3%和3.5%之间,而中国的经济增长速度是它们的大约三倍。中国的经济总量占全世界的比重快速提升,这是世界经济格局发生变化的一个很重要的原因。受影响最大的是美国。2000年，美国的经济总量占全世界的21.9%，即五分之一强。但是，到2014年，按照购买力平价计算，中国的经济规模已经超过美国。随着中国经济的快速发展，中国的国际影响力越来越大。例如，从贸易来看，中国是世界第一大贸易国，是一百二十多个国家的第一大贸易伙伴，是另外七十多个国家的第二大贸易伙伴。也就是说，对于全世界超过90%的国家来说，中国不是其第一大贸易伙伴，就是其第二大贸易伙伴。而且，各位同学将来在学习国际贸易课程时就会知道，贸易是双赢的，在这种双赢中，小国得到的好处远远大于大国。中国是世界第一大经济体，贸易对中国有利，对其他国家更有利。

所以，随着经济格局的变化，中国的影响力逐渐上升，美国的影响力逐渐下降。当然，按照市场汇率计算，美国现在还是世界第一大国，它的人均GDP比中国高很多（中国的人均GDP刚刚超过1万美元，美国的人均GDP已达到6.5万美元），它的科技、经济实力也都比中国强。美国就想利用它在科技、军事、金融上的优势来压制中国的发展。美国在奥巴马时代提出了"重返亚太"，把地中海舰队调来加强太平洋舰队，在韩国部署萨德导弹，目标是围堵中国；特朗普上台以后更是变本加厉，以一些莫须有的借口对中国发起了贸易战、科技战，可以说是"司马昭之心，路人皆知"；拜登上台以后，采用的方式可能不像特朗普那样粗暴，但是围堵中国、抑制中国发展的意图还是一样的，并且这已经是美国两党的共识。所以我相信，不管谁当美国总统，基本格局不会改变。

按照购买力平价计算，中国是世界第一大经济体；按照市场汇率计算，美国仍是世界第一大经济体。这两个国家的矛盾冲突给世界带来了许多不确定性。我想这是百年未有之大变局产生的原因。这种大变局产生后，什么时候世界才能够进入一个新的、稳定的格局？我个人的看法是：大变局是由于中国经济快速发展引起的，"解铃还需系铃人"，要想进入一个新的、稳定的、和平的世界格局，需要中国继续快速发展。而且我判断，当中国的人均GDP达到美国一半的时候，新的、稳定的世界格局可能就会出现。

上述判断基于以下三个原因：第一，当中国的人均GDP达到美国的一半的时候，北京、天津、上海，加上东部沿海的山东、江苏、浙江、福建、广东，这三市五省的人均GDP估计会达到美国的水平。这三市五省的人口加起来四亿多一点，略多于美国。更重要的是，人均GDP代表平均劳动生产率水平，平均劳动生产率一样高,就代表产业和技术水平一样高。也就是说,到那时候,美国就没有可以"卡中国脖子"的科技优势。第二,中国的经济规模已经是美国的两倍了,美国再怎么不高兴,也改变不了这个事实。第三,贸易是双赢的,小经济体得到的好处比大经济体得到的好处更大。到时候,中国的经济规模是美国的两倍,与中国贸易,美国得到的好处会比中国得到的好处大得多。而且,到时候中国不仅是经济规模比美国大。前面谈到,三市五省的人均 GDP 跟美国一样高,中西部 10 亿人口的人均 GDP 大约是美国的三分之一。这些地区由于人均 GDP 相对比较低,发展的潜力和速度会更快。就像 2008 年后,全世界每年 30% 的增长来自中国,到那时,全世界 30% 甚至更多的增长也会来自中国。届时,美国为了自己的经济发展,为了实现就业,不能没有中国的市场。这种状况之下,美国就会心悦诚服地接受中国崛起的事实,世界会摆脱"老大老二"之争,也就会出现一个新的、稳定的格局。

实际上这种情况也是有先例的。在 1900 年的八国联军当中,唯一的亚洲国家是日本;在 2000 年的八国集团当中,唯一的亚洲国家也是日本。所以可以说,日本在整个 20 世纪都是亚洲的"领头羊"。但是由于中国在改革开放以后经济快速发展,到 2010 年时,按照市场汇率计算,中国的经济规模已经超过日本。经济是基础。中国的经济规模超过日本,就代表中国在亚洲地区乃至全世界的影响力超过了日本。日本右派心里很不舒服,于是开始制造争端,想以此来激怒中国,打乱中国的发展步伐,中日关系开始紧张。但现在中日关系为什么有所缓和?日本是世界第三大经济体,但是中国的经济规模按照市场汇率计算已经是日本的 2.8 倍,日本再怎么不高兴,也不可能改变这个事实。而且日本的经济发展也离不开中国市场,所以日本为了自己的利益,就只能接受这个事实,中日关系也就有所缓和。所以,百年未有之大变局是由中国的快速发展引起的,要走出这个百年未有之大变局,仍然需要中国的快速发展。

二、中国未来发展的前景

从 1978 年到 2020 年,中国平均经济增长率达到 9.2%,是人类经济史上未曾有过的奇迹。对于中国未来的发展,媒体和学界则有不少悲观的论调。一种观点是在国际上非常有影响力的劳伦斯·萨默斯(Lawrence Summers)提出的。萨默斯当过美国哈佛大学校长、美国财政部长,是在国际上非常有影响的公共知识分子。在2014年时,萨默斯写过一篇文章,名为"Asiaphoria Meets Regression to the Mean"。在该文章中他提到,全世界每个国家的经济增长常态就是增长速度在3%~3.5%,发达国家是这样,发展中国家顶多也是这样,因为实际上发展中国家与发达国家之间的差距在扩大,所以增长速度通常还没有发达国家高。他认为中国每年9%甚至更高的增长速度是非常态,必然会回归到常态,潜台词就是中国的经济增长速度会从过去的9%~10%下降到3%~4%。萨默斯的文章是2014年写的,由于他在国际上很有影响,而中国确实从2010年以后经济增长速度就一路下滑,很多人也就认为他这个文章很有预测力,有历史和国际的经验作支撑,所以中国的经济增长速度很可能就会下降到常态的3%~3.5%。

另一种观点是中国过去的快速发展靠的是后来者优势,但是中国已经利用后来者优势四十多年了,潜力已经用尽了。怎么做出的这个判断呢?因为根据宾夕法尼亚大学编的世界表(Penn World Table),按照2017年的美元购买力来计算,中国在2019年的人均GDP已经达到14 128美元。一些国内外的学者指出,世界上发展比较好的其他国家达到这样的收入水平以后,经济增长速度就会下降。例如,德国的人均GDP在1971年达到同一水平,此后的16年(1971—1987年)中,平均每年的经济增长速度只有2.3%。日本是世界上另一个发展比较好的国家,在1975年时其人均GDP也达到同一水平,此后的16年(1975—1991年)中,平均每年的经济增长速度只有4.4%。德国和日本都是发展很好的国家,它们达到这个水平后,经济增长速度都下降到2%~4%。因此有些学者认为,中国未来的经济增长速度顶多也就4%左右,与萨默斯提出的"经济增长常态"非常接近。另外,中国出现了人口老龄化的问题。按照历史经验,世界上出现人口老龄化的国家的经济增长速度更慢。例如,日本一向发展得非常好,近年来出现人口老龄化后,经济增长速度连2%都达不到。所以很多人看到这些历史经验后就非常悲观,认为中国的经济增长速度可能会一路下滑。如果经济增速一路下滑,尤其是下滑到与美国相同的水平,那中国就永远不可能缩小与美国的差距;如果不能缩小与美国的差距,百年未有之大变局的挑战就会永远存在。

我不同意前面的分析。经济增长包含两部分:一部分是劳动生产率的提高,另一部分是人口增长带来的劳动力的增长。从19世纪末到现在,发达国家平均每年的劳动生产率的增长率相当稳定（大概是2%），人口和劳动力的增长率一般在1%左右，因此其GDP的增长率就达到3%左右。美国可以大量从国外吸纳移民，人口和劳动力的增长率会更高一点，可能达到1.5%，因此其经济增长率就会达到3.5%左右。

发展中国家为什么会有可能实现两倍甚至三倍于发达国家的增长速度？劳动生产率的提高有赖于技术创新和产业升级。由于发达国家的技术和产业已经处在世界最前沿，它们只能通过自己发明新技术和新产业来提高劳动生产率水平。发展中国家同样需要通过技术创新和产业升级来提高劳动生产率，但可以利用跟发达国家的技术和产业差距，用"引进、消化、吸收、再创新"的方式来实现技术创新和产业升级，成本和风险会比发达国家低很多，这被称为后来者优势。所以，发展中国家劳动生产率的提高可以比发达国家快得多，而且发展中国家的人口增长率也普遍比发达国家高。因此，这两项加起来，发展中国家就有可能实现两倍、三倍于发达国家的增长速度。当然，人口增长在发展中国家可能快一点，但是快不了多少，最重要的还是利用与发达国家之间的产业技术水平差距所带来的后来者优势，这是发展中国家经济快速发展的主要原因。

要判断中国未来的增长潜力会有多大，最重要的不是看绝对收入水平，而是看发展中国家与发达国家在人均GDP水平上的差距。因为人均GDP代表平均劳动生产率水平，代表平均产业技术水平。固然，德国在1971年、日本在1975年时的人均GDP跟中国2019年处于同一水平（14 100美元左右），可是德国在1971年时的人均GDP已经是美国的72.4%，是当时世界上最发达的国家之一，所以其产业和技术水平与美国已经没有多少差距，要实现经济增长只能自己发明新技术和新产业。同样，日本1975年的GDP是14 100美元左右，但是其人均GDP已经是美国的69.7%，也是世界上最发达的国家之一。它的绝大多数产业和技术也已经处在世界最前沿了，所以也没有什么后来者优势了。但是中国在2019年时的人均GDP是14 128美元，只有美国的22.6%，差距还非常大，表明产业和技术差距还非常大，后来者优势的潜力也就非常大。

中国的后来者优势的潜力到底有多大？德国的人均GDP达到美国的22%～23%是在1946年，日本是在1956年，韩国则是在1985年。德国在1946—1962年的16年间，平均经济增长速度达到9.4%；日本在1956—1972年的16年间，平均经济增长速度达到9.6%;韩国在1985—2001年的16年间,平均经济增长速度达到9%,而且韩国在1997—1998年东亚金融危机时曾经历负增长。所以,从后来者优势来看,即使2019年我国人均GDP达到14 128美元,到2035年之前,我国也还有9%的年均增长潜力。

关于人口老龄化的问题,确实从第七次人口普查结果来看,我国出现人口老龄化已经是一个事实。值得注意的是,除中国外,人口老龄化都发生在发达国家。为什么出现人口老龄化的发达国家的经济表现都不好?前面谈到,经济增长来自两部分:一部分是由技术创新、产业升级所带来的劳动生产率水平的提高,另一部分是人口增长所带来的劳动力的增加。技术创新、产业升级所带来的增长率是平均每年2%左右,人口增长所带来的增长率是1%左右,所以发达国家通常的经济增长速度在3%和3.5%之间。当发达国家出现人口老龄化后,代表人口不增长,劳动力不增长,因此经济增长只能靠劳动生产率的增长,达到的速度就是2%左右。当一个国家的经济增长率从3%降到2%,下滑了30%以上时,给人的感觉当然是经济增长乏力,表现不好。

中国出现人口老龄化后,同样是人口不增长,劳动力不增长,但是中国作为一个发展中国家,可以利用后来者优势快速提高劳动生产率水平。后来者优势所带来的劳动生产率水平的提高到底有多大潜力?从前面讲的德国、日本、韩国的情况来看,德国在1946—1962年间的平均经济增长速度是9.4%,该时期的人口增长率是0.8%。这意味着什么?意味着劳动生产率水平提高所带来的增长率是平均每年8.6%。日本在1956—1972年间的平均经济增长速度是9.6%,该时期的人口增长率是1%左右,意味着劳动生产率水平提高所带来的增长率也是平均每年8.6%。韩国在1985—2001年间的平均经济增长速度是9%,该时期的人口增长率是0.9%,意味着劳动生产率水平提高所带来的增长率是平均每年8.1%。所以,即使中国出现了人口老龄化,人口和劳动力不增长,后来者优势所带来的劳动生产率水平的增长潜力应该也不会低于8%。这也是近年来我在很多场合讲"中国到2035年之前应该还有每年8%的经济增长潜力"的一个主要依据。

后来者优势有赖于我国从发达国家引进比较先进的技术,作为技术创新和产业升级的来源。由于百年未有之大变局,美国想围堵中国,"卡中国的脖子",会不会导致中国不能从国外引进技术呢?如果美国真的能够把所有发达国家都联合起来，采取"断供"的方式，不把先进的技术和设备卖给中国，那么中国就只能自己发明新技术，也就没有了后来者优势。但是，国外那些先进的技术是怎么来的？是企业通过大量的研发投入获得的。企业如果研发成功，可以把这些技术卖到全世界，很赚钱；企业如果研发失败，则可能血本无归。这些高科技企业能有多大的利润，取决于有多大的市场。市场越大，利润就越高；市场越小，利润可能就越低，甚至可能会亏损。如果企业发生亏损或是利润低，就没有办法继续进行大量研发投入，很可能就会失去技术上的领先地位。所以进入世界市场是这些高科技企业的生存之道，而中国现在是全世界第一大市场。如果这些高科技企业的产品和技术能卖给中国，可能就赚钱；如果不能卖给中国，可能就不赚钱。美国现在想围堵中国，对中国"断供"，也就是要求那些高科技企业不把技术和设备卖给中国。这是美国政府出于政治的考虑，要企业来承担成本，即政府出政策，企业来买单。美国政府为了实现政治霸权想这么做，但是企业从经济利益来考虑是不愿意这么做的。现在大部分高科技不只美国有，其他发达国家像德国、法国、瑞士、日本、韩国等也有。美国的企业可能不得不遵循美国政府的命令，但是其他国家的企业为什么要牺牲自己的经济利益来维持美国的霸权呢？

实际上，德国总理默克尔私下曾表示，她想和美国及中国都维持好的关系，为了本国的企业，为了本国的发展，不能牺牲中国。甚至美国的企业也存在同样的情形。美国从2020年开始要求其企业对华为断供芯片，后来又允许高通把28纳米以下的芯片卖给华为，原因是高通为了实现自己的利润和保持技术领先，不能失掉全世界对芯片使用最多的华为这家公司的市场。

所以，美国想联合全世界其他发达国家来对中国"断供""卡中国脖子"的政策难以形成联盟。因为对绝大多数发达国家来说，中国是它们的第一大贸易伙伴，中国的市场是它们的第一大市场，对美国的企业来说也是如此，因此美国政府也很难强行推行这个政策。能够真正对中国"断供""卡脖子"的技术是只有美国有、其他国家都没有的技术，而这样的技术非常少。我相信对于绝大多数技术，中国都可以引进以利用后来者优势；对于极少数不能引进的技术，只要中国利用新型举国体制，短则一两年，长则三五年，一定可以实现突破。

例如，芯片是目前中国进口最多的高科技产品，芯片生产中的一个很关键的设备就是光刻机，没有光刻机就不可能制造芯片。现在世界最主要的光刻机企业是ASML（一家荷兰公司），因为它使用了美国的技术，美国不让它把光刻机卖给中国。但是大家看到，ASML的CEO（首席执行官）表示，如果美国禁止ASML把光刻机卖给中国，中国自己集中力量来攻关，那么三年以后中国就会取得技术突破。而且从过去的经验来看，无论什么技术，只要中国取得了突破，其价格都会比国际上其他国家的价格低很多。所以，中国在光刻机上实现突破会使ASML失掉原本的市场。因此，ASML也希望能够继续把光刻机卖给中国。我想这是普遍存在的情形。拥有先进技术的企业最好能卖给中国，以实现互利双赢；如果它们不卖给中国，那我相信中国有能力自己来攻关。不过这样的情形应该还是极少数的，对于绝大多数技术，中国还可以利用后来者优势来加速经济增长。

后来者优势所带来的经济增长潜力是从供给侧的技术可能性所做的判断，实际能实现多少，还要看国内外的其他条件。中国现在追求的是高质量发长，要解决环境的问题，在国际上承诺在2030年实现碳达标，2060年实现碳中和，还要解决城乡差距问题，同时，在有些领域也必须用自己的创新来解决技术"卡脖子"的问题。所以，虽然在2035年之前中国有8%的增长潜力，但未必需要用尽全力去取得8%的实际增长。我个人认为，实现6%左右的经济增长是完全有可能的。而且到2050年即21世纪中叶的时候，按照前面的分析，中国应该还有6%的增长潜力，实现4%的实际增长也是完全有可能的。如果能够在2021—2035年实现年均6%左右的增长，在2036—2050年实现年均4%左右的增长，那么到2050年即21世纪中叶时，中国的人均GDP应该可以达到美国的一半，到那时中国的经济规模会是美国的两倍，三市五省的经济总量与人均收入水平、技术水平、产业水平可以达到美国的同一水平，美国基本上就没有"卡中国脖子"的可能性。中国的经济规模将是美国的两倍，美国改变不了这个事实。中国将是世界第一大经济体，美国从与中国贸易中得到的益处会比中国得到的益处多很多，而且中国的经济增长每年会对全世界贡献30%以上。美国为了实现自己的就业、自身的发展，需要中国的市场，届时世界就会回到一个新的、稳定的格局。

三、新结构经济学的自主理论创新

对于从事经济学研究、有兴趣学习新结构经济学的同学们来说，百年未有之大变局到底有什么含义呢？前面谈到，发展中国家的经济总量在世界的占比在整个20世纪中只提高了3.4%，同时，由于发展中国家的人口增长快，其人均收入水平与发达国家之间的差距其实是在扩大的。可是前面谈到，发展中国家应该有后来者优势，应该可以像改革开放后的中国这样，以两三倍于发达国家的速度增长，从而缩小在人均收入水平上和发达国家之间的差距。发展中国家为什么不能挖掘这个潜力？中国有句话叫"思路决定出路"，绝大多数发展中国家的发展思路是错的。发展中国家普遍有"西天取经"的心态，认为发达国家之所以发达，一定有其道理，把这个道理学会，就可以用来改造自己的国家。发达国家也有这个心态，想用它们的理论来帮助其他发展中国家的发展。一个有需求，一个有供给。

发展中国家在二战以后纷纷摆脱了殖民地半殖民地的地位，开始追求现代化。那时候从主流经济学中就分出了一个子学科——发展经济学，目的是指导、帮助发展中国家发展经济。第一代发展经济学现在叫作结构主义，其观点是：发达国家的生活水平高，是因为劳动生产率水平高；劳动生产率高，是因为它们有先进的产业。所以当时发展中国家普遍有意愿去发展同发达国家一样先进的产业。但是我们实际上看到的是，先进产业在发展中国家靠市场发展不起来。所以当时的发展经济学家就认为，发展中国家存在一些文化、传统、习俗等结构性的障碍，使得市场不能发挥动员资源、配置资源以发展先进产业的作用。既然有市场失灵，就要国家发挥主导作用，动员资源、配置资源来发展先进的产业。过去先进产业的产品是进口的，现在它们想依靠政府的力量来发展这样的产业，自己生产以替代进口，所以这种战略被称为进口替代战略。这种理论的出发点非常好，发展中国家按照这种理论去制定政策，通常会有5年、10年的经济快速发展，但是等到把这种产业建立起来以后，经济就停滞了，开始出现各种危机，与发达国家的差距也开始扩大。

到了20世纪70年代末，中国开始实行改革开放，基本上世界上所有的发展中国家，不管是社会主义国家还是资本主义国家，都在进行由政府主导的改革和转型。当时主流的新自由主义理论认为，发展中国家发展不好是因为政府干预太多，没有像发达国家那样的非常有效的市场。政府干预就会造成资源错误配置、寻租腐败。发展中国家确实到处都是资源错误配置和寻租腐败，所以这个理论也非常有说服力。当时主流理论的建议就是按照新自由主义的"华盛顿共识"去进行市场化、私有化、宏观稳定化，以建立一个完善的市场。这种建议在理论上也很有说服力，所以大部分发展中国家都遵循了这种建议，结果普遍是经济停滞、危机不断，与发达国家之间的差距进一步拉大。

按照主流的发展思路和转型思路制定政策的经济体，基本上都失败了。在二战后，只有少数几个发展中经济体（绝大多数在东亚地区）的经济发展得非常好，缩小了与发达国家之间的差距，甚至赶上了发达国家。它们推行的政策从当时的主流理论来看基本上都是错误的。例如，20世纪50年代至60年代的"亚洲四小龙"不是用进口替代战略去发展先进的产业，而是采用出口导向战略，即优先发展传统的、小规模的能出口的制造业。这个政策在当时被认为是错误的，但是"亚洲四小龙"是二战后众多发展中经济体里为数不多的赶上发达国家的经济体。

20世纪80年代至90年代我国进行转型时，当时的主流理论是新自由主义，主张采用"休克疗法"推行"华盛顿共识"的市场化、私有化、宏观稳定化。中国、越南、柬埔寨等转型绩效比较好，能够维持稳定和快速发展的国家，采取的不是"休克疗法"，而是"老人老办法，新人新办法"的渐进的转型方式。在80年代，这被认为是最糟糕的转型方式，但是现在它们是发展最好的转型中国家。

为什么根据主流理论来制定政策不成功，成功的都不是根据主流理论制定政策的经济体呢？我们非常需要对现代经济学理论进行反思。

在反思现代经济学理论时，我们应该了解提出理论、学习理论的目的是什么。理论是用来帮助人们认识世界、改造世界。前面提到的这些主流理论，无论是结构主义还是新自由主义，在帮助我们认识发展中国家的问题时都很有力量。为什么发展中国家落后？因为没有先进的产业。这种说法好像很有道理。为什么发展中国家尽了很大努力，还是经济发展不好？因为没有完善的市场，政府干预太多，导致资源错误配置、寻租腐败。这种说法好像也很有道理。但是理论的目的不只是认识世界，还在于帮助人们改造世界。我们实际看到的情形是，按照主流理论去制定政策的国家都失败了，代表这些理论没有抓住问题的关键决定因素。只有能真正帮助我们改造好世界的理论，才是真正帮助我们认识世界的理论。因此，作为来自发展中国家的学者，为了推动发展中国家的发展，我们应该了解出现在我们自己国家的现象和问题背后的道理，提出自己的理论。

在提出新理论的时候，我倡导要回归到亚当·斯密，但不是回归到《国富论》里的那些理论观点——市场非常重要，分工非常重要，政府应该少干预，让市场发挥作用等,而是要回归到亚当·斯密研究问题的方法。亚当·斯密研究问题的方法就写在书名上。《国富论》的全称是《国民财富的本质和决定因素的研究》(*An Inquiry into the Nature and Causes of the Wealth of Nations*)。亚当·斯密根据他所看到的 16 和 17 世纪以来欧洲的有些国家发展得比较好、国民财富增加比较快,有些国家发展得比较差、国民财富增加比较慢的现象,去了解国民财富的本质是什么,决定因素是什么,形成了《国富论》里的各种理论观点。发展中国家追求的是收入水平不断提高,与发达国家的财富差距不断缩小,以赶上发达国家。我们就应该了解,经济发展的本质是收入水平不断提高,收入水平不断提高的决定因素是什么?发展中国家有什么条件使其有可能比发达国家发展得更快?我们应该按照亚当·斯密的方法自己来做研究,而不是根据发达国家的理论来做研究。

经济发展使收入水平不断提高,收入水平的提高取决于劳动生产率水平的不断提高。怎样才能让劳动生产率水平不断提高?那就需要现有产业使用的技术越来越好,要有技术创新,要有新的附加值更高的产业不断涌现,可以把劳动力从附加值低的产业配置到附加值高的产业,这样劳动生产率水平才能够提高。在此过程中,要有一定的硬的基础设施(如电力供给、道路)来使技术创新和产业升级成为可能,也要有合适的制度安排(如金融、法律)来降低交易成本,只有这样,技术和产业所蕴含的生产力才能够释放出来。这是经济发展的过程。

什么因素决定了技术不断创新、产业不断升级?为什么发达国家的产业都是资本密集的、技术很先进的,而发展中国家的产业都是土地密集、劳动密集的?其实背后的主要原因是不同发展程度的国家的要素禀赋不一样:发达国家必然是资本相对丰富,劳动力相对短缺;发展中国家的情况正好相反,一定是资本相对短缺,劳动力或是自然资源相对丰富。所以分析这个问题时,我们就应该从这些产业和技术水平的决定因素出发,而这个决定因素就是要素禀赋。

为什么要素禀赋很重要?因为要素禀赋决定了什么样的产业和技术具有比较优势。如果按照比较优势来发展经济,要素的生产成本会低。当然,也必须有合适的基础设施和合理的制度安排,交易费用才会低。如果能够按照要素禀赋结构所决定的比较优势来发展经济,并且提供合适的软硬基础设施,经济就会有最大的竞争力,就能够创造剩余、积累资本,使比较优势变化为资本更密集的产业、资本更密集的技术,这样,劳动生产率水平和收入水平就能够提高。

所以，经济要发展，必须靠技术创新和产业升级。在这个过程中，因为发展中国家的产业和技术在世界前沿之内，可以从发达国家引进、消化、吸收，作为技术创新、产业升级的来源，因而具有后来者优势。所以，在了解现代经济增长的本质以后，我们可以将要素禀赋结构作为分析的起点来构建一个在不同发展程度的国家经济怎样发展会更好的理论。如果一个发展中国家按照比较优势发展，就可以利用后来者优势，比发达国家的技术创新、产业升级和发展的速度更快；如果不按照比较优势发展，想直接去发展发达国家的产业技术，就不能够发挥后来者优势，而且企业会没有自生能力，需要国家的保护补贴才能生存，会带来资源配置错误、寻租腐败，经济发展效率低下。

按照比较优势发展是经济学家的语言。要让企业家自发地按照比较优势来选择产业和技术，各种要素的相对价格必须能够反映各种要素的相对稀缺性，这样的价格体系只有在竞争性的市场中才能存在。所以，按照比较优势发展的一个制度前提是有一个有效的市场。但经济发展不是静态的资源配置，而是技术不断创新、产业不断升级的过程，需要解决先行者的外部性补偿的问题，同时产业升级后要有竞争力，还必须解决完善软硬基础设施的协调问题。外部性和协调是需要政府来帮助解决的市场失灵问题。所以在经济发展过程中，既需要有效的市场，也需要有为的政府。

从上述视角可以了解，结构主义之所以失败，是没有认识到不同发展阶段的国家的产业和技术结构是内生于其要素禀赋结构的。结构主义建议发展中经济体去发展先进产业的出发点很好，但这样的产业违反比较优势，企业没有自生能力，当然就发展不好。"亚洲四小龙"为什么发展得好？因为它开始时发展小规模的劳动密集型产业，符合其比较优势，在政府或当局发挥有为作用的帮助下，比较优势变成竞争优势，有了竞争力就会积累资本，在产业升级时能够充分利用后来者优势，所以经济发展快。从这个视角来看，新自由主义之所以失败，是因为没有认识到转型中经济体存在着大量扭曲，这些扭曲是保护那些违反比较优势的先进产业的需要。如果把那些扭曲一下子都取消掉，那么这些产业都会破产，必然会导致大量失业，造成政治不稳定。其中有些军工产业与国防安全有关，有些产业（如电力、电信）与经济运行有关，政府不能让它们倒闭，私有化以后还要给予其大量补贴，结果可能更没效率。中国、越南、柬埔寨为什么能够在转型中维持稳定、快速发展呢?原因在于"老人老办法",对旧的产业继续给予必要的补贴,维持稳定;"新人新办法",对符合比较优势的产业,政府允许民营企业、乡镇企业、外资企业进入,而且还积极因势利导,设立工业园、加工出口区、经济特区,来解决硬的基础设施和软的制度安排的问题,所以很快就把比较优势变成竞争优势,实现了快速发展。经济发展好了,资本增加了,在产业升级时可以充分利用后来者优势。并且这种快速发展会大量积累资本,慢慢地把原来的资本密集的、违反比较优势的产业变成符合比较优势的产业。企业有了自生能力,政府就可以把原来的保护补贴取消掉,完成从计划经济向市场经济的过渡。所以,新自由主义失败的主要原因在于没有认识到扭曲的内生性。

新结构经济学的提出始于对发展与转型问题的研究,但是,不同发展程度的国家,由于其禀赋结构不同,产业、技术和各种软硬基础设施的结构也必然不同。发展中国家在不同的发展阶段,由于过去政策的失误可能会存在很多扭曲,扭曲都会有代价,最终需要解决。但是那些扭曲也是内生的,在解决扭曲问题之前,必须把造成扭曲的原因想清楚,创造条件,把扭曲的原因消除掉,转型才会成功。

并且,把结构引进现代经济学的分析以后,我们会发现,这实际上是对现代经济学的一场结构革命。现代经济学理论(包括宏观、货币、财政、金融、产业组织、国际贸易、资源环境、劳动力市场、区域经济等方面的理论)都来自发达国家,必然以发达国家的发展阶段和相应的各种结构作为理论的暗含前提。可是发展中国家的发展阶段和发达国家不一样,存在内生的结构差异性,从而会造成经济运行的许多特殊性。比如,经济要发展,需要创新。对于发达国家来说,创新就等于发明;对于发展中国家来说,创新可以是引进、消化、吸收。发达国家与发展中国家创新的方式不同,创新的成功条件也是不一样的。所以实际上,当我们把这种结构的差异性引进现代经济学的分析以后,不仅在发展经济学、转型经济学领域会产生新的见解,并且在关系到经济运行的主流经济学的各个子领域都会产生很多新的见解,这些新见解都是理论创新的机会。

四、结语

我相信21世纪会是中国经济学家的世纪,21世纪会是经济学大师在中国辈出的世纪。我最早是在1995年《经济研究》创刊40周年时提出这个论断的。我当时为什么认为21世纪会是中国经济学家的世纪，21世纪会是经济学大师在中国辈出的世纪？我们可以简单回顾一下经济学的发展史。从亚当·斯密到20世纪30年代的凯恩斯，世界上最著名的经济学家基本上不是英国人，就是在英国工作的外国人。其他地方的人有，但是非常少。从二战以后到现在，世界上最著名的经济学家基本上不是美国人，就是在美国工作的外国人。为什么会是这样？实际上，按我在前面讲的，想清楚现象的本质和决定因素，这个问题就不难理解。任何理论在本质上都是用来认识世界或解决问题的一个简单的逻辑体系。既然是简单的逻辑体系，一个理论重要不重要就不取决于理论的逻辑，而是取决于理论所要解释的现象或所要解决的问题的重要性。什么是重要的现象和问题？发生在重要国家的现象和问题就是重要的现象和问题。亚当·斯密出版《国富论》的时候，英国是当时欧洲最强的国家，并且已经开始工业革命，引领了全世界的经济发展。第一次世界大战以后，它的经济地位逐渐被美国取代，到二战以后，美国变成世界上最强的国家。当英国是世界经济中心时，英国的经济现象和问题就是世界上最重要的现象和问题。同样，当美国是世界经济中心时，美国的现象和问题就是世界上最重要的现象和问题。在认识现象和问题时，"近水楼台先得月"，所以，当英国是世界经济中心的时候，世界上大师级的经济学家绝大多数来自英国；当美国是世界经济中心的时候，世界上大师级的经济学家绝大多数来自美国。前面谈到，到21世纪中叶的时候，中国会成为世界上最大的经济体，中国的现象会成为世界上最重要的现象，中国的问题会成为世界上最重要的问题。那么，能够认识中国现象或者解决中国问题的理论创新，就会是对经济学的发展做出最大贡献的创新。

所以，未来世界经济中心会随着经济的发展而转移到中国来。中国的经济学家应该抓住这个机会。而要抓住这个机会，就必须改变当前中国经济学界通行的研究方式。现在大家学的都是发达国家的经济学理论，做研究时普遍是以发达国家的理论来解释中国的现象，或者是以中国的资料来检验发达国家的理论，这样做出的研究成果固然能够发表，但是对理论创新没有贡献。要对理论创新有贡献，就必须了解中国的现象背后的道理是什么，而不是根据发达国家的理论来看待中国的现象。

认识中国的现象时要知道，由于发展阶段不同，中国经济的各种结构很可能会与发达国家有差异，这种差异是内生的。同时，中国作为一个转型中国家，也必然有很多扭曲，这种扭曲也是内生的。现代发达国家的理论基本上不重视这种结构的差异性和内生性，只要看到与发达国家有不同就认为是扭曲，也不了解许多扭曲也是内生的。同时，由于内生结构的差异性和扭曲性，货币、财政、金融、贸易等经济运行的方方面面都会有内生的不同。从要素禀赋结构出发来认识一个经济体中的结构、扭曲和经济运行三个方面的内生性就是新结构经济学所强调的"一个中心，三个基本点"的研究视角。这样的研究实际上是对以发达国家的结构作为暗含结构的现代经济学理论体系的一场结构革命。随着中国经济规模的扩大以及中国在世界上地位的提高，这样的研究所带来的理论创新在世界上的影响就会越来越大。

"近水楼台先得月。"这场革命来自中国，参加夏令营的各位同学目前应该是在20岁左右，到2050年的时候，各位会是50岁左右，正好是年富力强、风华正茂的年纪。我很高兴你们认识到新结构经济学，也愿意来学习新结构经济学，一起加入新结构经济学这个大家庭，来推动这一来自中国的经济学自主理论创新的发展。我相信这一理论创新会给各位带来很多的文章发表机会，使各位成为好的经济学家，甚至是大师级的经济学家。并且，前面谈到，现在发展中国家学习发达国家的经济学理论，按照那样的理论去制定政策，没有发展成功的，因为现在的这些经济学理论忽视了不同发展阶段的各种结构、扭曲和经济运行的内生性问题。新结构经济学理论以各自国家在任何一个时点上给定、随时间可变的要素禀赋结构作为研究的出发点，来内生各种结构、扭曲和经济运行，提出的理论在帮助中国和其他发展中国家认识世界、改造世界方面，会比来自发达国家的理论更有力，能够更好地帮助其他发展中国家实现与我国一样的经济持续快速发展，消除贫困，实现繁荣，赶上发达国家。所以，学习和深化新结构经济学理论不仅可以贡献于中华民族的伟大复兴，还可以贡献于共享繁荣的人类命运共同体的建设。

最后，再次欢迎各位来参加夏令营，也非常高兴有机会跟各位交流，来分析新结构经济学给我们带来的机遇。期盼与各位共同抓住这个机遇。谢谢！

问答环节

魏伟斌（对外经济贸易大学）：林老师您好！我有个问题想请教一下。刚刚您提到了人口老龄化问题，尽管短期内依靠后来者优势再加上自主研发，中国还能够保持不低的经济增长率，但我们知道，人口结构问题是不可忽视的。请问林老师如何看待中国的人口问题呢？具体来说，除了吸取日本和欧洲国家的一些经验与教训，我们还应该考虑到中国关于家庭、孩子的特殊文化和观念等。中国未来又应该如何解决人口生育率低这样一个问题？谢谢林老师！

林毅夫：首先，很多人认为人口老龄化会给经济增长带来非常严重的问题，认为"你看发达国家（例如日本）过去发展得那么好，现在因为人口老龄化，经济增长率只有不到2%，未来中国也会这样"。但是事实上，现在全世界范围内，除中国外，还没有一个国家在发展中国家阶段就出现人口老龄化的情形。新结构经济学一再强调要重视发展阶段的差异性。其实，人口老龄化最大的含义是什么？是人口不增长，带来劳动力不增长。比如我国的人口增长率在2019年降到0.3%，很可能到2030年时，我国的人口增长率和劳动力增长率会降为0。在前面的演讲中，我指出，经济增长包含两部分：一部分是劳动生产率水平提高，带来人均收入水平的提高；另一部分是人口增长带来的劳动力增长。人口老龄化以后，人口增长率这部分没有了，那就只剩下劳动生产率的提高。所以，人口老龄化不是没有影响，但是我在前面的演讲中也已经指出，从劳动生产率提高的角度来看，根据韩国、日本、德国的经验，我国从现在到2035年前还有年均8%的增长潜力，从2036年到21世纪中叶还有年均6%的增长潜力。

其次，关于人口老龄化对劳动力供给的影响。发达国家的退休年龄普遍在65岁以上，而中国的男性退休年龄是60岁，女性退休年龄是55岁。从数量上来看，我们可以延长退休年龄，以提高劳动力数量。更何况，劳动力的影响有数量的影响，但更重要的是质量的影响。质量怎么提高？要提高教育水平，就要从幼儿园开始，并加强小学、初中、高中、大学的教育，提高教育的入学率，等等。如果在这方面下功夫，即使劳动力数量不增加，劳动力质量的提高也可以带来经济增长。

再次，关于家庭文化，中国有重视子女教育的传统，这是好事。如果一个出现人口老龄化的国家不重视教育，而中国同样出现人口老龄化，但中国重视子女的教育，那就代表中国的人力资本会提高得非常快，会比不重视教育的国家发展得好。所以，中国在人口老龄化以后虽然出生率下降，但如果出生的孩子能够得到比较好的教育，对经济增长也是好的。

所以关于人口老龄化，我不是说它不是问题，而是说，中国作为发展中国家，劳动生产率水平提高的空间还比较大，不必因为老龄化就对未来感到悲观。

最后，关于生育率低的问题，收入水平高的国家养儿育女的机会成本高，而且养子防老的必要性消失，生育率必然会降低。提高生育率需要从降低养儿育女的机会成本着手，例如，政府给予生育补贴、延长生育假等，不过从发达国家的经验来看，效果不会太显著。

邹矩伸（中国人民大学）：我想请教林老师一个关于新结构经济学的问题。新结构经济学认为一个国家每个时点的要素禀赋结构决定了这个国家的产业结构，然后再把产业分成五大类型。我想问的是：我们怎么确定什么样的产业结构是最优的？怎么知道某个时点的禀赋结构是什么样的？再联系到美国"卡中国脖子"的情况，可能我们2018年之前觉得芯片产业可以直接引进，但是2018年之后美国突然制裁我们，我们可能意识到按照新结构经济学的划分，它应该是战略型产业，这好像是事后才发现的。所以我想问的是，我们是否有能力去识别一个产业是属于什么样类型的产业，以及什么样的产业结构是最优的？

林毅夫：我想这个问题可以分成两个层面，一个是理论层面，一个是实践层面。

首先，我们必须在理论层面把背后的道理想清楚。如果没有对产业结构内生性问题的认识，可能就会像20世纪五六十年代的结构主义，认为先进的产业非常好，就去发展先进的产业。但是先进的产业是内生于要素禀赋的，如果没有发展先进产业的要素禀赋，发展先进的产业就是违反比较优势的，代价很高，效果有限。也很可能像20世纪80年代的新自由主义那样，只强调市场的重要性。有效的、运行良好的市场（如发达国家的市场）当然是好的，但是发展中国家有很多扭曲，扭曲是有原因的，如果没有把这些扭曲的内生性了解清楚，就去消除这些扭曲，就会"好心干坏事"。像苏联、东欧只看到计划经济体制下政府干预带来的问题，在有效的市场上政府不应该干预，就去消除政府的干预和扭曲，结果带来了经济的崩溃。所以在第一个层面上，我们必须对各种现象背后的逻辑了解清楚。

新结构经济学为我们提供一个理论分析框架，使我们知道不同发展程度的国家的结构是内生的，知道不同发展程度的发展中国家存在很多扭曲，这些扭曲也是内生的，并且在不同发展程度的国家，由于内生的结构差异和扭曲的存在，它的经济运行在很多方面也是内生的，所以不能简单照搬发达国家的理论和经验。这是第一个层面——理论认识层面。

其次，新结构经济学强调知成一体。我们不仅要认识世界，还要改造好世界。怎么在实践上改造好世界？新结构经济学把中国这样的发展中国家的产业分成五大类：

第一类是追赶型产业。这类产业发达国家有，我们也有，但是发达国家的一部机器设备可能卖500万美元，我们可能卖100万美元。为什么同样的机器设备，人家能卖到5倍于我们的价格？因为人家的设备质量好。为什么人家的设备质量好？因为人家生产所用的技术比我们好，所以我们还在追赶。这个很容易了解。例如你去企业问："你生产的是什么东西？""我生产的是机床。""这个机床是全世界只有你在生产吗？""没有啊，德国也生产。""德国卖多少钱？""德国卖500万美元？""你卖多少钱？""100万美元。""为什么你不卖500万美元？""客户不买。""为什么不买？""人家的质量比我们好。"所以，哪些产业属于追赶型产业不难判断。

第二类是领先型产业。在这类产业上，我们的产品质量已经在世界最前沿了，并且市场前景还很广阔，例如家电产业。世界上没有电冰箱、电视、洗衣机的家庭还有那么多，所以这个市场很大。怎么知道这类产业我们已经处在世界前沿呢？首先来看比我们更发达的国家有没有在生产？没有了，都给中国竞争掉了。真正发展家电产业的现在大概主要有两个国家，一个是韩国，一个是中国。然后你可以问中国的家电生产企业：在哪些方面你的产品的质量和价格比韩国产品有优越性？韩国企业在哪些地方比你好？有比你好的地方就要追赶；如果你已经都比韩国企业做得好了或在同一水平，怕印度、越南追赶上来，要维持领先就必须继续创新。我想只要有这个理论分析框架，去企业和地方调查一下，就可以知道一个产业是否为领先型产业了。

第三类是转进型产业。中国过去是世界工厂，非常有竞争力，例如劳动密集型的加工业。现在劳动力工资越来越高，从而生产成本越来越高；生产成本高了以后，美国或者欧洲要买我们的产品就比较贵。同样的产品越南也在生产，越南工资只有我们的四分之一到二分之一之间，人家生产这种产品比我们便宜。在一个产业上失掉比较优势是很明显的，因为过去产品卖得很好，现在竞争力越来越低，那不就表明失掉比较优势了吗？失掉比较优势可以有两种应对办法：（1）转去生产附加价值比较高的生产环节，就是所谓"微笑曲线"的两端。（2）至于加工那一部分，有一部分可以用机器替代人，但是用机器替代人也有成本，对企业来讲，如果用机器替代人的成本太高，就可以将其转移到中西部工资比较低的地方，或者转移到海外工资比较低的地方。我想这类产业也很容易识别。

第四类是换道超车型产业。换道超车是因为最近出现了第四次工业革命，以新经济为主要形态。这类产业有一个特点——产品和技术的研发周期特别短，12～18个月就是一个产品技术周期。它的研发固然要有资本投入，但大量的是人力资本投入，因为那么短的时间里用不了多少钱。发达国家是工业革命以后就开始发展，资本积累了两三百年了；我国是改革开放以后才开始积累，所以人均资本会比发达国家少。可是我国的人力资本并不比发达国家少。人力资本来自两方面，一方面是后天的学习教育，另一方面是先天的聪明才智。后天的教育方面，我们与发达国家之间的差距已经非常小了。先天的聪明才智方面，分布是公平的，天才的比例在任何国家都一样。可是在技术创新上面，重要的不是比例，而是绝对量。就像买彩票，每张彩票中奖的概率是一样的，但是买的彩票越多，中奖的机会就越多。由于人口多、天才多，我们有创新能力的人的数量就多。所以在换道超车型产业上，我们与发达国家相比是有优势的。这表现在我国的独角兽企业的数量一直和美国不相上下。这类产业靠的是有创新能力的企业家，但是创新也需要有条件，比如，必须有一些孵化基地，必须有风险资本，为那些已经出现了苗头的创新企业家提供生产基地，或者让其和风险资本结合在一起。国内有很多地方都做得非常好。深圳是一个例子，最近大家谈得比较多的合肥也是一个例子。这类产业我想也并不难识别。

第五类是战略型产业。这类产业对国防安全和经济安全至关重要。关于国防安全，国防部当然知道哪些武器设备对我们来讲是重要的，国防军工产业也一直在跟踪世界前沿。关于经济安全，在前面的演讲中我已经分析了，高科技产业要取得成功，需要大量投入，成功后有多大的利润，取决于有多大的市场。中国作为一个现在人均GDP约1万美元的国家，与德国的4万多美元、美国的6万多美元相比，在有些先进产业上有差距。能够引进的时候最好是引进，当然引进可能就会碰到被"卡脖子"的问题。不过，如果某家德国企业发明了一个新技术，它一定希望卖给中国，因为中国是最大的市场，卖给中国会带来高盈利，不卖给中国可能变成低盈利甚至亏损，就没能力继续投入研发以维持领先地位。所以，即使美国施加了很大的压力，德国的总理默克尔也一再讲要维持和中国的友好关系，因为中国的市场对德国来说是至关重要的；对其他国家来说也是这样。

所以，我前面提到，不要把"卡脖子"这个概念泛化，真正可能"卡中国脖子"的国家实际上只有美国。但是绝大多数技术，除美国外，其他国家也有。美国的企业由于必须遵守美国法律，可能不得已而为之；其他国家的企业不卖产品技术给中国，去维持美国的霸权，对它又没有好处。所以战略型产业里，要看这个产品到底是来自哪个国家。来自美国之外的其他国家的技术基本上我们都能买得到，只有美国的技术可能买不到。如果是买不到的技术，我们就用举国体制来攻关；其他的技术我们则只要跟踪，培养做"备胎"的能力。这有点像华为的任正非所说的，华为对每个关键的设备和部件都在跟踪，都有"备胎"，但是只要能在国外买，又比较便宜，就从国外买。这样，即使国外要"断供"，由于"备胎"能力已经培养起来了，我们也能够很快取得突破，就不会被"卡脖子"。

你提的这个问题非常重要。新结构经济学可以让你对这个问题从理论层面和实践层面有更清晰的认识，帮助你把问题背后的本质了解清楚，找出它的决定因素，做出正确的应对。

王旭（厦门大学）：林老师您好！我对您和其他学者关于新结构经济学的争论也有所了解。我心中最大的困惑是，我们怎样避免经济陷入没有发展的增长？根据我的理解，新结构经济学提倡发展符合本国比较优势的产业，比如说像西亚，它们的比较优势就在于采掘石油，可以靠采掘石油达到很高的人均GDP，也算是发挥了比较优势。但它们的教育、社会、文化都非常落后，有人说它们陷入了

"资源诅咒"。不仅是发展中国家,甚至发达国家也面临类似的问题。比如日本,目前发展比较好的产业是汽车产业而不是芯片产业,所以说汽车算是它的一个符合比较优势的产业。所以,您认为日本是应该继续发展汽车产业这样符合比较优势的产业,还是应该发展同样资本密集的芯片产业?西亚是否应该摆脱对资源的依赖,发展一些劳动密集型产业?谢谢林老师!

林毅夫:这是一个非常好的问题。你知道全世界人均自然资源最丰富的国家是哪个国家吗?

王旭(厦门大学):是俄罗斯吗?

林毅夫:是美国。美国是全世界人均自然资源最丰富的国家,俄罗斯是人均自然资源第二丰富的国家。但美国有没有陷入"资源诅咒"呢?没有。所以,并不是说自然资源多就必然陷入"资源诅咒"。

怎样才能避免陷入"资源诅咒"?很重要的就是要从新结构经济学的思路分析。经济发展要成功,必须利用好比较优势。任何国家在早期资本必然少,比较优势一定是自然资源或劳动力。在自然资源丰富的国家,自然资源产品是其比较优势,如果发挥了比较优势,可以创造很多利润、很多剩余,资本就会增加,从相对短缺变成相对丰富,这时就应该去发展资本相对丰富的产业,从资源型产业积累起来的资本可以为非资源型产业的发展创造条件。

非资源型产业要发展,需要劳动力、技术、资本和基础设施。首先,资源丰富的国家在发展早期,劳动力一般也是丰富的,工资水平也是低的。自然资源丰富的国家就应该利用自然资源所带来的收益,给非资源型产业的发展创造条件,比如发展教育。有相当多的美国著名大学都是"赠地大学"(land-grant university),土地都是美国政府拨给它们无偿使用的,美国政府也投入大量的教育经费来发展教育、培养人才。再次,一个国家在发展早期的基础设施都不完善,这种状况之下就应该通过投资基础设施来降低交易成本,为劳动密集型产业的发展提供必要条件。再次,一个国家在发展早期的产业技术会比较落后,这种状况之下,实际上也必须由国家来支持劳动密集型产业的发展。美国在追赶英国的时候,都是针对从英国进口什么样的制造业产品,然后用汉密尔顿主张的产业政策来支持制造业的发展。如果能这样做，资源丰富的国家实际上会比资源短缺的国家更容易发展。因为如果没有自然资源，资本不管是用于进行产业升级，用于支持基础设施建设还是用于支持教育、提高人力资本，全部都要靠自己的经济发展来积累；如果自然资源很丰富，尽管开发需要成本，但开发出来的收益远比投入的成本高，所以自然资源的收益一般被称为 rent（租）。租实际上等于不劳而获嘛！自然资源的开发固然需要成本，但是相对它的产值来说相当于"不劳而获"。自然资源的收益用来改善基础设施、提高教育水平以支持有比较优势的非资源型产业的发展，就可以发展得比资源短缺的国家更好。中东的石油生产国由于人口很少（例如，1960 年时，阿联酋只有 9 万人，卡塔尔只有 5 万人，科威特只有 26 万人），难以发展制造业，就发展旅游业，像迪拜和多哈就是例子。另外，这些国家的社会福利一般很好。

当然，如果资源丰富的国家没有把自然资源开发的收益用于支持非资源型产业的发展，而是利用资源产权一般属于国家，资源的开发需要政府的许可，使得资源成为寻租腐败猖獗的源头，那么资源丰富就可能变成发展的"诅咒"。西非的尼日利亚就是"资源诅咒"的例子。在 20 世纪 60 年代发现石油之前，其经济发展得不错，发现石油之后，官员寻租腐败猖獗，经济发展受到忽视。另外，钻石生产国博兹瓦纳的政府治理很好，但是没有把钻石的收益用来支持非资源型产业的发展，也没有用于改进社会民生，其人均 GDP 虽然很高，但是社会发展指标很差。

所以，资源到底是"诅咒"还是"祝福"，取决于对发展的本质和决定因素的认识。如果能够按照新结构经济学的思路来制定发展政策，那么，资源丰富会是经济发展的有利因素。

关于第二个问题，日本是不是只发展汽车产业？这是一个非常好的问题。芯片发源于美国，到了 20 世纪 80 年代被日本超越，于是美国就开始打压日本，这是造成日本芯片产业后来衰败的一个主要原因。现在美国对中国的华为等高科技产业采取打压政策，很多人讲是因为中国的政治体制与美国不同或威胁了美国的安全等，其实这些都是借口。有哪个国家快要赶过美国，美国就会对那个国家进行打压。去了解一下历史，就会发现，日本芯片产业的衰败基本上是由于无力反抗美国打压造成的。但是，对于新结构经济学所倡导的按照比较优势发展，也要避免一个误解。按照比较优势发展并不是永远只停留在一个现在有比较优势的产业上,其实,如果政府通过因势利导让符合比较优势的产业发展起来,在国内外市场上具有竞争力,就会积累资本,使比较优势发生变化。某个产业按照目前的要素禀赋结构是有比较优势的,不代表比较优势一直停留在这个产业上。就像20世纪八九十年代我国在劳动密集型产业上具有比较优势,因为当时劳动力多、资本相对短缺。那么,中国是不是永远只发展劳动密集型的加工业?不是。按照比较优势发展,积累了资本,原来具有比较优势的产业就会逐渐失掉比较优势,就会有比原来资本更密集、新的具有比较优势的产业涌现。这种新的产业还没有在市场上出现或仅处于萌芽阶段,新结构经济学把它称为具有潜在比较优势的产业。政府就应该针对这种有潜在比较优势的产业,帮助企业家解决发展上的瓶颈限制,使其发展成为新的、符合比较优势的、在国内外市场具有竞争力的产业。

所以,比较优势是一个动态的概念。并不是说,20世纪80年代劳动密集型产业在中国符合比较优势,中国就永远只发展劳动密集型产业;日本也不是只发展汽车产业,虽然在美国的打压下日本的芯片制造业衰败了,但是在和芯片相关的光刻机、光刻胶等关键技术、设备、材料等方面,日本在全世界仍然领先。了解了新结构经济学的分析框架,就会知道比较优势内生于要素禀赋结构,要素禀赋及其结构在每个时点上是给定的,因为每个经济体在每个时点上有多少资本、劳动力、土地是给定的。但是随着时间的推移,要素禀赋结构可以变化,比较优势也会随之变化。怎样才能最快地改变比较优势?首先必须最快速地改变要素禀赋结构。那么怎样才能最快地改变要素禀赋结构?最好是在每个时点上让符合比较比较优势的产业发展起来,使其在政府因势利导的帮助下,在国内外市场具有最大的竞争力,创造最大的利润和剩余,进行最快速的资本积累。等到积累了资本以后,现有的产业就会失掉比较优势,符合新的要素禀赋结构所决定的具有比较优势的新产业就会涌现。

你学习努力,也读到过很多人对新结构经济学的批评,这非常好。许多对新结构经济学的批评是因为对新结构经济学一知半解,例如,许多人以为新结构经济学讲的比较优势是永远不变的。我希望你参加今年的夏令营以后,能够对新结构经济学的分析范式有清楚、准确的把握,避免社会上很多人因对新结构经济学一知半解所产生的误解;而且,你会发现,沿着新结构经济学做研究,会有许多理论创新的机会，并且新结构经济学的理论创新能够更好地帮助人们认识世界、改造世界。

牛梦琪（中央财经大学）：林老师您好！我看到在新结构经济学中关于有为政府和有效市场的定义。我们怎么去界定有为政府？政府的政策引导应该达到一个怎样的效果？另外，您说到新结构经济学主要是帮助发展中国家去发展经济，对于一些政府能力太弱或者政体不稳定的非洲国家，我们怎么帮助它们的政府达到有为政府的状态？谢谢老师！

林毅夫：非常好的问题。关于有效市场和有为政府的边界，我想新结构经济学界定得非常清楚。因为我们知道市场是会存在失灵的，必须由政府来克服市场失灵，市场才会有效。比如说，在经济发展过程中有先行者，先行者有外部性，会有市场失灵。在经济发展过程中要软硬基础设施完善，软硬基础设施在发展中国家普遍不好，而且新的产业经常要有金融、特殊的人力资本、特殊的基础设施的支持，这些软硬基础设施的完善也会有市场失灵。在存在市场失灵时，如果政府不来帮忙解决那些问题，市场失灵就永远存在，产业升级就很难进行。所以我们讲"市场有效以政府有为为前提"，如果市场失灵，政府不去帮忙做，政府就变成不作为政府。

但是政府有为的目的是什么？是让市场有效，能够让具有潜在比较优势的产业发展起来，在国内外市场上具有竞争力。我前面已经谈到，这样经济能够发展得最好，能够快速积累资本，能够让要素禀赋结构快速变化，比较优势快速提升到资本更为密集的产业，经济可以发展得最快最好。让经济最快最好地发展是政府有为的目的，所以政府有为以市场有效为依归，超过让市场有效的干预就成了"乱为"，所以，在新结构经济学里政府和市场的边界是非常清楚的。

上述原则其实不仅适用于发展中国家，也适用于发达国家，只不过在发达国家，有为政府需要去克服的市场失灵和发展中国家可能不一样。我在前面的演讲中提到内生性的问题。市场失灵在什么地方？不同发展程度的国家市场失灵的地方是不一样的。例如，发达国家的市场失灵主要发生在什么地方？发达国家的产业、技术现在是在世界的最前沿，都是领先型产业。领先型产业要实现技术创新和产业的继续升级，就必须自己研发新产品和新技术。研发新产品和新技术有两部分，一个是基础科研的突破，一个是根据基础科研的突破来开发新产品和新技术。企业家对开发新产品和新技术很有积极性，因为成功了以后可以申请专利。但是基础科研的突破是公共产品，投入非常大，风险非常大，即使突破了，成果通常也是一篇属于公共知识的学术论文，企业家不愿意做。可是如果没有基础科研的突破，新技术和新产品的开发就变成了无源之水。基础科研就是一个市场失灵的例子。所以，发达国家支持基础科研，同样是发挥有为政府的作用。只不过是学界很容易形成"美国做的就是对的"的观念，因为美国做基础科研，就认为发展中国家政府可以支持基础科研。美国这样的发达国家，基础设施一般是相对完善的，顶多就是老旧，而很多发展中国家在基础设施上则到处是瓶颈。同时，我们会发现，发展中国家一般全国基础设施都很差，政府又没有力量同时解决全国基础设施的问题，比较好的办法就是设立工业园区、加工出口区或者经济特区，在这些园区内把基础设施做好。这是一个发展中国家的有为政府可以采用的务实办法，可是因为发达国家不做这样的事情，学界就有很多人反对。新结构经济学的基本原理在发达国家也是适用的，但是，由于结构是内生的，扭曲是内生的，经济运行的道理也是内生的，各个国家都必须按本国所处阶段所遭遇的问题的特性来解决经济发展、转型和运行问题。

再说非洲国家怎么做。比如说，非洲国家的政府能力很低，那谁去改变政府能力？派美国人、英国人去当它们的国家领导人，当部长，这样能把政府能力提高吗？提高政府能力需要多长时间——3年、5年、10年、20年？但是，有那么多年轻劳动者要就业，它们能够等到政府能力提高再发展经济吗？这是第一点。再者，看到政府能力低就改变政府能力，这在理论上很有说服力，其实就像20世纪50年代的时候，很多人看到发展中国家的劳动生产率水平低是因为发展的产业是传统农业，没有现代制造业，就建议发展中国家去发展发达国家的制造业。现在谈政府能力，其实无非就是把"现代制造业"换成"政府能力"这个词。

政府能力怎么来的？剑桥大学一位非常有名的韩国学者张夏准（Ha-Joon Chang），他的很多书比如 *Kicking Away the Ladder* 等我建议你们看，他在那本书里提到，20世纪70年代，世界银行给韩国一笔赠款，送韩国的政府官员到巴基斯坦去学习怎样治理国家。按照当时世界银行的标准，韩国的政府能力不如巴基斯坦，所以才会送韩国的政府官员到巴基斯坦去学习。但是现在这两个国家中哪个发展得更好？韩国发展得更好。为什么？发展中国家早期要发展的普遍是劳动密集型的加工业，这种技术其实很简单，企业家、工人要学习都很容易，如果真没有这种技术，可以招商引资。此外，发展中国家在初期基础设施很差，如果要把全国的基础设施都改善好，需要很多资源，需要很高的执行能力，但发展中国家普遍的情形是营商环境不如发达国家好，法律也没有发达国家完备。那是不是要等到政府能力、基础设施、营商环境、法律都像发达国家一样完备了，再发展经济？不用！

实际上韩国政府和中国政府一样，实施的都是"一把手"工程。韩国在朴正熙时代怎么发展经济？朴正熙每个月把主要的企业家都召集起来，说韩国要发展经济，必须把产业发展起来，发展产业需要进口机器设备，需要外汇，但是外汇短缺，所以发展的产业必须能够出口创汇，于是就要求三星、大宇、LG等公司发展出口创汇型的产业，谁能够出口创汇，就支持谁发展，就贷款给谁。能出口创汇的产业一定是符合比较优势的产业。20世纪50年代至60年代韩国是世界上最贫穷的国家之一，劳动力多、价格便宜，在政府的支持下韩国的劳动密集型产业很快就发展起来，同中国80年代至90年代的情形一样。随着劳动密集型产业的发展，资本积累，工资水平上升，这类产业逐渐丧失比较优势。资本更密集的产业附加价值更高，于是韩国就开始发展造船业，发展汽车产业，同样必须满足能出口创汇的标准，新的能出口创汇的产业一定也是符合比较优势的产业。所以，"一把手"工程是韩国在政府能力很低、发展条件很差时能够发展起来的原因。中国在改革开放后也是同样以"一把手"工程来发展符合比较优势的产业。我相信在任何国家发展的早期阶段，不管基础设施多么差，政府官员的整体水平多么有限，政府领导人都有能力使用"一把手"工程这种治理方式，在工业园、加工出口区创造局部的有利条件，把符合潜在比较优势的产业发展成具有竞争优势的产业，这就是毛主席所讲的"集中优势兵力打歼灭战"。如果能这样，任何发展中国家的经济都能发展起来，并可以在发展过程中积累资源和执行能力，来发展资本更密集、技术更先进、需要更多基础设施和更高执行能力的产业。

非洲国家也可以这样。埃塞俄比亚在2010年以前没有现代化制造业的产品出口，后来同样是通过"一把手"工程，用招商引资和加工出口工业园区的方式，在2011年时引入了中国东莞厚街制鞋业集群中最大的企业——华坚鞋业集团，只用了一年的时间,这家企业就变成埃塞俄比亚最大的出口企业,使埃塞俄比亚皮革产业的出口翻了一番还多。

总的来讲,现在发展中国家的问题是发展思路的问题而不是政府能力的问题。如果发展中国家的政府真的没有能力,如何能够经过革命斗争,把有强政府能力的殖民地宗主国赶出去并取得政治独立?我认为主要问题是现在的理论界通常是以"发达国家有什么,发达国家什么能做得好,什么在发达国家是重要的"为标准来看发展中国家缺什么、什么做不好,然后就要求发展中国家去拥有发达国家拥有的,按照发达国家能做好的去做,以及认为在发达国家重要的在发展中国家也重要。这样做的结果都失败了,就认为是发展中国家的政府没有能力。当然,一个国家有很强的政府能力很好,但是怎么提高政府能力?把发展中国家的政府领导人、政府官员送到肯尼迪学院去培训半年、一年,政府能力就能提高吗?不能。所以,新结构经济学的思路与上述思路是完全相反的,新结构经济学的思路是先看发展中国家现在有什么(即要素禀赋),什么东西能做好(即比较优势),然后在市场经济中,靠有为政府的因势利导帮助企业家把能做好的做大做强。能够帮助发展中国家把能做好的做大做强的就是发展中国家所需要的,也是重要的。沿着新结构经济学的思路,任何国家都有能力把经济发展好。这是新结构经济学的分析范式和理论与现有的主流分析范式和理论最大的不同点之一。

李琼瑶(北京大学经济学院):林老师您好!我的问题是关于政府在分配制度方面所能起到的作用。我们都知道,要素分配在一定程度上是具有内生性的,但政府在其中也可以起到调节的作用。比如,中国在1949年后进行了土地制度的改革,实行公有制,它可能为后来地方政府利用土地出让收入来进行地方基础设施建设,进而推动中国经济的发展起到了很重要的作用。但尽管它推动了经济的发展,但是在经济效率方面可能会受到一些质疑。在另一些没有政府参与的领域,比如互联网平台经济,它的分配方式可能是另一种,由于它的这种分配方式,可能更容易形成垄断。这些大的互联网平台经济实现了垄断之后,可能会利用它的资本优势对其他行业进行类似于"降维"的打击。这种发展在市场中可能是非常有效率的,但是可能影响到了公平,使人们的收入差距扩大,进而会对长期经济增长产生影响。我的问题是,怎样理解分配制度起到的作用?怎样对经济发展过程中的效率和公平两方面进行权衡，从而实现长期的经济增长？

林毅夫：这是个好问题。增长是我们要的，改善收入分配也是我们要的，那么有没有在快速发展的同时实现收入分配改善的"鱼与熊掌得兼"的办法，即实现快速、包容、可持续发展的办法？过去我国的发展思路是"初次分配注重效率，再分配注重公平"。新结构经济学则提出一个新的概念：在初次分配的时候，要同时实现公平和效率的统一；然后在再分配的时候，来解决经济发展过程中没有办法照顾到的人群。为什么我反对"初次分配注重效率，再分配注重公平"这种传统说法？因为对效率的传统看法是发展资本、技术很密集的先进产业，劳动生产率水平很高，把效率和技术水平联系在一起，认为越高的技术水平就越有效率。

但是从新结构经济学的视角来看，经济能不能发展好取决于是否在国内国际市场上有竞争力，是否有竞争力则取决于所发展的产业是否符合比较优势。如果所发展的产业技术水平很高，但违反比较优势，生产成本会很高，在国际上没有竞争力，只有依靠保护补贴才能存在，保护补贴就会带来很多扭曲，导致资源错配和寻租腐败。而且，这种资本密集型产业能够创造的就业机会非常少，这种发展就不是包容的。经济中会有些鳏寡孤独废疾者，这些弱势群体需要照顾，但是，经济发展不好，政府的财政收入就少了，政府有限的钱用来为违反比较优势的产业提供保护补贴，剩下的可以用来照顾鳏寡孤独的资源就很少了，所以这些弱势群体也就得不到照顾。

那么，怎样才能够实现快速、包容、可持续发展？答案是产业要按照比较优势发展。能这样发展的产业要素生产成本会低，在政府帮助企业家解决软硬基础设施的瓶颈限制、降低交易费用后，很容易就会有竞争力，经济就可以快速发展、积累资本，产业就可以不断升级。而且，对于发展中国家来说，早期的具有比较优势的产业一定是劳动力密集的，可以让劳动力充分就业，分享经济发展的果实。并且，在发展早期，劳动力多，从而工资水平很低，资本少，从而资本价格非常高，所以资本所有者可以有很高的收益。如果按照比较优势发展，资本会积累得非常快，资本逐渐从相对短缺变成相对丰富，劳动力会从相对丰富变成相对短缺。在这个过程中，工资上涨的速度会非常快，资本的相对价格会不断下降。在这种状况下，收入分配就有利于这些拥有劳动力且收入水平比较低的人。

所以，按照比较优势发展，不仅能使经济得到快速发展，而且能使收入分配状况不断改善。我在 2007 年的马歇尔讲座中曾经对这个假说做了检验，结果非常显著：按照比较优势发展的国家，收入分配状况都比较好。在国内也有很多相关的检验。20 世纪 90 年代的时候，有不少学生用国内数据做检验，结果显示：按照比较优势发展的地区，收入分配状况是改善的；违反比较优势发展的地区，收入分配差距是扩大的。也就是说，按照比较优势发展，经济既能够快速发展，又能够实现包容和公平。在这一过程中，对于鳏寡孤独废疾者等弱势群体，以及经济发展过程中因为周期波动而临时失业的人，政府会有更大的能力去照顾。这是因为经济发展好，财政收入多，产业符合比较优势，政府不用提供保护补贴，从而政府解决社会问题的能力就高。所以，新结构经济学提供了一个新的分析视角，和现在主流的、来自发达国家的理论不同的视角。这一分析视角不仅能够帮助我们写论文、对理论发展做贡献，还能对现实的经济发展做贡献。关于收入分配，我国政府原来的提法是"初次分配注重效率，再分配注重公平"。我很高兴在第十个五年规划的时候，我国政府正式把它改成"初次分配和再分配都要处理好效率和公平的关系，再分配更加注重公平"，这实际上是我当时提出的建议。就像我们过去只讲市场的作用或只讲政府的作用，而十九届五中全会提出在经济发展过程中要"推动有效市场和有为政府更好结合"，"有效市场"和"有为政府"也是新结构经济学提出的概念。

关于平台经济，我的观点是，平台经济带来了效率的提高，当一家平台太大了，以致赢者通吃、形成垄断、不利于发展时，就应该有规制，但是不能因为发展大了会有垄断，就不允许其发展。关于土地改革，我的观点是，如果政府有能力实行土地改革，对收入分配和经济发展会有帮助，实际上东亚的日本、韩国等在二战后都推行了土地改革——"耕者有其田"，跟我国在 20 世纪 50 年代推行的土地改革大同小异，只是我国的改革更彻底。如果政府没有足够的力量，要实行土地改革就会有困难，勉强推行可能会带来政治和社会的不稳，反而不利于经济的发展。

无论怎么样，新结构经济学的理论就是：政府根据现在有什么、什么能做好来决定做什么。如果政府有能力推行土地改革，当然推行土地改革好；如果政府没有能力，不能推行土地改革，同样可以通过发展符合比较优势的劳动密集型产业，实现快速、包容、可持续发展。实行了土地改革的国家可能会比没实行土地改革的国家发展得更快一点，不过就像我在回答前面一个同学关于资源和经济发展的关系问题时提到的，按照新结构经济学的思路，资源丰富的国家可以发展得比资源少的国家更好，资源少的国家虽然没有资源丰富的国家那么有利的条件，但是只要按比较优势来发展经济，同样可以发展得相当不错。

所以，关于分配制度问题，总的来讲，新结构经济学的思考方式是根据现在有什么、什么能做好，在有效市场和有为政府"两只手"的作用下，把能做好的做大做强，这样就能够在初次分配中提高效率并改善收入分配，在再分配时对弱势群体给予必要的帮助。如果具有比较优势的产业出现垄断，那么就先让这样的产业发展，如果出现垄断，再来解决垄断的问题。

曾佳敏（上海大学）：林老师您好！我很有幸来自新结构经济学研究联盟的成员单位之一——上海大学。我之前已经听过您很多次讲座。您常常跟我们说，做新结构经济学研究需要秉持"常无"的心态，要回到现象的本质，要实事求是，需要警惕想当然地依据现有的理论去"对号入座"。我是非常赞同您的观点的，我认为这也是新结构经济学最大的闪光点之一。新结构经济学也因此不仅是一门经济学理论，而且是一套有更深哲学内涵的方法论。这套方法论不仅可以帮助我们认识和解释很多经济学现象，而且可以运用到我们生活中的方方面面。但是同时，我也有一些困惑，因为我常常感觉到自己所学的知识，无论是经济学、金融学、法学、文学等，都会潜移默化地改变我的思维方式，甚至是我推导问题的逻辑。我的困惑点就在于，到底什么样的逻辑才是真正的"常无"？到底什么才是"有"，什么才是"无"呢？我应该依据怎样的逻辑来分析问题，避免落入我之前所说的"陷阱"？您在秉持这样的"常无"之心方面有没有具体的方法可以分享？

林毅夫：这是一个非常关键的问题，也特别高兴你对新结构经济学的学习从"术"的层面进入"道"的层面，而"道"的学习甚至比"术"的学习更为重要。只有"道"对了，"术"才能够载"道"。如果"道"错了，不管"术"多好，可能都是在害"道"伤"道"。所以，你在学习新结构经济学时已经深入到对"道"的思考，我特别高兴。

我在强调"常无"的时候，也强调对"道"的本体的"常有"。为此，我出版了《本体与常无》这部方法论著作。我强调的"常无"是在做研究时，不要用现有的理论或是过去的经验去看世界，应该从真实世界现象本身去了解其背后的因果逻辑。那怎样了解真实世界的现象呢？经济学有一个不变的"道"，即经济学的"本体"，就是认为决策者在做决策时，总是在可选择的范围之内选择他认为是最好的，这就是经济学的理性人假说。理性人假说是整个现代经济学理论体系不变的"道"，是在观察任何经济现象时必须坚持的出发点。现在热门的行为经济学等理论并不否定理性人假说，只是有些理论认为决策者拥有完全充分的信息和无限的信息处理能力，但是现实世界的决策者会受到知识、信息、分析能力、经验等的影响，所以行为经济学就发现有"羊群效应"等现象，大家看到哪个股票许多人买，就跟着去买。但是仔细想想，股票投资者对各个上市公司的情况、经济的周期波动等并不完全了解，在这些信息不充分的状况之下，"随大流"实际上是一个最好的选择。当然可能将来会有市场波动，出现大的调整而受到损失，但是在做决策的时间点上，"随大流"可能是一个最优的选择。所以，行为经济学根据真实世界的现象总结出来的行为表现同样是决策者在可选择范围之内做出他认为是最好的理性选择的结果。

所以在分析问题时，最重要的就要秉持理性人假说，这是经济学不变的"本体之道"。你的问题则是：秉持了理性人假说的"本体之道"以后，怎么以"常无"的心态来认识世界，了解背后的道理？新结构经济学提出了"一分析，三归纳"的方法。"一分析"指的是所要解释的现象的本质是什么，谁是决策者。比如经济增长，其本质是收入水平的不断提高，然后在这个现象中谁是最关键的决策者？决策者是一个理性的人，为了实现所要达到的目标到底有多大的选择范围？这取决于预算约束或收入约束。在这个可能范围内，从决策者的角度来看哪种选择是最好的？可选择的方式可能很多，比如从北京到上海有很多种方式，可以开私人飞机去，可以搭乘航班去（搭乘航班的时候可以选择头等舱、公务舱、经济舱），可以坐高铁去，可以坐绿皮火车去，也可以坐长途汽车去、开车去或是走路去，这些都是可选择的方式。在可选择的方式中，有的方式对多数人来说是在预算范围之外（比如开私人飞机），到上海去应该选择什么方式就取决于决策者的收入水平。比如同样是搭乘航班去，收入高的可能坐公务舱，收入低的可能坐经济舱，如果收入再低一点，可能等有低价票的时候再去。除收入水平外，也受到其他一些条件的约束，例如，到上海需要多少时间？去的目的若是开会，会议在哪一天？哪种方式让决策者可以按时到达？必须在这些约束条件所决定的可能的选择范围里，根据决策者的目的选择最好的方式。

我们在认识世界的时候，都是用这种办法来了解问题的本质和决策者的最佳选择，这就是"一分析"。把根据"一分析"所揭示的决策者做选择的决定性因素和因果机制阐述出来，就是一个理论模型。怎么确定这个理论模型是否真正解释了这个现象？可以进行三个检验：一是历史纵向检验，存在这个决定性因素和因果机制时，这个现象才出现，之前没有。二是当代横向检验，存在这个决定性因素和机制的国家或地区才有这个现象，没有这个决定因素和机制的国家或地区不存在这个现象。三是多现象综合检验，任何理论都可以做很多推论，如果这个理论模型真正揭示了现象的本质和决定因素，那么这些推论应该伴随所要解释的现象同时存在。如果能够通过这三个检验，那就代表该理论真正揭示了现象的本质和决定性因素，就可以确信它能够帮助我们认识世界、改造好世界。

如果开始的时候，我们对所观察到的现象的本质和决策者认识得不太清楚，则可以使用"三归纳"的方法：首先，看看这个现象什么时候出现，为什么在那个时间出现，为什么之前没有，谁在做决策，决定因素是什么；其次，看看这个现象在哪些国家有，在哪些国家没有，可以去比较这些国家的异同，归纳出是否有关键的决定性因素；最后，每个国家在同一时代应该同时会有很多现象存在，看看这些现象背后共同的根本的决定性因素是什么。完成这种历史纵向归纳、当代横向归纳、多现象综合归纳以后，应该就会对现象的本质、决策者、根本的决定因素和关键机制有所认识。等到有这样的认识后，再把它背后的因果逻辑写出来，就成了能够解释所观察到的现象，能够帮助人们认识世界、改造世界的理论。

上述坚持理性人假说的"本体"并以"常无"的心态来认识世界的方法其实也必须应用在学习上。我们现在读了各种学派的理论，它们在解释我国的现象时听起来都很有道理。那些理论是不是真正解释了发生在我国的现象？我们同样用这种"一分析，三归纳"的方式，来检验学到的理论能否经得起历史纵向、当代横向和多现象综合检验，如果不能，那就代表这个理论不是解释我们所观察到的现象的根本道理。我们必须用这种批判性的思维来学习，才能"役理论而不役于理论",不会因为这些论文发表了,或是这些理论在世界上非常盛行就直接接受。

国有企业的问题就是我常用的例子。盛行的产权理论认为国有企业效率低是因为国有企业的厂长、经理不是最终剩余所有者;既然不是最终剩余所有者,激励就不充分;而且由于国有企业亏损了国家必须补贴,就会有预算软约束。这些理论好像逻辑很严谨,与我国的现象也很符合,很有说服力,所以大家都接受。可是,苏联、东欧的大型国有企业都已经私有化了,根据上述理论,这些企业的效率应该提高,预算软约束问题应该不复存在,但实际上,这些企业私有化以后效率却没有提高,预算软约束问题还比此前更严重,所以,产权理论经不起历史纵向检验。同时,从当代横向来看,美国的国防军工产业都是私营的,但同样有预算软约束问题。我们可以看到各种报道,比如说开发新一代的战斗机,开始的时候这些企业给国防部报预算,20亿美元就可以把新一代的战斗机开发出来,但是历史经验一再证明,可能花200亿美元都开发不出来,都是"钓鱼工程",同样是预算软约束。也就是说,产权理论也经不起当代横向检验。所以,把转型前后的经验做比较,把发达国家的企业和我国的同类企业做比较,就会发现这些企业的效率低下似乎跟产权无关。在这种状况之下,我们就要去了解这个现象有没有更根本的决定性因素。

比较上述有预算软约束、经营不好的企业,它们有一个共性就是都有政策性负担。在我国,大型国有企业所在的产业资本太密集、太先进了,违反比较优势,企业不具备自生能力,政府就要给它保护补贴。美国的国防军工产业同样是资本太密集,超出美国所处发展阶段的比较优势,企业同样没有自生能力,同样需要保护补贴。所以,保护补贴实际上是内生于政府要发展上述超出一个国家的比较优势的产业所形成的政策性负担。有政策性负担的时候,到底是国有形式更有效率还是私有形式更有效率?如果仔细分析,我们会发现,私营企业寻租的积极性可能比国有企业高,因为国有企业的厂长、经理是国家雇员,寻租所得如果作为个人收入是贪污,抓到会被判刑;而私营企业在这方面的顾虑较少。我们可以做出这样的推论,同时可以做检验。实际上苏联、东欧转型以后,那些对国防安全、国计民生非常重要的企业私有化以后,得到了更多保护补贴,符合上述推论。我们也可以看到,美国那些私营的军工企业得到的保护补贴非常多,并不比我国的国有企业少。根据上述观察和思考,我们可以构建一个理论模型:当某个产业有政策性负担的时候，国家直接拥有这个产业，实际上有利于减少寻租。

所以，你问的这个问题非常关键。作为经济学家，我们要抓住这个时代赋予我们的理论创新的机遇，就必须一方面秉持经济学的"本体"——理性人假说，另一方面以不依据任何现有的理论和经验的"常无"心态，以初生婴儿般的眼睛去观察世界，这样我们才能够真正抓住问题的本质以及背后根本的决定性因素和关键机制。如果一开始就有能力认识现象的本质，了解谁是决策者、决策的目标、可动员的资源、不可逾越的限制，在这些条件下可选择的方案是什么，什么是最好的选择，把这样的选择机制写出来，就是解释所观察到的现象的理论，然后用"三检验"——历史纵向检验、当代横向检验、多现象综合检验——来检验上述提出的理论是不是揭示了所要解释的现象背后的关键因果逻辑。如果一开始尚不具备认识现象的本质和决策者的能力，那就用"三归纳"的方法。（1）历史纵向归纳：这个现象什么时候开始出现？出现前、出现后有什么重要的因素发生变化？（2）当代横向归纳：在同一时代里，这个现象并不是每个国家都有，有这个现象的国家的特点是什么？没有这个现象的国家的特点又是什么？（3）多现象综合归纳：在发生某一现象的国家必然会伴随诸多其他现象，这些现象是否有一些共同的决定性因素？经由这三个归纳方法，找出决定性因素和关键因果逻辑以后，再用"一分析"来构建解释所观察到的现象的理论。多用这种方式来观察真实世界的现象以及学习现有的理论，就会练就出"火眼金睛"，每次看真实世界的现象时，就能够直接抓住它的本质，找出它的决定性因素，提出解释现象的理论，再用"三检验"来判断提出的理论是否真正揭示了现象背后的关键因果逻辑。

按上述建议的秉持理性人的"本体"、用"常无"心态来观察世界的方法，"学而时习之"，就会"熟能生巧"，你就会有能力抓住这个时代的机遇，为经济学的理论发展做出贡献。在你年富力强、风华正茂时，在中国成为世界经济中心时，你就可能推动中国成为世界经济学的研究中心，你也有可能成为引领世界经济学理论新思潮的新一代经济学家。

参考及推荐阅读文献

[1] Chang H.-J. Kicking Away the Ladder: Development Strategy in Historical Perspective[M]. London: Anthem Press, 2002.

[2] Pritchett, L. and Summers, L. H. Asiaphoria Meets Regression to the Mean. NBER Working Paper 20573[Z/OL].(2014-10-01)[2021-08-15]. http://www.nber.org/papers/w20573.

[3] Smith A. An Inquiry into the Nature and Causes of the Wealth of Nations[M]. London: W. Strahan and T. Cadell, 1976.